アメリカ政治

AN INTRODUCTION TO U.S. POLITICS

著・岡山　裕
前嶋和弘

有斐閣 ストゥディア

はしがき

情報の多さと理解の不足

　日本では，アメリカ合衆国（以下，アメリカ）について，社会経済の動向から芸能文化まで，外国としては非常に多くの情報が入ってくる。政治についても，時の大統領は毎日のようにニュースでみかけるし，4年ごとに行われる大統領選挙はその動向が事細かく報道される。民主党と共和党が二大政党制を構成していることも，よく知られていよう。

　近年では，2017年から大統領を務めたドナルド・トランプに注目が集まった。2016年の選挙時から差別的な，虚偽を多く含む言動が目立ち，政権に就いてからも，非正規移民の流入を防ぐべくメキシコとの国境に壁を建設しようとするなどした。外交では「アメリカ第一主義」を掲げ，安全保障と貿易の両面で自国中心の姿勢が目立った。また史上初めて，二度にわたり弾劾裁判にかけられている。うち二度目は，彼が敗北した2020年の大統領選挙の結果を確定しようとしている連邦議会に，暴徒が大挙して乱入するきっかけを作ったとされてのことだったが，いずれも無罪評決に終わっている。

　読者の多くも，こうした出来事の多くを記憶しているであろう。しかし，よく考えてみると，そこには不思議なことも多いのではないか。元々政治家でなかったトランプが，なぜいきなり共和党の大統領候補になれたのだろうか。大統領就任後，保護主義的な貿易政策を除いて，「国境の壁」は連邦議会，政権発足直後にとられた入国禁止措置は裁判所に受け入れられないなど，彼の掲げた政策目標はほとんど実現していない。大統領なのに，なぜ思うように政治を動かせないのだろうか。またトランプの登場を機に，白人至上主義者や陰謀論者らが共和党内で表だって活動するようになった。しかし，共和党はなぜこんな非民主的な勢力に浸食されてしまったのだろうか。

　このように，トランプに関連する主な出来事だけをみても，アメリカの政治にはさまざまな素朴な疑問が浮かんでくるであろう。本書は，初学者向けにアメリカ政治の仕組みを多角的に解説することを目的としており，読者はそれを

踏まえて，ここで挙げたような疑問にも答えられるようになるはずである。その際，本書では，アメリカについて日常的にそれなりに多くの情報が入ってくることが，次の2つの点で，かえって理解の落とし穴になっているのではないかという見方から，それを補うような説明を心がけている。

▐ 勘違いされがちなアメリカ政治

　第1に，アメリカ政治についてはたしかに日々マスメディアを通して情報が入ってくる。しかし，その多くは個々の出来事に関するもので，関連する政治制度の仕組みなど，背景の説明はどうしても不十分になる。そのため，先に述べたような素朴な疑問に答えられず，また出来事を「自分なり」に解釈することで思わぬ誤解に陥りかねない。

　例えば，日本でアメリカの大統領はしばしば「世界最強の権力者」といわれ，絶大な権力を握っていると思われがちである。アメリカは今日，世界で唯一の超大国といわれるように，一時ほどではないものの大きな経済力と軍事力を誇る。大統領は，そこで最も大きな政治的影響力をもつ個人といってよい。しかし，だからといって大統領の思うままに政治が展開するわけではない。

　後にもみるように，アメリカの大統領は外交や軍事の面では大きな権限を与えられているものの，こと内政に関しては，存在感の大きさの割に，統治にかかわる具体的な権限をほとんど与えられておらず，所属政党への影響力も弱い。政治学では，大統領にどんな権力があるのかが議論され続けてきた程である。トランプが政策を実現できなかったのも，一つにはここに原因がある。日本でアメリカの大統領が「強い」存在と受け止められているのは，日本という外国から，主に大統領が例外的に強い外交面をみているからともいえる。

　第2の問題として，一般にニュース報道はどちらかというと変わったことに注目するため，それだけでは通常の状態がどういうものかがわからないということがある。2022年には，直前にテキサス州の小学校等で大規模な銃乱射事件が相次いだことを受けて，銃の購入者の身元調査を強化するといった銃規制立法が超党派の協力で実現して話題となった。今日のアメリカでは，イデオロギー的に分極化した二大政党が真っ向から対立しているという報道が多いので，これはめずらしいことと思うかもしれない。

ところが，アメリカの議会では個々の議員が自主的に投票を決め，ぎりぎりの過半数では法案を可決できない制度もある。そのため，一般に法案は成立しにくいが，成立する際は多かれ少なかれ二大政党両方の議員が賛成側にも反対側にもいるのが普通である。この立法は銃規制としてはほぼ30年ぶりのものだが，成立の仕方自体は特段めずらしいとはいえない。

　これらの事例からもわかるように，一国の政治を理解しようとすれば，個別の出来事を追うだけでなく，さまざまな主体（アクター）や制度がどのように活動・作動するのかの「からくり」を理解する必要がある。本書の執筆にあたっては，そこをしっかり説明するよう心がけた。

「権力核」の不在と社会の主体の多様性

　そのうえで本書では，アメリカ政治について大きく次の二つの特徴を意識しつつ検討していきたい。第一の特徴は，政府の「権力核」の不在である。国によっては，それをみれば政策の方向性が大まかにわかるような，「権力核」ともいうべき主体や機関が存在する。独裁国家における独裁者はその際たるものだが，民主主義国家でも，日本のような議院内閣制では立法権と執行権が融合しており，議会多数党の指導者でもある首相が政治全体の動向を大きく左右することが多い。

　あるいは，アメリカでは大統領が権力核にあたると思うかもしれない。しかし，先に述べたように大統領は権限がかなり限られ，議会の所属政党の議員に対する影響力も弱い。そのため，およそ権力核とはいいがたいが，それに代わる機関もない。アメリカで最も大きな権力をもつ政府機関は連邦議会といってよく，重要な政策は立法の形をとるが，個々の議員が自律的に行動する。後にみるように，アメリカの行政機構は三権からの自律性が強いし，連邦制の下で，それぞれが三権に分かれる50州の政府も重要な役割を担っている。

　つまり，アメリカ政治は，大統領のような目立つ主体だけが動かしているのではない。多数の機関が協働しないと政策の決定や執行が難しい制度構成になっており，全体に政策的な変化が生じにくい，強い「現状維持バイアス」をもっている。その一方で，各機関が一定の影響力をもつので，それぞれの裁量の範囲で，ある程度の変化を起こしうる。また，政治全体に影響する大きな動き

があったときには，雪崩のような大規模な変化が生じることもある。

　それと関連するもう一つの特徴は，社会内の政治的主体の多様性である。アメリカでは，政府内で影響力をもつ機関が多数存在するばかりでなく，それらに影響を与えようとする主体もまた，非常に多い。政府に政策的働きかけを行う利益団体は，数が多いだけでなく利害も多様である。連邦議会に働きかけるロビイストの登録数は，今日1万を超える。各種の業界団体だけでなく，会員制組織を作る伝統から，高齢者や銃の愛好家など，属性や嗜好を共有する人々を代表する団体も多く存在する。

　組織を作って運営するにはコストがかかるので，「持てる者」の利害を代表する団体のほうが多いのは間違いない。しかし，大規模な財団の中には，人種的マイノリティなど，相対的に資源を欠く人々の団体や運動を重点的に支援するものもある。近年，アメリカについては人種，階層，ジェンダー，性的指向といった個人の属性の違いによる社会的分断の存在が強調される。「分断」は問題だと思うかもしれないが，差別されてきた女性や非白人といった人々がこうして発言力を強めたことによる面も大きく，一概に悪いものともいえない。

　アメリカで利益団体活動が活発なのは，政府が外部からの要求に対して開かれているからでもある。政府権力がさまざまな機関に分散しているのであれば，そのどれかに要望を受け入れさせられれば政策に影響を及ぼしうる。この点でとくに重要なのが，連邦議会の議員たちである。個人で法案を出すことができ，再選のために政策的業績を必要とする議員たちは，社会からの要請に対する連邦政府の最も重要な「耳」である。このように，アメリカ政治を理解するには，さまざまな機関や社会の諸主体が互いに影響力を行使することで動くシステムとしてとらえる見方が重要となる。

▎本書の構成

　本書のこうした関心は，構成にも反映されている。外国の政治の概説書には，議会や首相・大統領といった政治制度の解説から入るものも多い。たしかに，政治全体の動きを左右するこうした制度には，その国の政治の特徴がよく表れる。しかし，政治制度はどこでも複雑で，それに基づく諸主体の動きとなるとさらに込み入っており，馴染みのない読者にはとっつきにくい面もある。

そこで本書では，アメリカ政治の歴史的背景を解説する序章に続き，社会の
さまざまな主体が，選挙を含めて政治にどうかかわろうとしているのかを検討
し，各主体の行動の論理をおさえたうえで統治機構の動きを解説することにし
ている。これには，自らの利害を実現しようとする個々の主体に着目する，政
治学の説明の流れとも馴染むという利点がある。

　第1章では，一般の有権者について，人種や階層などのさまざまな属性が
イデオロギーや政党政治とどう結びつき，また政治参加のあり方をどう規定し
ているのかを検討する。第2章では，政党を扱う。党首がおらず恒常的な綱
領もないなど，他国の政党と比較して，まとまりの弱さが際立つアメリカの主
要政党の特徴を概観する。今日の政治の重要な特徴である，二大政党のイデオ
ロギー的分極化についても，ここで取り上げる。第3章では，選挙を扱う。
ほぼすべての選挙について予備選挙が行われ，大統領選挙が間接選挙であると
いった特徴ある諸制度が，候補者等の戦略をどう規定するのかを説明する。

　第4章は，利益団体と社会運動を扱う。政党の政策的まとまりが弱いこと
もあって，こうした特定の政策目的をもつ組織が大きな存在感をもち，多彩な
活動を展開する。第5章では，メディアと世論の関係を取り上げる。メディ
アが多様化し，メディア自体がイデオロギー性を強めて政治に関与するなど，
メディアの政治とのかかわりは今日大きく変化している。第6章では，政治
的インフラストラクチャー（インフラ）を検討する。これは，財団やシンクタ
ンクといった，政治の表舞台に出る主体を情報や資金などの面で支える「縁の
下の力持ち」に当たる諸組織を指す。これらは，二大政党のイデオロギー的分
極化にも大きな影響を与えてきた。

　第7章からは，統治機構を検討する。同章では，政策形成の要である連邦
議会について，議員たちの自律性が高く，法案の修正が活発に行われる，特徴
的な立法過程を説明する。第8章は，大統領を取り上げる。すでにみたよう
に，権限や政治的な権力基盤の脆弱な大統領が，どう立ち回って政策目標を
達成しようとしているのかをみていく。第9章は，司法府を扱う。裁判所は，
判決を通じて政策を形成する。自律性とイデオロギー的な多様性を特徴とする
裁判官がどう選ばれ，彼らがどんな判決を出し，それらがいかなる政治的意義
をもつのかを検討する。

第10章では，官僚機構を扱う。憲法上，官僚機構については具体的な規定がない。そのため，必要に応じてさまざまな組織が作られてきており，それらが政府の三権にどう統制されつつ政策を執行するのかを解説する。第11章では，連邦制と地方自治を検討する。アメリカは分権性の強い連邦制をとり，地方自治もさかんである。州・地方政府に特有の制度と，異なる政府が互いに影響を与えながら，どう活動しているのかをみていく。

　第12章では，政策形成過程を扱う。政府が開放的で，さまざまな主体が影響力を行使しようとするアメリカで，政策過程がどのような形をとるのかを，対外政策も含めて検討する。終章では，今日のアメリカ政治を特徴づける二大政党のイデオロギー的分極化との関連で，今後を展望して本書を締め括る。

　政治学の一分野としてみたとき，アメリカ政治研究の魅力は，精緻な理論化と徹底した実証性の追求にある。本書では，その醍醐味も伝えられればと考えている。本書を読むことで，読者は新たな出来事にふれた際に，自力でそれを分析できるようになるであろう。

　本書の執筆は，序章および第7〜12章を岡山が，第1〜6章および終章を前嶋が担当しているが，執筆方針について何度もミーティングを重ね，草稿にも互いにコメントし合い，それを反映する形で最終稿を作成した。有斐閣で本書の編集を担当された岩田拓也さんと岡山義信さん（ちなみに，著者の一人との姻戚関係はないようである）も，この過程にお付き合いくださり，書物全体の構成から文章表現に至るまで貴重な助言をいただいた。深く御礼申し上げるとともに，当初の計画よりも執筆が遅れてしまったことをお詫びしたい。

　本書の内容は，筆者らがこれまで本務校などの講義で話してきたことを基礎にしている。授業に辛抱強く付き合ってくれた学生諸君に，この場を借りて感謝したい。大学で初めて授業を担当したのはついこの前のような気がするが，気づけば二人とも若手どころか中堅ともいえない年齢に達しており，時間の過ぎる速さに驚くばかりである。本書が，日本でのアメリカ政治の理解向上に少しでも貢献するとともに，新しい世代のアメリカ政治研究者を生み出すお手伝いにもなればと願っている。

　2023年1月

岡山　裕・前嶋和弘

著者紹介

岡 山　　裕（おかやま　ひろし）　　　　　　　　　　[序章，7～12章担当]

1972年，兵庫県に生まれる。

1995年，東京大学法学部卒業。

東京大学大学院法学政治学研究科助手，東京大学大学院総合文化研究科助教授などを
　経て，現職。

現在，慶應義塾大学法学部教授。博士（法学）。

専門は，アメリカ政治史。

主な著作に，『アメリカ二大政党制の確立——再建期における戦後体制の形成と共和
　党』（東京大学出版会，2005年，アメリカ学会清水博賞受賞），*Judicializing the*
　Administrative State: The Rise of the Independent Regulatory Commissions in the
　United States, 1883-1937（Routledge, 2019，アメリカ学会中原伸之賞受賞），『ア
　メリカの政党政治——建国から250年の軌跡』（中公新書，2020年），など。

前 嶋　和 弘（まえしま　かずひろ）　　　　　　　　　[1～6章，終章担当]

1965年，静岡県に生まれる。

1990年，上智大学外国語学部卒業。1997年，ジョージタウン大学大学院政治学部修
　士課程修了。2007年，メリーランド大学大学院政治学部博士課程修了。

敬和学園大学人文学部助教授，文教大学人間科学部准教授などを経て，現職。2022年，
　アメリカ学会会長（～24年6月）。

現在，上智大学総合グローバル学部教授。Ph.D.（Government）

専門は，現代アメリカ政治。

主な著作に，『アメリカ政治とメディア——「政治のインフラ」から「政治の主役」
　に変貌するメディア』（北樹出版，2011年），『キャンセルカルチャー——アメリカ，
　貶めあう社会』（小学館，2022年），『現代アメリカ政治とメディア』（山脇岳志・津
　山恵子と共編）（東洋経済新報社，2019年），など。

目　次

CHAPTER 8　大　統　領　　　135

CHAPTER 9　司　法　府　　　153

分極化時代の政治過程 225

CHAPTER 終

参考資料

図表一覧

＊　執筆に際し，直接引用したり参考にしたりした文献を，巻末に各章ごとに一覧にして掲げた。本文中では，著作者の姓と刊行年のみを，（　）に入れて記した。

　　例　（久保 2018）

　　　久保文明『アメリカ政治史』有斐閣，2018 年。

　　（Dahl 1957）

　　　Dahl, Robert A. 1957, "Decision-Making in a Democracy: The Supreme Court as a National Policy-Maker," *Journal of Public Policy*, 6: 279–295.

序章

現代政治の歴史的淵源

🎧 社会保障法案に署名するフランクリン・D. ローズヴェルト大統
領（1935 年 8 月 14 日。写真提供：GRANGER/時事通信フォト）

INTRODUCTION

　アメリカは，しばしば日本やヨーロッパなどと比べて歴史が浅いといわれる。
しかし，独立後は革命のような大規模な体制変動を経験していないため，今日
に直接つながる過去はむしろ非常に長い。18 世紀末に成立した合衆国憲法が
いまだに有効で，二大政党はそれぞれ 1830 年代と 50 年代に登場し，基本構
造もほぼそのままである。本章では，今日の政治がどう準備されたのかという
観点から，建国以来のアメリカ政治の歴史的流れを概観する。

1 辺境国から唯一の超大国へ

▌ 新しい国の古い政治 ▐

　本章では，現代政治の本格的な検討に入る前に，アメリカ政治全体の特徴を，その歴史的背景に即してみていこう。アメリカは，日本やヨーロッパなどの他のいわゆる先進国に比べて，国家としての歴史が浅い。しかし，230 年以上前に成立した憲法典が今でも有効であるというように，現代の政治を支える諸制度の多くが非常に古く，しかも大統領制をはじめ，世界で初めて導入された制度も多いため，今日の政治も歴史的経緯を踏まえないと理解が難しい。

　この点は，とくに憲法典に顕著である。アメリカは連邦制をとるが，連邦政府の憲法上の権限は，中央政府として最低限度のものといってよい。18 世紀後半に起こった革命時，13 の植民地はそれぞれイギリスから主権国家として独立して，ほどなく国家連合を形成した。しかし，それだけではヨーロッパの列強に対抗しつつ発展するのが難しいという見方から，1787 年に合衆国憲法が起草され，89 年に連邦国家が発足した。

　その際，市民から遠い存在の連邦政府が大きな権力を振るうことには反発が強く，その権限は軍事・外交や州をまたぐ経済活動（州際通商）の規制など，国全体にかかわるものに限られた。合衆国憲法の起草者（制憲者）たちは，必要かつ十分な権限をもつ中央政府を作ろうとし，その権力に人々の自由が脅かされないようにすることを重視していた。そのため，連邦政府も，立法権，執行権，司法権をそれぞれ連邦議会，大統領，司法府に与えつつ，統治に必要な権力を部分的に共有させ，三者が互いに抑制するような構造にしたのである。

　とくに大統領については，君主になってしまうのを防ぐねらいもあって，具体的な権限がほとんど与えられていない。三権のうち最も大きな役割を与えられた連邦議会にしても，上院と下院に分けられ，両院の合意なく法案を通せない仕組みになっている。

　また制憲者たちは，一般市民の自己統治能力にあまり期待をかけていなかっ

た。連邦政府の公職のうち，最初から市民の直接選挙で選ばれたのは連邦議会の下院議員だけで，上院議員も大統領も間接選挙とされたのは，エリートの主導する政治にするためであった。その後，上院議員は直接選挙に変わったものの，大統領選挙については選挙人制度が残っており，候補者の選挙戦略に大きな影響を与え続けている（ウッド 2016）。

　政治制度の「古さ」は，政党にも当てはまる。アメリカでは世界で最も早く，19世紀前半に大衆的な支持基盤をもつ全国規模の政党制が成立した。そこで登場した2つの主要政党は，選挙に勝って連邦政府のもつ利権を確保するべく，全国の政治家が連携していったことで生まれた。逆にいえば，特定のイデオロギーや一貫した政策方針を追求すべく作られたわけではない。今日，二大政党はイデオロギー的に分極化しているとされるが，そこでも各党があるイデオロギーを正式に採用したわけではなく，一枚岩とはいいがたい。

　政党が組織的実体をもつのは地方自治体レベルだけで，ある程度の一体性があるといえるのはせいぜい州レベルまでである。それに，他の主要国と異なり，主要政党に正式な党員制度が存在しない。かつては地方政党組織が地域の有権者を徹底的に把握していた関係で，党員制度を設ける必要性自体が感じられなかったとみられる。党全体を統率できる党首もおらず，アメリカでは政策形成のために政党がまとまって行動することが困難であり続けてきた。

　このように，アメリカは国家としての歴史の長さはさておき，その間に根本的な体制変動を経験しなかったために，今日の政治に直接影響する過去が非常に長いという特徴がある。そのため，現代のアメリカ政治を念頭に置く本書でも，度々歴史的経緯に言及することになる。また現代の政治を支える諸制度の多くが，今日の社会経済状況や物の考え方を想定しないで作られており，そのことがさまざまな政治的摩擦を生み出している点にも注目したい。

辺境国から超大国へ

　いくらアメリカ政治が「古い」といっても，政治の大枠が全く変化してこなかったわけではないし，時期によって変化が試みられなかったわけでもない。そもそも，国家としてのアメリカは革命で誕生している。17世紀前半から北アメリカ大陸の大西洋岸で徐々に発達したイギリスの植民地の人々は，18世

紀半ばからの本国の介入強化によって自分たちの自由が損なわれたと考えて，1776年に13の植民地が合同で独立を宣言した。その後，1781年に連合規約を成立させて国家連合を生み出したものの，先に述べたように，それでは不十分と考えて新たに合衆国憲法を起草し，連邦国家を発足させたのである（和田2019）。

　革命の指導者たちは，アメリカ国民全体に共通の利益を見通せるような知的エリートが一丸となって政治を主導することを期待していた。しかし，実際には連邦の発足当初から党派対立が生じ，19世紀前半には白人男子限定であったものの普通選挙が実現したことで，多様な民族的・文化的出自をもつ大衆の支持に基礎づけられた，全国的な二大政党制が成立した。

　他方，19世紀半ばまでのアメリカの政治や経済は，南部に残っていた黒人奴隷制と，それをめぐる北部との対立に強く特徴づけられた。1860年に，当時開拓の進められていた西部に奴隷制が拡大することに反対する新興の共和党のエイブラハム・リンカンが，1830年代以来の多数党である民主党の候補を破って大統領に当選したのを期に，南部の11州が連邦から離脱を宣言していった。これらの州が結成したアメリカ連合国との間で翌年勃発した南北戦争の結果，奴隷制が廃止され，連邦政府の役割も一部拡大した。人種による選挙権の差別も，憲法修正で禁止された。それでも，南部には以後約1世紀にわたり厳しい人種隔離制度（ジム・クロウ）が残り，黒人は選挙権も制限された（岡山2005）。

　これ以後，1920年代まで全国的には共和党が優位に立ったが，その間交通・通信技術の発達もあって人々の活動が全国化していき，20世紀に入る頃までに西部の開拓は一段落した。また19世紀前半には産業革命の進度で西欧諸国に後れをとっていたアメリカは，世界最大の工業国として大国の仲間入りをし，第一次世界大戦ではその帰趨を左右することとなる。それに伴って，州際通商の規制権限をもつ連邦政府の役割が増大していった。政策執行も質量共に拡大し，20世紀前半にかけて大規模な行政機構が生み出された（貴堂2019）。

　そして，この間にもいくつか重要な制度変化が生じている。20世紀に入る頃には，利権の確保に奔走する政党政治家から市民の手に権力を取り返そうとする革新主義運動の影響もあって，州議会によって選出されていた連邦上院議

員が民選に変わった。この時期には同様のねらいから，政党が選挙に擁立する候補を一般の有権者による選挙によって決める予備選挙制度や，いわゆる直接民主主義的な諸制度が各州で導入されている。1920年の憲法修正で，女性参政権も全国で実現した。

　そのうえで，アメリカの現代政治の始まりとされるのが，1929年からの大恐慌への対処が課題となったニューディール期である。民主党のフランクリン・D.ローズヴェルト政権が「市場の失敗」を前提に，連邦政府が市場を安定させるための諸規制を行い，社会保障や福祉を政府が一定程度担うべきだという経済的にリベラルな考えを採用して，労働者，都市住民，農民，黒人といった，政策の受益者の支持を得た。それによって，以後1960年代まで民主党が圧倒的に優勢となる。また，大統領が第二次世界大戦を経て超大国となったアメリカの外交を担うだけでなく，国内政治でも主導権を握るようになった。

　戦後，民主党はさらに人種や性に基づく差別の是正に積極的に取り組むようになる。それは，自由と平等の理念にかなうだけでなく，国内に差別が残っていたのでは，冷戦下における自由主義の盟主としての立場上問題だという対外的配慮にも基づいていた。1950年代から70年代にかけて，合衆国最高裁判所が公立学校での人種別学を違憲とし，人工妊娠中絶を一定の範囲で女性の権利と認めるなど，社会文化的にリベラルな判決を出していったのも追い風となった。

　1960年代には黒人の市民的権利（公民権）運動が盛り上がりをみせ，それを受けて64年には市民的権利法，65年には投票権法と，市民に基本的な権利を実質的に保障するような連邦法が成立した。またこの時期には，「貧困との戦争」「偉大な社会」をスローガンに，連邦政府による経済・社会両面のリベラリズムに基づく介入が頂点に達した。ベトナム戦争の激化もあり，これらの政策を主導したリンドン・ジョンソン大統領とその前後の政権は，一方的に主導権を握る「帝王的」な大統領とまでいわれた（中野 2019）。

党派的・社会的分断の中の現代アメリカ政治

┃ リベラルの優位から二大政党のイデオロギー的分極化へ ┃

第二次世界大戦後，1960年代にかけては，全体にリベラリズムが優位で，二大政党はいずれも総じて中道的であった。民主党では，党内の多数派が北部のリベラルによって占められた。ただし，南北戦争以来，白人の反共和党感情から民主党の一党支配が続いてきた南部では，政府の役割を限定的にとらえ，旧来の社会秩序の存続を求める保守派が支配的であった。一方の共和党は全体により保守的だったものの，リベラル派も有力で，人種間関係や人工妊娠中絶については，1950年代まで民主党よりもリベラルな態度をとっていた。

しかし，20世紀半ばのリベラルの攻勢を受けて，共和党内の保守派は，「大きな政府」への反対や反共主義といった，さまざまな目標をもつ保守派を糾合して万年少数党の地位を脱すべく活動を開始した。そこで共和党が目をつけたのが，この間のリベラルな諸政策に強く反発していた南部の保守派である。1960年代後半以降，共和党は彼らの取り込みにかかり，この「南部戦略」は徐々に実を結んでいった。これが，今日まで続く二大政党のイデオロギー的分極化の起源である。

1970年代に戦後の高度経済成長が終わり，政府の非効率性，さらには人種暴動や学園紛争など社会秩序の乱れが顕著になると，政府の介入によって社会や経済の状態を改善できるというリベラリズムに対して疑問が提起されていった。代わって，保守派によって伝統への回帰や市場への信頼が声高に唱えられるようになり，政策論争でも優位に立つようになった。とくに，1981年に就任した共和党のロナルド・レーガン大統領が，保守のヴィジョンを明快に語ったのが重要な転機となった。

1980年代までは，連邦議会で民主党が長く多数派を占めたのに対して，94年の選挙で共和党が圧勝した。その際，連邦議会下院のニュート・ギングリッチが中心になって，きわめて保守的な「アメリカとの契約」という公約集を掲

げた。共和党は選挙後その実現をめざし，ビル・クリントン民主党政権と激しい対立が生じた。予算関連法案が成立せず，1995年末から翌年にかけて断続的に数カ月にわたり連邦政府が部分閉鎖されるという事態も生じている。

　20世紀末には，共和党が南部で多数派となり，党内のリベラルが淘汰されていって保守化が進んだ一方，民主党は南部の保守層が抜けたことで一定程度リベラル化した。分極化は政党指導者のレベルで生じてきたが，近年は二大政党の支持者の間でも考え方の違いが顕在化しつつある。国内の多くの地域では一方の政党が優位になったものの，二大政党の勢力は全国レベルで伯仲するようになってきた。

　また，保守が巻き返したといっても，アメリカの権力分立制の下では異なる機関が協力しなければ政策決定ができない。二大政党のイデオロギー的分極化と全国規模での拮抗の結果，1980年代以降は大統領の所属政党と連邦議会の多数党が（部分的にでも）異なる「分割政府」の期間のほうが，両者が同じ「統一政府」の期間よりも長くなり，二大政党が対立して政策が実現しない「決められない政治」が目立つようになった。バラク・オバマ政権，トランプ政権のいずれでも，分割政府の下で予算関連法案が成立せず，政府の部分閉鎖が生じている（古矢 2020）。

▌分断の中のアメリカ政治 ▌

　21世紀に入って，新たな政治外交上の難題が次々に登場してきた。冷戦が終焉をみた1990年代以降，アメリカにはかつてのような圧倒的な国力も，世界規模で経済的・軍事的に関与を続ける動機もなくなっているが，他方でグローバル化は着実に進んでおり，世界の諸地域との利害関係はむしろ深まっていた。2001年9月11日の同時多発テロを受けて，ジョージ・W.ブッシュ政権はそれを主謀したアル・カーイダをかくまうアフガニスタンと，そして大量破壊兵器を開発しているとして，2003年にはイラクと戦争を始めた。しかしいずれも泥沼化し，莫大な軍事的・経済的資源を費したことで，結局は，対外的な関与への消極化につながった。

　こうした余裕のなさは，トランプ政権に入ると「アメリカ第一主義」として表れた。同政権は，日米安全保障条約を含む既存の同盟の枠組みや，多国間の

経済枠組みを軽んじ，今日1000万人以上いるとされる，主にラテンアメリカからの非正規移民を遠ざけるべく「国境の壁」の建設をめざした。これらの動きを極端あるいは無責任と批判した民主党側でも，オバマ政権期に交渉の進んだ環太平洋パートナーシップ（TPP）に疑問が出され，本書の執筆時点でアメリカは不参加のままである（久保編 2021）。

　国内では，さまざまな分断が一層進行した。20世紀後半から進んだ所得格差は，2008年からの経済危機を契機にさらに拡大した。2010年にはオバマ政権の主導で包括的な医療保険改革（オバマケア）が成立したものの，無保険者が多数いる状況に抜本的な解決はなされていない。また初の黒人大統領が誕生した一方で，非白人への警察官の暴力などに表れた構造的人種差別への抗議運動が続き，その後トランプの言動も契機となってジェンダーや性的指向に基づく差別への抵抗も盛り上がっている。こうした社会的分断と党派的な分断が重なって強化し合い，考え方が異なるだけでなく互いにいがみ合う「感情的分極化」が進んでいる（→**終章**）。

　世界的に新型コロナウイルスの感染症（COVID-19）が拡大した2020年には，そうした分断状況が集約的に表れた。ウイルスが中国起源とされたため，アジア系への差別的言動が強まり，マスクの着用やワクチンの接種といった感染対策をめぐって激しい党派対立が生じた。またこの間にも，白人警官による黒人男性の殺害をきっかけに，世界規模でブラック・ライヴス・マター運動が再燃した。そして，大統領選挙では民主党のジョー・バイデンがトランプの再選を阻んだものの，トランプや共和党の多くの政治家は敗北を認めようとせず，翌年1月6日には選挙結果の確定作業中の連邦議会が，トランプを支持する暴徒に一時占拠される事態となった。

　ここに至って社会的・党派的分断に加え，陰謀論が蔓延するなど事実認識の共有すら覚束なくなり，州によっては対立党派を不利にするような選挙制度の改変も試みられるなど，民主主義の後退のおそれが指摘されている。間もなく独立から250年を迎えるアメリカは，南北戦争以来の危機に直面しているという声も聞かれる。2021年からのバイデン政権は，国の団結の回復を掲げて登場したが，その道筋はいまだ不透明といわざるをえない。

① 今日のアメリカ政治を特徴づける制度に着目して，その歴史的淵源を探ってみよう。

② アメリカには今日も「構造的人種差別」が残るとされるが，それはどのような経緯によるだろうか。

③ アメリカの政治史を時期区分するとしたら，どこが重要な節目になると思われるか。その理由とともに考えてみよう。

さらに学びたい人のために | **Bookguide ●**

岡山裕・西山隆行編『アメリカの政治』弘文堂，2019 年。

　人種，ジェンダー，金融など，各種の争点・政策領域別に，それらの現代における展開を扱っており，本書と組み合わせて読むと現代政治の理解がより立体的になるであろう。

久保文明『アメリカ政治史』有斐閣，2018 年。

　20 世紀以降に重点を置き，内政・外交・日米関係をバランスよく取り上げた通史。

久保文明・岡山裕『アメリカ政治史講義』東京大学出版会，2022 年。

　アメリカ政治の構造とその長期的な変化の把握に重点を置いて，建国から今日までを通観する通史。

第 **1** 章

アメリカ人の世界観・政治観

🎧「民主党はロバ，共和党は象」――。2つの政党のシンボルは長年アメリカ国民に親しまれてきた（この風刺画は1913年のもの）。アメリカ国民にとっての政党は「組織」だけではなく，「モノの見方」を示すものでもある（William H. Walker 筆。画像提供：GRANGER／時事通信フォト）。

INTRODUCTION

　出身地，職業，年収，人種・エスニシティなどの有権者の属性と投票行動の間には明らかな関連があることは広く知られている。キーワードになるのが，民主・共和という2つの政党のどちらにどれくらい「親近感」を感じるかという「政党との一体感」だ。本章では，「政党との一体感」をキーワードに，アメリカ人の世界観を追ってみる。また，「自由」という概念をめぐるアメリカ人の世界観・政治観の変遷についても確認する。

1 政党への親近感と世界観・政治観

人口動態と価値観

　本章では，アメリカ人の心の中で政治はどのように位置づけられているのか
を，考えてみたい。アメリカ人の世界観・政治観を考えるうえで，まず，2008
年，12年，16年，20年の過去4回の大統領選挙の出口調査の結果と人口動態
との関連を示した，**表1.1**を眺めてみたい。

　この数字は出口調査であり，あくまで実際に投票に行った人たちのデータで
しかないことを断っておきたいものの，一定のパターンがこの表からも読み取
れる。まず，男女別では男性が共和党候補により多くの票を投じるのに対し，
女性は民主党のほうに票を投じる人が多い。年齢は18-29歳，30-44歳の層な
ら民主党候補に投票する割合が高いが，年齢が上がると，共和党候補に投票す
る割合が高くなる。

　人種については，白人は共和党候補に，人種マイノリティ（黒人，ヒスパニッ
ク系，アジア系）は民主党候補に過半数以上が投票しており，中でも黒人（アフ
リカ系）の場合は，ほぼ一枚岩ともいえるほど，民主党候補に投票している。
世帯年収については，世帯年収が低ければ民主党候補に投票する傾向があるが，
高くなるに従い，共和党候補に投票する数が多くなる。宗教については，プロ
テスタントの多数派が共和党候補に投票する。カトリックの多数派は2020年，
12年，08年選挙では民主党候補に，16年選挙では共和党候補に票を投じてお
り，「勝ち馬に乗る」傾向もみえる。

　2016年選挙についてみれば，若者（18-29歳），黒人，ヒスパニック系，アジ
ア系について，ヒラリー・クリントンは2012年のオバマの得票よりも5ポイ
ント以上下げており，基礎となる民主党支持層に綻びがみえている。この動き
を一言でいえば，2008年と12年の大統領選挙でオバマを支えた「オバマ連
合」が崩れた，といえる。「オバマ連合」はマイノリティ，女性，若者などの
民主党支持層を指す。クリントンが激戦州を落とした理由は，これが大きい。

また，年収をみると，5万ドル未満の層についてもクリントンは2012年のオバマに比べて，5ポイント以上落としていることがわかる。これが「白人ブルーカラー層のトランプ支持」を裏づけている。2016年には共和党の支持層の基盤が，既存の「小さな政府」＋「宗教保守」に加え，「怒れる白人たち」が加わった。

　他方で，2016年のトランプは10万ドル以上の所得層の得票を落としているほか，ユダヤ教徒の票も5ポイント以上下げている。「豊かなユダヤ系が民主党に流れた」という意味で，この両者にはおそらく相関がある。ユダヤ教徒の場合には，選挙戦で何度か指摘されたトランプの反ユダヤ主義的な発言や，マイノリティそのものに対する蔑視にあたる表現に反応した部分もあるだろう。このようにあくまでも多数は変わっていないものの，低収入者のクリントン離れ，高収入者のトランプ離れがみられるのが，2016年選挙の大きな特徴となっている。

　2020年選挙では，バイデンの得票は黒人，ヒスパニック系，アジア系の支持は16年選挙とはほとんど変わっていないものの，若者（18-29歳）の得票が5ポイント増え，30-44歳についても2ポイント増えている。バイデンの得票は年齢的な支持の変化とともに，男女いずれも伸びているのも目立っている。このあたりが選挙の雌雄を決した感がある。

　所得と教育程度とは一定の相関があるほか，投票率も人口動態の各グループとの相関があることを指摘しておきたい。

▌「政党との一体感」

　このように人口動態と大統領選挙の投票行動とは明らかな関連があることは，アメリカの選挙研究者が長年分析を続けてきた。**表1.1**の最後の項目「政党との一体感（party identification）」（政党への帰属意識，以下，政党一体感）については，民主・共和という2つの政党のどちらにどれくらい親近感を感じ，自分らしさを感じるか，という政党への志向性を示す。当たり前かもしれないが，民主党との一体感をもつ者，共和党との一体感をもつ者の9割ほどがそれぞれの党の候補者に投票している。また，「無党派」と答えた人たちは，民主・共和両候補への投票はほぼ半分ずつに分かれている。しかし，わずかな差だが大統

| | | 2008 年選挙 | | | |
		有権者の 中の割合	マケイン （共和党）	オバマ （民主党）	有権者の 中の割合
性別	男性	47	48	49	47
	女性	53	43	56	53
年齢	18-29 歳	18	32	66	19
	30-44 歳	29	46	52	27
	50-64 歳	37	49	50	38
	65 歳以上	16	53	45	16
人種	白人	74	55	43	72
	黒人	13	4	95	13
	ヒスパニック系	9	31	67	10
	アジア系	2	35	62	3
世帯年収	5 万ドル未満	38	38	60	41
	5 万〜10 万ドル	36	49	49	31
	10 万ドル以上	26	49	49	28
宗教	プロテスタント	54	54	45	53
	カトリック	27	45	54	25
	ユダヤ教	2	21	78	2
	白人福音派	26	74	36	26
政党への 一体感	民主党への一体感	39	10	89	38
	共和党への一体感	32	90	9	32
	無党派	29	44	52	29
	LGBT	4	27	70	5

［注］　右が民主党候補，左が共和党候補にそれぞれ票を投じた割合を示している。
　　　＊有意なデータなし
［出典］　アメリカの報道機関のコンソーシアムによる調査。

領選挙に勝利した候補に票を投じる傾向が強い。

　アメリカの世界観・政治観と切っても切れないのが，この政党への志向性を示した政党一体感という概念である。というのも，アメリカの場合，政党支持と世界観・政治観が強く関連しているためで，「政党一体感」というプリズムが，生活文化に根差す「社会をみる枠組み」を提供している。政党への親近感が世界観・政治観を決め，価値観を左右しているという傾向が強い。

2012 年選挙		2016 年選挙			2020 年選挙		
ロムニー（共和党）	オバマ（民主党）	有権者の中の割合	トランプ（共和党）	クリントン（民主党）	有権者の中の割合	トランプ（共和党）	バイデン（民主党）
52	45	47	53	41	48	53	45
44	55	53	42	54	52	42	57
45	60	19	37	55	17	45	60
50	52	25	42	50	23	50	52
51	47	40	53	44	30	52	47
56	44	16	53	45	22	52	47
59	39	71	58	37	67	58	41
6	93	12	8	88	13	12	87
27	71	11	29	65	13	32	65
26	73	4	29	65	4	34	61
38	60	36	41	52	35	44	55
52	46	30	50	46	39	42	57
52	44	34	48	47	26	54	42
57	42	52	60	37	43	60	39
48	50	23	52	45	25	47	52
30	69	3	24	71	2	—*	—*
78	21	26	80	16	31	72	27
7	92	36	8	89	37	5	94
93	6	33	88	8	36	94	6
50	45	31	46	42	26	41	54
22	76	5	14	77	7	27	64

▧ は対立候補よりも大きいほうを示す。

民主党支持者の姿

　もう少し具体的にみてみたい。民主党支持者の場合には，貧困や社会福祉などの社会問題を連邦政府の積極的なリーダーシップで解決しようとする意見が強く，「大きな政府」志向である。規制を重視することで社会的正義を達成することを望んでいる。低中所得者層に民主党支持者が多いのは，この所得再分配的な政策が自分にとって大きなメリットがあるためである。黒人，ヒスパニック系などの人種マイノリティの所得が白人層に比べて低いことも民主党支持

者が多い理由となっている。人種マイノリティが集中し，貧困層も少なくない都市部住民の間でも民主党支持者が多い。ブルーカラーの労働組合関係者も民主党支持である。

外国生まれが多数派を占めるアジア系の場合は，所得は高いものの，政府が進める人権保護的な政策で守られる対象となるため，民主党支持が多いと考えられている。宗教については，第二次世界大戦中の迫害の記憶が残っているユダヤ系や，カトリックが多い南欧や東欧系のイタリア系やギリシャ系，ポーランド系などの場合には，西欧系よりも遅れてアメリカに移ってきた祖先をもっているケースも多い。いずれもプロテスタントが主流を占める社会の中で常にマイノリティであり，かつてほどではないが，政府によって保護される対象であるという意識が比較的残っている。

同性愛の容認など，キリスト教的な伝統にとらわれない価値観や多文化主義的考え方も民主党支持者で多くなっており，民主党のほうが少数派の権利を擁護するというイメージが強い。そのため，性的マイノリティであるLGBTの人たちは圧倒的に民主党支持である。アメリカではまた，比較的高所得者の中でも，政府職員や教員の場合は，「政府」で働いている意識が強いことからか，民主党支持者が多い。

外交政策に関しては，外交の場における話し合いや国連を重視する傾向にある一方で，かつてのウィルソン外交のように，人権重視などのアメリカ的価値観を世界に普及させる外交を志向する人々も民主党支持者には少なくない。これは，外交政策においても，政府のリーダーシップに対する期待が大きいためかもしれない。

共和党支持者の姿

これに対し，共和党支持者の場合には，「小さな政府」を志向し，自由競争を尊び，市場への政府の介入を嫌悪する。後述するリバタリアン的な思考が強い人は，「レッセフェール」的な自由放任主義すら志向している。高所得者の場合は，所得再分配的な政策そのものが，自分たちにとって不利になるのはいうまでもない。そのため，共和党支持が多い。会社経営者などの場合は，政府規制の強化が自分のビジネスの成績に直結してしまうため，より規制緩和をめ

ざす共和党に投票するだろう。年齢と所得とは相関関係があるため、歳を重ねれば、それだけ共和党支持者が増えていくのもうなずける。

　また、共和党支持者の場合は、キリスト教の倫理に基づく、伝統的価値を重視する傾向にある。プロテスタントには多様な教派があるが、プロテスタントが共和党支持であるのは敬虔な福音派といえる人々の多くがプロテスタントであるためである。福音派とは、聖書の字句を神の言葉としてそのまま信じ、救いを求めることで「回心した（ボーンアゲイン）」人々である。

　外交政策についていえば、共和党支持者の中には伝統的には現実的な政策を望む声も多いが、独裁体制の国家に積極的に介入し、民主化させようとするネオコン（新保守主義）の台頭以降、軍事力を積極的に行使し、自由や人権、民主主義、資本主義といったアメリカ的価値観を世界に普及させようとする外交・軍事政策に共感する層も多い。かつての外交政策上の保守主義は伝統的に孤立主義や現実主義志向であった。それに対し、ネオコンは、民主主義の伝播のためには軍事的選択を含む介入をいとわない。この点で、かつての保守主義と異なっているため、この名前がつけられている。

　他方で、ここ数年は新孤立主義的な傾向を強くもった層が共和党支持者の中で目立ってきた。というのも、2010年の中間選挙で一躍脚光を浴びたティーパーティ運動のように、減税と財政規律を求める声が共和党支持者の中でも広がっており、かさむ軍事費の中、海外への米軍の関与などに否定的な意見も増えているためである。2016年大統領選挙で共和党候補になったトランプも海外への関与を見直す主張を繰り返し、ポピュリスト的ではあったが、共和党支持者の一部からは熱烈な支援を得た。そして、実際に当選している。

　このように、世界観・政治観が政党というプリズムを通して形成されていることは特筆できる。世界観・政治観は自分の考え方や自分らしさ、つまり、アイデンティティそのものである。政党というプリズムで、アメリカ人は自分のアイデンティティを確認しているということになる。

▎2色の世界観・政治観 ▎

　このような人口動態と政党支持の相関を反映して、共和党支持と民主党支持について、地理的な傾向がうかがえる。宗教的にはプロテスタント、人種的に

は白人が多い南部や中西部の諸州やアラスカ州などは，共和党支持者が多い州（「レッドステーツ」）である。他方，人種や宗教についてのマイノリティが多く住む北東部諸州やカリフォルニア州，ハワイ州などは，民主党支持者が多い州（「ブルーステーツ」）となっている。図1.1の（2）に示すのが，2012年大統領選挙の結果であり，共和党候補者のロムニーが勝利した州を□で，民主党候補者のオバマが勝利した州を■で示している。これをみると，上述の「レッドステーツ」と「ブルーステーツ」の分布がイメージしやすい。

このように実際，出身地，職業，年収，人種・エスニシティなど，有権者の属性そのものも政党一体感をみれば，かなり明らかになる。もちろん，地理的な政治風土だけでなく，それぞれの支持政党と世界観・政治観の関係は完全には一致しない。とくに，南部は伝統的に民主党支持者が多かったため，白人の福音派でも共和党支持者でなく，民主党支持者であるケースも南部には残っている。しかし，近年のイデオロギー的分極化によって共和党と民主党の支持者のすみ分けが近年，かなりはっきりしてきた（→第2章）。「共和党支持者≒保守派」，「民主党支持者≒リベラル派」という公式も，ほぼ成立するようになってきた。

政党一体感は，両党の支持者に共通した世界観・政治観の強さを示す指標でもある。「強い共和党支持」なら，より小さな政府を志向し，宗教保守的な志向性をもつ可能性が高い。逆に「強い民主党支持」なら政府のリーダーシップや規制の重要性を強く信じ，多様な生き方に賛同する。他の先進民主主義国と同じように，アメリカでも政党は有権者にとっては政策そのものを示す「レッテル」である。ただし，二大政党制が非常に長い間，定着しているため，「政党というレッテル」に対する愛着度は，他の先進諸国以上である。政党というプリズムは，アメリカ人のアイデンティティそのものなのである。

さらに興味深いことに，政党一体感は有権者の政治参加の度合いなども示す指標となっており，民主・共和いずれかの党への一体感が高ければ高いほど投票に行く確率が高いだけでなく，政治に関する知識も多く，関心も高い。また，共和・民主いずれかの党に強い政党一体感をもっている人は，ほぼ自分の一体感，親近感の高い政党に投票するため，政党一体感をみれば選挙の大まかな部分が予測できる。

実際にはほとんどいない「無党派」

　近年，アメリカでも「無党派層」が増えており，有権者のほぼ3割から4割を占めている。これを，二大政党からの乖離（かいり）ということで「政党離れ（party dealignment）」現象という。しかし，どちらでもない「無党派」といっても，どちらの政党に親近感をもっているかなどの政治的な傾向をさらに分析すると，「共和党（保守）寄り無党派」「無党派の中の無党派」「民主党寄り無党派」に3分の1ずつ，3つに分かれている（もちろん，選挙区ごとに，この割合は異なっている）。このうち，「共和党寄り」は基本的には共和党と，「民主党寄り」は基本的には民主党と，いずれも親和性が強く，投票する確率も高い。他方，「無党派の中の無党派」は無関心層にあたり，棄権する確率も高い。つまり，本当の無党派はほんの少ししか残っていない。近年，無党派そのものの質が変わり，「無党派」そのものが前よりも判断能力が高く，選挙戦では浮動票となるケースもあるが，それでも「無党派」そのものの中で，どちらかの政党寄りの志向性があることは変わらない。

　上述の2020年大統領選挙の出口調査では，民主党への一体感をもつ人は全体の37%，共和党へは36%，無党派は26%となっている。この無党派だが，実際には，54%が民主党のバイデン候補に投票し，共和党のトランプ候補には41%が投票していることも，無党派の多くがどちらかの政党寄りであることを示している。

　これまで論じたように，アメリカ国民の世界観・政治観は民主・共和という2つの政党の政策の志向性ときわめて親和性が高い。非常に単純化すれば，このように「連邦政府のリーダーシップによる改革＋伝統にとらわれない価値観」を志向するのが民主党支持者，「小さな政府＋キリスト教的伝統」を志向するのが共和党支持者となる。どちらかの政党への一体感が高くなればなるほど，その世界観は強くなる傾向にある。つまり，アメリカ人にとって，政党は単なる組織でなく，心の中にある世界観でもある。

政治的社会化と「政党との一体感」

　ところで，なぜ，このように属性が政党一体感を決めているのだろうか。一

図1.1 2008年, 12年, 16年, 20年の大統領選挙の結果

(1) 2008年

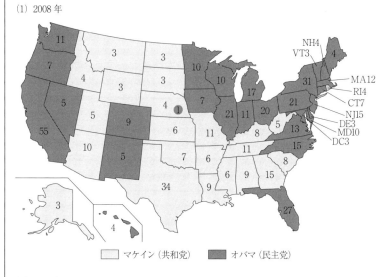

□ マケイン（共和党）　■ オバマ（民主党）

(2) 2012年

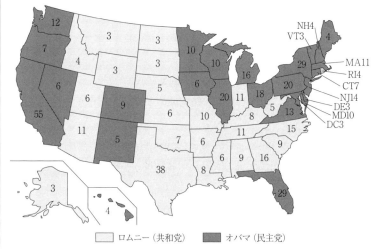

□ ロムニー（共和党）　■ オバマ（民主党）

［注］　共和党候補者が勝利した州を□，民主党候補者が勝利した州を■でそれぞれ
　　　　州名の略称については巻末の資料2を参照。

［出典］　https://www.270towin.com/historical-presidential-elections/ を基に作成。

(3) 2016 年

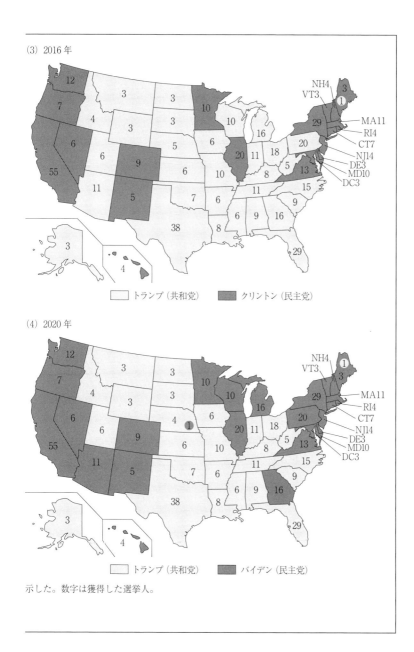

トランプ（共和党）　　クリントン（民主党）

(4) 2020 年

トランプ（共和党）　　バイデン（民主党）

示した。数字は獲得した選挙人。

つの説明となるのが，人々が政治的な価値観を身につけたり，政治的態度を形成する「政治的社会化（political socialization）」の役割である。多元的なアメリカの社会の中でも，人口動態上，人種や所得，宗教，居住地域などの属性の部分は地域ごとになんとなく似通っている。家庭，学校，地域，職場，メディアなどの「エージェント」が，その属性に強く関連した政治的な意識や世界観を印象づけ，政治的社会化を促進する。とくに，社会的態度の形成期は8歳から24歳くらいであるといわれており，その間に獲得した世界観・政治観がかなりの間，持続すると考えられている。

政党一体感に急激な変化が起こるとき，アメリカの政治や社会が急変する（→第2章）。政党一体感の変化はアメリカ人の世界観・政治観が変わることを意味する。それでは今後，アメリカ人の世界観・政治観が変わる可能性があるとしたら，それは何を原因としているのだろうか。

人口動態の変化

今後の政党一体感の変化を呼ぶ一要因として，しばしば論じられるのが，1965年の移民法改正に端を発する中南米からのヒスパニック系移民やアジア系移民の増加である。とくに，1980年代から目立っており，アメリカの「顔」が大きく変貌しつつある。中でもヒスパニック系住民の人口増加のペースは目覚ましく，1980年から2000年までの20年間で40%以上増加し，2000年の国勢調査ではヒスパニック系住民数が黒人の住民数をわずかながら抜き，最大の人種マイノリティとなった。また，増加した数そのものはヒスパニック系ほど多くないが，韓国系移民の急増などで，アジア系も1980年から2000年までの20年間で倍以上（104%）増加している。過去20年間のアメリカの総人口増加の多くが，ヒスパニック系とアジア系が担う形となっている。

国勢調査局によれば，すでに1990年代半ばからアメリカの総人口の中で白人の人口の割合は下がり始め現在の7割程度から2050年には5割程度に下がり，その代わりに，マイノリティ人口が増え，2050年にはヒスパニック系は22.5%，黒人は15.7%，アジア系は10.3%程度になると推定されている。このように，白人が「多数派」の地位を失う状況が予想され，「少数派」という概念そのものが大きく変わるとみられている。

ヒスパニック系移民やアジア系移民の増加が続いていけば，当面は低賃金労働を担う層になるとみられているため，所得再分配的な政策を志向すると考えられる。そうすると，所得再分配的な政策に積極的な民主党の支持層が増えていき，アメリカ人全体の世界観・政治観の軸も少しずつ変わっていくかもしれない。他方，移民たちが社会的な階層を上がっていく中で，ヒスパニック系やアジア系の小さな政府や規制緩和を求めるような人々も増えていくとみられている。すでにヒスパニック系の中では革命をきっかけに移ってきたキューバ系の中には反共主義の人も多く，共和党支持が根強い。しかし，例えば，ユダヤ系のように所得や社会的な階層が高くなっていっても，毎回の大統領選挙では7割が民主党候補に投票しているケースもある。人種・エスニシティごとの政党支持態度というのはなかなか変わらないかもしれない。

いずれにしろ，アメリカの「顔」が大きく変貌しつつある中，優勢な世界観・政治観も変わっていくかもしれない。

 ## 「自由」をめぐるアメリカ人の世界観・政治観

▌独裁からの自由 ▌

アメリカ人の世界観・政治観がどのように形成されてきたのかについて，少し時代を遡ってさらに考えてみたい。アメリカ人にとって，最も根本にある世界観・政治観とは何であろうか。誤解を恐れずにいえば，「自由」になること，である。アメリカにおいて，「自由」という理念への渇望は，独立戦争の時代にまで遡る。当時，君主制の理不尽さ，平たくいえば「王様の独裁という隷属」からの「自由」が独立を達成するための理想だった。アメリカという国家は，独裁国家や権威主義的政治体制を嫌がる，自由主義（リベラリズム）こそが，建国の時から現在まで，アメリカの政治の根本にある理想である。

アメリカ人の世界観・政治観は，「自由主義対社会主義」のような政治体制をめぐる政治思想の対立ではない。歴史的にみると，アメリカでは固定した階級社会がなく，経済の体質として慢性的に労働力不足であり，賃金も比較的高

かったため，労働者階級の不満はガス抜きされた。土地空間が豊かであり，労働者が自営農民になることも困難ではなかった。また，選挙権も早期に普及したため，社会主義運動や労働運動，普通選挙権獲得運動が一体となることもほとんどなく，社会主義運動の盛り上がりは欠けていた。また，社会主義がもたらすであろう政府の独裁状況を皮膚感覚的にアメリカ人は嫌っていた点も見逃せない。

この政府が個人を抑圧しないという意味での「自由主義」こそが，アメリカ人の世界観・政治観の根本にある。アメリカでは自助の精神に基づき「政府は原則として個人の生活に干渉すべきではない」という政治文化が根強い。この自由主義への希求こそ，アメリカ国民の DNA に深く刻み込まれている。「独裁からの自由」は共和党支持者，民主党支持者のいずれもが共有している世界観・政治観である。

このようにアメリカはあくまでも自由主義が支配的な社会であるため，伝統や自由主義的競争を維持しようとする保守派と，自由主義体制内で可能な政府による積極的な社会改革を志向するリベラル派の対立が，その後のアメリカの世界観・政治観の対立の軸となる。前述の政党支持でいえば，民主党支持者が完全にリベラル派であるというわけではなく，共和党支持者も完全に保守派であるというわけではない。リベラル派は民主党支持者の，保守派は共和党支持者の志向性に近いといえる。

変貌する「自由」の概念 (1)「リベラル」

「自由」という概念は，第二次世界大戦以降の「福祉国家」化の中で，大きく変化した。不平等や格差があるのは「自由」ではないという見方が増え，これを政府のリーダーシップによって平等な社会に変革すべきであるという考え方が台頭していく。これが，いま一般的に使われている「リベラル」の概念であり，平等主義的な改革思想が現代のリベラルである。具体的には，国民の「平等である自由」を政府のリーダーシップで達成することを意味している。

アメリカの「リベラル」とは，政治的・経済的な面（経済リベラル）と社会的・文化的な面（社会リベラル）に分けて考えると，わかりやすいかもしれない。「経済リベラル」とは，連邦政府（中央政府）の強いリーダーシップで，人

種融合，所得再配分的な政策などを，政府が主導することで，ゴール（フィニッシュライン）の平等をめざす政策や，それを支持する考え方である。

　例えば，貧困や社会福祉などの社会問題に対して，リベラル派は政府がなんらかの政策で解決しようとすることに賛同する。経済学者ジョン・メイナード・ケインズの考えを政策に応用し，公共事業を次々に起こすことで景気の立て直しを図った，1930年代から40年代初めにかけてのF. D. ローズヴェルト政権下のニューディール関連諸政策がリベラル的政策の代表的なものである。あるいは，市民的権利法を成立させ，社会福祉の充実，貧困の克服，教育改革などを行った，1960年代のリンドン・ジョンソン大統領の「偉大な社会」構想なども，典型的である。

　ここで注意しなくてはならないのが，アメリカの経済リベラル派は社会主義や共産主義の革命をめざしているわけではなく，あくまでも自由競争を重視した市場経済の中でのリベラルであることも付け加えておきたい。ローズヴェルト大統領のニューディール政策が「修正資本主義」と呼ばれているのは，象徴的である。

　このような「経済リベラル」の考え方は，日本の革新派の政治的立ち位置に近い。これに対して，「社会リベラル」のほうは，日本とは少し背景が異なる。アメリカのリベラルとは伝統にとらわれない価値観を指す。これは，伝統的な価値観ではない考え方を選択する「自由」を尊重する考え方だが，ここでいう伝統的価値とは，キリスト教徒の多いアメリカでは，キリスト教的な考え方や倫理にほかならない。

　例えば，人工妊娠中絶については，容認の立場（「女性の選択」を重視するという意味から「プロ・チョイス」派と呼ばれる）がリベラルの見方である。また，同性愛者の権利を擁護するのも，リベラル派である。このように伝統的なキリスト教の立場からは否定的にとらえられる人工妊娠中絶や同性婚については，「選択の自由」を重視し，いずれも容認する立場が社会リベラルである。アメリカの場合は，先進国の中では，結婚を男女のものと信じる敬虔なキリスト教徒がきわめて多いため，同性愛者の権利そのものが社会問題となっている。さらに，社会の少数派を重視し，人種やエスニシティ間の平等に敏感であるのも，社会リベラル派の特徴である。

ただし，「経済リベラル」と「社会リベラル」の差は曖昧であり，経済的な平等と伝統にとらわれない新しい制度の実現と同じ方向性をもっていることも多い。例えば，成立はしなかったものの，1970年代から80年代に全米で盛り上がった法の下における男女の平等な権利を憲法によって保障する「男女平等権修正（ERA）」運動は，平等と女性の生き方の多様性を求める運動であった。これは，繰り返しになるが，先に述べた民主党支持者の世界観・政治観そのものである。

変貌する「自由」の概念 (2)「リバタリアン」

　リベラル派が追い求めた権利の最大限の平均化である「平等」と，圧制や束縛から逃れるという「自由」という2つの理想を突き詰めていくと，現実的には矛盾しかねない。例えば貧困からの「自由」を守るといっても，政府が無理に特定の政策を押し付け「平等」にさせようとするのは，不自由にほかならない。「政府」は「自由」を提供する存在でもあり，「自由」を奪う存在でもあるという，政府の二義性が1970年代後半から指摘されるようになる。

　例えば，国民の税金を使った政府による福祉政策の対象については長年議論が続いてきた。障害者や高齢者などに対しては社会のセーフティネットとして社会福祉政策の対象となるという社会的合意があるものの，貧困者に対する公的扶助などについては誰が恩恵を受けるべきかという線引きが政治的争点となってきた。自由競争の放棄，働かないほうが豊かになるケースなど，生活保護の不正に近い需給やモラルハザードの問題も次第に目立っていく。少数派を「平等」にさせるために導入された，教育や雇用の面での優遇措置「アファーマティブ・アクション（積極的差別是正措置）」は，優遇の対象にならない人々にとっては逆差別であり，「不自由」を押し付けられるものであった。

　政府が押し付ける「リベラル」政策を拒否し，「小さな政府」に戻ろうというもう一つの「自由」が「リバタリアン（自由放任主義）」である。政府による社会改革の行き過ぎとその反発から，リベラル派を「大きな政府」とみなし，自分たちを「小さな国家」をめざすと位置づけているのもリバタリアンと共通している。連邦政府が経済活動に積極的にかかわることを好ましく思わない「小さな政府」志向は自由主義の原点に立ち戻った考え方でもある。

「リバタリアン」は連邦政府が経済活動や社会的な秩序形成に介入するのを嫌がり，自由競争を尊重し，規制緩和を徹底的に求める立場である。「ゴール」ではなく，「スタートラインの平等」に特化すべきだという見方である。「小さな政府」という場合でも，政府を完全に放棄するようなアナーキズムではなく，体制内の変革であることには注意したい。この「政府が力をもつことこそ，人々の自由を奪う」という考え方は，前述の政党一体感でいえば，共和党支持者の政治的・経済的な面での世界観・政治観（「経済保守」）と強い親和性がある。

他方，社会的・文化的な面では，リバタリアンと共和党支持者とは一線を画す。共和党支持者は，キリスト教的な価値観を重視し，人工妊娠中絶には否定的で，同性婚に対して反発する「社会保守」である。これに対し，リバタリアンは伝統的な価値観ではない考え方を選択する自由を尊重する「社会リベラル」である。また，人工妊娠中絶も同性婚も個人の権利として，その自由を擁護しているほか，日本人には理解しにくいが，近年はマリファナの解禁なども熱心に訴えている。

民主主義・共和主義

社会や政治が常に変貌する中，このように同じ「自由」でも，その解釈が立場によって異なっている。しかし，それぞれの方向性については，実は共通項がある。それは人々が自分の信じる「自由」を求めていくという民主主義や共和主義の考え方である。「経済保守」「経済リベラル」「社会保守」「社会リベラル」のいずれについても，「自由」とともに，この民主主義・共和主義の考え方が，アメリカ人の世界観・政治観を包括している。

アメリカの建国時には「デモクラシー＝衆愚政治」というイメージが強かったため，君主を置かずに国民が政治を行う共和主義という言葉が好んで使われた。しかし，その後，「デモクラシー」は現在の我々が考える「民主主義」の意味で使われるようになっていった。

民主主義・共和主義は政治の決定の権利が最終的には国民の手に委ねられて

おり，君主ではなく，普通の人々が世の中を動かしていくという理想であり，アメリカの統治の根本原則でもある。また，独裁ではなく，多様な人々が国家を動かしていくのは，硬貨などに刻まれている国是である「エ・プルリブス・ウヌム（E PLURIBUS UNUM：多様のなかの統一）」の精神である。

　民主主義・共和主義は専制君主が政治的な決定を行うのではなく，国民が自由意志に基づき，「多数派の原則」に依拠して，平等な立場で政治的な決定を行う制度である。だが，「特定勢力（faction）」が結束し，「多数派の暴政」（トクヴィル）になってしまっては，「自由」も「平等」も成り立たない。そのため，国家の権力が特定の勢力に集中しない権力分立制はアメリカ憲法の中で最も強調されているといっても過言ではない。アメリカでは，国家の統治を憲法に基づかせる立憲主義を通じて，市民に対する国家の権力を限定することに重点が置かれている。

　民主主義・共和主義は，憲法という「法」やそれを具現化した政治システムだけで達成されるものではない。移民でできた国家であるアメリカでは，ともすれば多様な人々がばらばらになってしまう。「多数派の暴政」を防ぎ，人々をつなぎとめるために，アメリカでは，ボランティア団体に代表されるような，市民の自由意思による団結（結社）が建国のころから重視されてきた。また，セルフガバメント（自治）の精神や，キリスト教という人々をつなぎあわせるための紐帯もアメリカ社会の行動原理に大きく影響している。このように民主主義・共和主義を文化的に守っていこうとする世界観・政治観もアメリカの政治文化の大きな特徴である。

EXERCISE ●演習問題

① アメリカでは出身地，職業，年収，人種・エスニシティなどの有権者の属性と投票行動の間には明らかな関連がある。具体的にどんな関連なのか。あらためてまとめるとともに，属性同士の関係性も確認してみよう。

② 「自由」という概念をめぐるアメリカ人の世界観・政治観の変遷を参考にして，あなたにとっての「自由」とは何かを再確認してみよう。

③ アメリカの「政党との一体感」についての議論を参考にして，日本における政

党一体感について，どんなことが考えられるだろうか。

さらに学びたい人のために | Bookguide ●

飯山雅史『アメリカの宗教右派』中公新書ラクレ，2008 年。
　アメリカにおける政治と宗教の動向を，キリスト教福音派・宗教保守（宗教右派）に焦点を当ててまとめた書籍。1980 年代に宗教右派運動が確立した後のアメリカ国民の世界観に迫っている。

西山隆行『移民大国アメリカ』ちくま新書，2016 年。
　移民問題を切り口にアメリカ社会の現状に迫った書籍。1990 年代以降，中南米出身の移民が急増している一方で非正規移民も増えており，その対応にアメリカの世論が割れている事実を検証している。

中山俊宏『アメリカン・イデオロギー──保守主義運動と政治的分断』勁草書房，2013 年。
　1950 年代からティーパーティ運動が全米を揺るがした 2010 年ごろまでを対象に，アメリカにおける保守主義を検証している。

第**2**章

政　党

🎧 2016年民主党全国党大会。民主党の大統領候補となったヒラリー・クリントンに旗を振る代議員たち（2016年7月28日，フィラデルフィア。写真提供：AFP＝時事）。

INTRODUCTION

　本章では，アメリカの政党のさまざまな特徴を学ぶ。アメリカの政党制の最大の特徴は，共和党と民主党の二大政党制が長年維持されていることであろう。時代を経て両党の支持者も政策も大きく変わったが，日本でいえば江戸時代末期の1854年に共和党が結成されて以降，現在までこの両党による二大政党制が続いている。他方で，建国当時，政党の存在そのものは「好ましくないもの」とされ，党派的な結束に対する否定的な感情が脈々と続いている。

1 アメリカ型政党システム

┃「必要悪」としての政党┃

　日本やヨーロッパの政党に比べると，アメリカの政党はきわめてユニークである。政党とは，アメリカ人にとっては，単なる政治アクターや組織ではない。アメリカ人にとっては政党に対する支持態度は世界観・政治観に大きく関連している（→第1章）。国民の一人ひとりの政治行動の中心に政党があるため，政党はアメリカ人にとっては，政治システム上の政治アクター（主体）や組織としてだけでなく，自らの政治態度を決める判断基準として心の中に強く存在する。

　しかし，アメリカ合衆国憲法の前文と本文には，政党についての規定は一切ない。あえて探せば，憲法修正条項の中の修正第1条に「集会の自由」があり，政党はこの「集会」の1グループであるという存在である。日本国憲法でも，政党を規定するのは第21条の「結社の自由」の「結社」の一つであると考えられている。日米どちらの憲法も，政党に憲法上，一言もふれていない点では似ているかもしれない。

　ただし，アメリカの場合は，実際に憲法を起草した人々（フレーマー：制憲者）の中には，政党を徹底的に敵視していた人物も少なくなかった。政治を腐敗させる存在として政党を否定的にみていたためである。

　イギリスから独立したアメリカは共和制を採用した。しかし，共和制を根本から揺るがすものとして憲法制定の父祖たちが排除しようとしたのが，「特定勢力（faction）」の存在であった。人々が集まると，結託して自分たちの利益を最大化しようとするグループが現れるのが常であると，憲法制定の父祖たちは考えた。第1章で論じたように，アメリカ人の世界観・政治観の根底にあるのは，独裁政権を嫌悪し，自由を求める精神である。しかし，君主制のイギリスから独立しても，特定勢力が勢力を伸ばせば，新しい国家の政治システムの中でも独裁を呼んでしまう。「特定勢力」のもたらす悪弊への対処こそ，憲法

批准を推進するために書かれた連作エッセイである『ザ・フェデラリスト』の中心テーマの一つであった。

　政党とは憲法制定の父祖たちにとって，この排除すべき「特定勢力」の一つにほかならなかった。とくに，初代大統領ジョージ・ワシントンは政党政治を国内政治の分裂の原因になるとして嫌い，共和主義にとって「政党は悪」と信じていた。ワシントンは告別の辞で国民に向け，新しい国家を存続させるために，ヨーロッパ諸国への不干渉とともに，政党政治を徹底的に否定したことは非常に有名である。

　しかし，政治という活動は現実的には一人ではできないため，同じ政策理念をもった同志と協力する必要がある。議員が無所属で活動し，一人ひとりの意思で立法を行うことは可能かもしれないが，合意形成にはかなりの時間がかかる。そして，必然的に同じ政策的な立場の議員と同調し行動するのが，人間の心理である。政治家一人ではカリスマ的な人望をもった議員くらいしか，自らの政策理念をなかなか実現できないものである。現在において，政党は当然のようにアメリカ政治でも不可欠なものとなっている。

　そのため，一種の「必要悪」として政党が結成されたのは政策過程上，当然の成り行きであった。ワシントン政権でも，各州の権利を尊重していこうとするリパブリカンズ（共和派）と連邦政府の権限をなるべく強めていこうとするフェデラリスツ（連邦派）がおり，原初的といえる政党制が生まれつつあった。ワシントンは前者の代表的な人物であるトマス・ジェファソンを国務長官に，後者の代表といえるアレグザンダー・ハミルトンを財務長官に任命し，両派のバランスをとっていったのが，実態であった。

　その後，後述するように，政党政治がアメリカでは定着していく。利益表出機能と利益集約機能，候補者選定，選挙運動，政策形成協力など，政党がもつ機能は，アメリカ政治を動かすうえで欠かせないものとなっていく。ただし，一定の政党が自分たちの意見に固執し，党派に沿わない意見を排除し，党利党略を優先することについては好ましくないと思う感情が，現代のアメリカ国民の中にも強く存在する。「党派的（パーティザン）」という言葉には，ワシントンの時代と同じような否定的なニュアンスが強く含まれている。このように政党に対する二律背反的な感情もアメリカにはある。

開放的な政党

　アメリカの政党のユニークさについて，日本などの政党と対比する形で少しまとめてみたい。アメリカの政党は，まず，そもそも政党組織がきわめて開放的である。日本やヨーロッパ各国の政党のように，党費として一定の金額を納入するような形で入党するような制度ではない。慈善団体や非営利団体（NPO）法人に対する寄付と同じように，政党への寄付も控除の対象となり，ステッカーやバッジなどの党のロゴ入りグッズを寄付のお礼の品として贈られることがあるが，日本やヨーロッパの左翼政党の「党員バッジ」に当たるような強い象徴的な意味はない。国民の個人から政党への献金は選挙献金の手段の一つとして広く行われているが，民主党と共和党の双方に献金することも頻繁にある。政党に対して寄付や政治献金をしたところで，政党の各種活動への参加の要請はあっても，参加の義務はない。

　選挙の有権者登録の際に党名を記入する欄があり，「民主党」や「共和党」に登録すれば，大統領選挙や連邦議会議員選挙のそれぞれの党内の候補を決める予備選挙に参加できる。一般的に，この有権者登録が有権者の党派を表明する非常に大きな機会である。記入することで，ファンであるプロ・スポーツチームを応援するような一体感が高まる。登録にかかわらず，どの党にも投票できる「オープン・プライマリー」制度を導入している州もあるほか，州によっては選挙の当日に登録することもできる。昨日まで，共和党に有権者登録していた人が，選挙当日の登録で民主党に登録することや，その逆も頻繁にある。

　もちろん，連邦議員，州議会議員など選挙で選ばれた人々の場合には，政党という組織でそれぞれがつながっている。また，選挙で選ばれた人々以外にも，民主党や共和党の全国委員会や，州の政党組織で各種戦略を練るなどの作業に従事している人もいる。いずれも日本やヨーロッパの政党でいえば「党員」だが，アメリカの場合は，選挙で選ばれた人々や政党組織で働いている人だけを「党員」とすると，あまりにも人数が限られてしまう。

　やや単純化していえば，アメリカの政党では，政党組織で働いている人や議員などのほんの一握りの人々が狭義の「党員」だが，実際には圧倒的に多くの有権者が民主・共和の二大政党の「支持者・応援団」となっている。この開放

性こそが，アメリカの政党の特徴である。

　では，この開放性はどこからきているのだろうか。やはり，前章や本章の冒頭で論じた，アメリカ国民の世界観・政治観に大きく関係していると考えられる。世界観と政党に対する支持態度が密接に関連しており，民主・共和のいずれかの政党への親近感が世の中をみる見方を変える。つまり，アメリカ国民の心の中には2つの政党のいずれかが強く根づいているので，いずれかの「支持者・応援団」となっているといえる。

▎地方分権的な政党システムと緩やかな党規律 ▎

　政党の対立が全国・連邦レベルという単一のアリーナで展開しただけでなく，政党が個々の州レベルで発展してきたのも，アメリカの政党の特徴である。アメリカの政党はもともと連邦制の強い影響を受けて，地方分権的な性格がきわめて強かった。各地域の党組織の自立性が高いため，全国政党であるとともに，地方政党の連合体という性格も併せ持ってきた。

　地域に即した形で大きくなっていったため，同じ政党でも各州，あるいは州内の地区ごとに比較的独立的に運営されていた。政党の中央組織である全国委員会は50の州の党委員会の連合体的な要素が強く，日本やヨーロッパの多くの政党のような政党の全国委員会（中央本部）がトップダウン式に物事を決めていくような政党ではなかった。

　組織上，共和党と民主党の全国委員会には委員長職が置かれている。このポストは，事務局長的な役割を担っている。全国委員会のトップは，他の諸国なら「党首」に相当するはずだが，とてもそんな力があるようにはみえない。全国委員会の力は，規制の対象外で投票促進などの名目で全国委員会に集められるソフトマネーの影響などもあり，過去25年間で次第に強まってきており，現在の全国委員長は比較的知名度が高くなりつつある。しかし，かつては全米規模では，全く無名の人物が全国委員長になるケースも少なくなかった。

　アメリカの主要政党は地方分権的に発展した経緯もあるからか，政党には正式な党首に当たるものが存在しない。もちろん，イメージ的に政党を代表する顔は存在する。大統領を選出している党なら，大統領が党の顔であり，もし大統領の対立党（野党）が上下両院のいずれかで多数派を占めていれば，多数派

院内総務（上院）や下院議長がその党の顔となる。いずれも，実質的な政党の党首となるが，大統領にしても，院内総務や下院議長にしても，政党内での役割は流動的である。いずれも他の諸国の政党の「党首」のような決まった役割があるわけでない。

　このような地域に即した形で大きくなっていったアメリカの政党の成り立ちが，政策形成にも大きな影響を与えてきた。同じ党でも議会の中での党としての規律が緩やかである点が特筆される。日本やヨーロッパなどの議院内閣制の国と比較すると，アメリカの政党は党としての結束力が弱く，議会内の同じ党でも政策に対する立場の差が大きい。法案に対する党議拘束は基本的にはない。さらに，大統領と議員が同じ政党であっても政策に対する立場が異なることも多く，議会内の政党執行部らの方針にあらがう議員も少なくない。

　日本では，国会と行政を担当する内閣の両者を結びつける政党の役割が大きく，法案に対する党議拘束など，党内での政策に関する意思統一があり，アメリカの状況とは対照的である。日本やヨーロッパなどの議院内閣制の国と比較すると，アメリカの法案立法化における党議拘束は弱く，投票時に議員は政党の方針にかかわらず票を投じる傾向がある。アメリカでは，政党内のまとまりが弱く，同じ政党が一枚岩ではない。後述するイデオロギー的分極化によって議会内では法案投票における政党間の一致は進んでいるが，政党の拘束力の弱い状態は続いており，同じ政党内で各議員の政策に対する立場が違うのは，きわめて自然である。政党の規律が緩やかで党議拘束がないことから，アメリカの連邦議会では政党の違いを超えた連携がかつては頻繁にみられた。ある法案の立法化を狙う議員が，対立党の議員に他の法案への協力を約束する代わりに，自分の立法化を狙う「ログローリング」という票の貸し借りも，かつては一般的であった。

多様な国民と２つに収斂する政党──やがてさみしき第三政党

　アメリカの政党制のさらなる特徴の中では，何といっても二大政党制にふれざるをえない。本章の冒頭でもふれたようにアメリカの政党制は，建国してまもない18世紀末ごろから現在まで，２つの巨大政党が政治の中心にある二大政党制である。現在の共和党と民主党による二大政党の時代は，150年ほどの

歴史をもっている。先進民主主義諸国において，二大政党制は必ずしも多くなく，しかも，19世紀半ばから，同じ民主党，共和党という2つの巨大政党による政党制が続いているのはめずらしい。2つの巨大政党以外の政党は総称して「第三政党（third parties）」，もしくは「弱小政党（minor parties）」と呼ばれ，基本的にはきわめて弱小である。民主・共和両党以外のリバタリアン党や緑の党などの政党は日本人には全く馴染みがないが，これはアメリカの国民にとっても，同じである。

　では，アメリカはなぜ二大政党制が続いているのだろうか。とくにアメリカの国是の一つが多元主義であることを考えると，さらに多くの政党が政治の中心舞台にいてもおかしくない気もする。アメリカで第三政党が一定以上，大きくなれないのには，さまざまな原因がある。その原因の一つが，アメリカの選挙制度の根幹にある小選挙区制である。大統領選挙の予備選挙などを除けば，アメリカでは基本的に勝者総取り式の小選挙区が採用されている。小選挙区制では，有権者は自らの票を死票にしたくないという心理が働くため，既存の二大政党のどちらかに票が集まりやすくなるといういわゆる「デュヴェルジェの法則」が働く。自分の票を無駄にしたくないという意識があるため，第三政党が議席を獲得するのはきわめて難しい。

　さらに，選挙のルール作りはそれぞれの州に決定権があるが，そもそも民主党と共和党という二大政党が選挙のルール作りをしているため，第三政党の候補（あるいは独立候補）にとっては大きなハンディとなっている。州によってルールは異なるが，第三政党が候補者を出す場合には，ある程度の数の州民から署名を集める必要があり，署名を集める期間などもまちまちである。大統領選挙では数多くの第三政党が候補者を擁立するが，すべての州の投票用紙に名前が記載される第三政党はあっても，一つくらいである。

　そもそも，第三政党が台頭しにくいのは，アメリカの政治文化に二大政党制が定着している点も大きい。アメリカの国民にとっても，そもそも第三政党には全くなじみがない。自分の支持政党を民主・共和両党という二大政党ではなく，「無党派」と回答した数は3割程度いるといわれている。しかし，これまでのさまざまな研究から，実際は「共和党寄り」「無党派」「民主党寄り」に3分の1ずつに分かれていることが指摘されている（→第1章）。つまり，第三政

党に票を投じる可能性をもっているのは，最初から国民全体の1割程度しかおらず，しかも，「無党派」と答える層は，そもそも投票率が低い。そのため，実際には，第三政党が台頭することは非常に難しいのである。

民主・共和両党という二大政党に代わるような新しい政党は構造的に登場しにくいが，斬新な政策で大きな人気を集める第三政党の候補者は時々現れる。しかし，そのたびに二大政党がその政策を奪うことで第三政党の政党としての役割は消えてしまう。例えば，1992年，96年のロス・ペロー（92年は無党派，96年は改革党）の徹底した行政改革や減税などの政策は，1994年の中間選挙で共和党のギングリッチ議員（中間選挙後に下院議長）の「アメリカとの契約」や，民主党のビル・クリントン政権の行政改革（リインベンティング・ガバメント）に取り入れられてしまい，ペローや改革党の求心力は一気に弱くなってしまった。現代だけでなく，19世紀から20世紀にかけて，人民党や革新党などの数々の第三政党が登場し，活発に活動したが，第三政党の政策は二大政党に吸収され，第三政党は息絶えてしまった。

いずれは消えてしまう第三政党ではなく，近年は，政党内から政党を改革する運動として，かつての第三政党的な動きが活発になっている。例えば，2010年中間選挙の際に台頭した草の根保守の財政保守運動である「ティーパーティ運動」や，もともと無所属の議員だが，2016年大統領選挙の民主党予備選挙で健闘し，党内リベラル派の圧倒的な支持を集めたバーニー・サンダースの選挙戦である（→**終章**）。あるいは，既存の政治家とは一線を画すアウトサイダー候補として，これまであまり投票に行かなかった白人ブルーカラー層の一部の票を掘り起こし，同年の共和党大統領候補になったトランプの選挙戦もそうである。これらは，いずれもかつての第三政党の選挙運動に近いものである。それぞれの選挙運動は，二大政党そのものを変革させつつある。

このように政党は2つに収斂するものの，国民の多様な意見を反映して，二大政党そのものも常に時代に合わせて変容している。これこそが，アメリカで長年二大政党が続いている最も本質的な理由であろう。

② 政党再編成

　アメリカの二大政党の変化について，少しタイムスパンを広げてまとめてみ
たい。アメリカの政党制は，数年の間に大規模な変化が起こる政党再編成
（party realignment）の時期と，その後の30年ほどの安定期が交互に訪れるサ
イクルを経験してきたという見方がある。政治学者のジェームス・サンドクィ
ストによると，この政党再編成の議論は，次の通りである（Sundquist 1973）。
まず二大政党は特定の重要争点を軸に対立が成り立っている。しかし，両政党
を分裂させるような新しい争点が浮上するのが，政党再編成の時期である。そ
れを機に政治アクターが新しい対立軸に移動し，新しい勢力配置が確定してい
く。その勢力配置が安定することで安定期を迎えるが，対立軸が意味を失って
いくことで，次の再編成が準備されていくという仕組みである。

　また，政党再編成については，選挙を基盤としており，対立を決定的にさせ
る特定の選挙は「決定的選挙（critical election）」と呼ばれる。南北戦争直前の
1860年選挙の共和党の台頭や，大恐慌を乗り越えるために打ち出したニュー
ディール政策で民主党が大勝利した1932年選挙のように，特定の選挙をきっ
かけに政党への国民の支持が大きく変動する「政党再編成」が行われてきた。
政党再編成は社会の再編成であり，アメリカの政治や社会が急変するそのとき
の変化を決定的選挙が生み出している，という見方ができる。また，第1章
で論じたアメリカ人の世界観・政治観の根底にある政党との一体感も，その際，
大きな変化が起こっている。

　これまでの政党システムと決定的選挙とその争点をまとめたのが，表2.1で
ある。

　決定的選挙が政党の再編成を生むという点でわかりやすいのが，南北戦争の
直前の1860年選挙と，大恐慌直後の1932年選挙であろう。だが，その後の再
編成については「決定的選挙」がいつなのか，果たして再編成といえるのかな
ど，研究者の間でもさまざまな議論がある。レーガン大統領が当選し，アメリ
カ国民の保守化が顕在化した1980年選挙あたりから，「そろそろ政党再編成

決定的選挙 があった年	決定的選挙の争点	政党配置	政党制
1800	国家建設の方向性，外交 （連邦政府の権限をめぐる争い）	共和派対連邦派	第1次 （1789-1828年）
1828	西部勢力対東部勢力	民主党対ホイッグ党。 民主党優位の時代	第2次 （1828-56年）
1860	奴隷制度，経済政策	共和党対民主党。 共和党優位の時代	第3次 （1856-96年）
1896	工業化や農村救済をめぐる対立	共和党対民主党。 政党支持グループという概念の 確立と近代的選挙のスタート。 共和党優位の時代	第4次 （1896-1932年）
1932	経済恐慌対策，政府の役割	共和党対民主党。 民主党優位の時代	第5次 （1932-68年頃）
1980？ 1994？	「大きな政府」の是非，伝統的価 値の揺らぎに対する反発	共和党対民主党。 分極化と共和党優位の時代へ？	第6次 （1968年頃-現在）

［出典］ 筆者作成。

か」という声があがったが，議会ではそれから長い間，民主党が強かったので，1980年選挙は「この選挙をきっかけに国民の政党への支持が大きく変わった」ような「決定的選挙」とはいえないという議論も多い。1990年前半までは，政党再編成は起こっていないという見方が強く，政治学者のエヴァレット・カール・ラッドは1991年に「サミュエル・ベケットの戯曲『ゴドーを待ちながら』のように，政党再編成を待っていても，いつまでもやって来ないだろう」と指摘し，話題になった（Ladd 1991）。

しかし，その後，1994年の中間選挙で共和党が上下両院で多数派を奪還したことで政党再編成についての議論も再び活発になり，総合的に考えてみれば，決定的選挙がないままでの政党再編成は少しずつ進み，共和党がアメリカ政治を長期的に支配する時代がきたのかもしれないとみられていた。

しかし，2006年の中間選挙で民主党が上下両院で多数派を奪還した。レーガン（共和党）以降の大統領は，G. H. W. ブッシュ（共和党），クリントン（民主党），G. W. ブッシュ（共和党），オバマ（民主党）と民主・共和いずれの党が大統領職を独占してはいない。「決定的選挙」があるかないかは別として，特

定勢力が優勢になり，その権威構造を一定期間安定させること」というスティーヴン・スコウロネクの政治体制の議論に従えば (Skowronek 1997)，現在の状況は民主・共和両党のどちらも優勢とはいえず，両党が激しく対立しながら均衡する後述のイデオロギー的分極化の状態であるといえる。

時期区分だけは引き継がれているものの，いずれにしろ政党再編成論そのものは研究者の間では支持されなくなっている。

アメリカ型政党システムの変貌

▌イデオロギー的分極化▐

このようにアメリカの二大政党は常に変化しており，政治エリートだけでなく，一般有権者の政党についての見方も固定化されたものでは決してない。巻末の資料編にある国民の政党支持の変遷をみても明らかである（→資料4）。とくに，現在，先に述べた開放的で地方分権的なアメリカ型の政党の性質が，1980年代以降大きく変化しつつある。その中でも目立っており，現在のアメリカ政治がどの方向に向かっているのかを読み解く鍵となるのが，イデオロギー的分極化（政治的分極化）である。

イデオロギー的分極化とは，国民世論が保守とリベラルという2つのイデオロギーで大きく分かれていく現象を意味する。保守層とリベラル層のすみわけが次第にできてきただけでなく，それぞれの層内での結束（イデオロギー的な凝集性）が次第に強くなっているのも，この現象の特徴でもある。この現象のために，政党支持でいえば保守層はますます共和党支持になり，リベラル層は民主党支持で一枚岩的に結束していく状況が生じている。

イデオロギー的分極化現象は1980年代以降，徐々に進み，ここ数年は，ちょうど左右の力で大きく二層に対照的に分かれた均衡状態に至っている。

分極化の大きな理由の一つとしてまず挙げられるのが，1960年代や70年代の多文化主義的な考え方を受容する社会への変化である。多文化主義的な動きには，1960年代なら市民的権利を求める運動に代表されるような人種融合的

な政策，70年代から80年代にかけての男女平等憲法修正条項（ERA）をめぐる女性運動，60年代から現在まで続く女性の権利としての人工妊娠中絶擁護（プロチョイス運動），あるいは，90年以降の同性婚容認といったものが挙げられる。このような各種の社会的リベラル路線を強く反映した争点に対しては，国民の一定数は積極的に受け入れるのに対し，ちょうど反作用といえるように保守層の反発も強くなっていく。さらに，第二次世界大戦前後のニューディール政策以降続いてきた所得再分配的な考えに基づく政府の強いリーダーシップによる福祉国家化（経済リベラル路線）についても，国民世論は大きく分かれていく。リベラル層は強く支持しているものの，保守層は強く反発し，「レーガン革命」以降の「小さな政府」への志向が強まっていく。

　このような世論の変化を背景に，政党支持についても1970年代後半以降変化していく。それ以前の南部は南北戦争以前から続く，民主党の地盤であった。民主党内でも保守を掲げる議員が南部に集まっており，東部のリベラルな民主党議員と一線を画する「サザン・デモクラット（Southern Democrats）」として党内の保守グループを形成していた。しかし，1980年代以降，キリスト教保守勢力と緊密な関係になった共和党が南部の保守世論を味方につけ，連邦議会の議席を伸ばし，州政府も圧倒する。こうして，「サザン・デモクラット」に代わり，南部の共和党化が一気に進んでいく。東部の穏健な共和党の議員が次第に引退するとともに，「民主党＝リベラル＝北東部・カリフォルニアの政党」「共和党＝保守＝中西部・南部の政党」と大きく二分されていく。

　多文化主義の台頭以外にも，分極化にはさまざまな原因が挙げられている。例えば，連邦議会下院選挙区割りの問題もある。10年ごとの国勢調査を基にした選挙区割りの改定を担当するのは，各州議会で多数派をとっている政党である。その政党が地域的なまとまりを無視して自分たちにとって有利な選挙区割りを行うケースが目立ってきた。ジェリマンダーに近い区割りの選挙区の出現は議員の政治イデオロギーの純化を意味し，分極化が進んでいくというメカニズムである。

▎政党の変化と政党間対立の激化 ▎

　政党対政党の対立という構造は日本など議院内閣制の政党制の国と似ている。

そのため，「アメリカでも民主党対共和党という政党対立が激化し，両者の対立が拮抗している」といえば，想像しやすいかもしれない。ただし，注意すべき点は，先に述べたようにアメリカの政党は，開放的で緩やかな党規律をもっていたが，その性質もイデオロギー的分極化で変わってきたという事実である。例えば，かつては弱かった政党内の結束も次第に強化されてきた。政党内の同化圧力が非常に強くなっている状況は，かつてのアメリカの緩やかな政党とは大きく異なっており，ヨーロッパや日本などの議院内閣制の諸国の政党に少しずつ近づきつつある。

　連邦議会内では，民主党と共和党という2つの極で左右に分かれるのと同時に，党内の結束も強くなった。さらに，厄介なことに，ここ数年，両党の議席数が比較的近いため，民主党と共和党とが激しくぶつかり合い，全く妥協できない状況が続いている。かつては民主・共和両党ともに中道保守的な傾向があり，両党の間の妥協は比較的容易だったのはお伽話のようである（→終章）。

　妥協が見出せないまま，議会は停滞する。法案が立法化される数も，近年は大きく減っている。112議会（2011年1月から13年1月）の284，113議会（13年1月から15年1月）の296は，南北戦争以降，最低のワースト1，2の数を記録している。その後も，114議会（2015年1月から17年1月）は329，115議会（17年1月から19年1月）は443，116議会（19年1月から21年1月）は344，117議会（21年1月から23年1月）は364と，何とか300台以上には戻ったが，歴史的には最低水準となっている。他方で，立法化される法案の数は少なくなったが，法案の文面は長くなる傾向が指摘されている。

　興味深いのは，両党の対立が激しくなることで，国内政治の膠着だけでなく，かつては民主・共和両党が協力して行うことが一般的だった外交政策にまで影響を与えている点である。例えば，オバマ外交を「現実的」とみる民主党支持者が少なくないのに対して，共和党支持者の多くは「弱腰」とみる。両者の間の共通理解はきわめて少ない。分極化を背景に，ここ数年だけでも，シリアのバッシャール・アサド政権への攻撃，イスラム国やウクライナ問題など，さまざまな安全保障政策についても議会や世論が大きく分かれ，オバマ，トランプ，バイデン政権の足を引っ張る形となっている。第二次世界大戦以降の冷戦期から比較的長い間，大統領の外交政策に対して，議会はできるだけ，それ

を受け入れ，対立を避けようとする「冷戦コンセンサス (Cold War Consensus)」が存在した。しかし，それは完全に過去の話となっている。

EXERCISE ●演習問題

① 本章で論じたアメリカの政党の特徴を踏まえ，政党とは何かを，あらためて考えてみよう。

② なぜ，第三政党が議席を獲得するのはきわめて難しいのだろうか。その理由をまとめてみよう。

③ アメリカの政党と日本の政党の差が生み出す政治的な影響には，どんなことがあるだろうか。

さらに学びたい人のために | **Bookguide ●**

岡山裕『アメリカの政党政治——建国から 250 年の軌跡』中公新書，2020年。

　　支持層・基盤を変えながら二大政党が制度化していくアメリカの政党政治の歴史をたどるほか，党首，恒常的な綱領，党議拘束も原則は存在しないといった，アメリカの二大政党のユニークな特徴をまとめている。

岡山裕『アメリカ二大政党制の確立——再建期における戦後体制の形成と共和党』東京大学出版会，2005 年。

　　南北戦争後から 19 世紀末にかけてアメリカの政党制が直面した深刻な危機がどのように克服されたかに焦点を絞って，共和・民主の二大政党制が一世紀半にもわたり存続してきた理由を分析している。

前嶋和弘「アメリカ地方政治を支えるもの——政治システム，政党，政治的インフラ」久保文明・21 世紀政策研究所編『50 州が動かすアメリカ政治』勁草書房，2021 年。

　　連邦政府だけでなく，州政府，郡・市などの地方政府などすみずみにまで民主・共和いずれかの党派であることが浸透している現状を分析している。

第**3**章

選　挙

🎧 2022 年中間選挙の票を投じる有権者（2022 年 11 月 8 日，フルータ。写真提供：AFP＝時事）。

INTRODUCTION

　アメリカの選挙にはお金がかかる。大統領選挙の献金額は 4 年ごとの選挙のたびに「過去最高」の数字を更新し続けてきた。費用の中心は多額の広告料である。日本の 25 倍の大きさのアメリカでは，遊説だけでは周り切れないため，テレビやインターネットなどでの選挙広告に頼らざるをえない。人々をいかに説得するかが選挙運動の根幹にあるのは，何といっても選挙が民主主義の要であるためだ。本章では，このアメリカ型の選挙について考える。

1 民主主義の要としての選挙

選挙と民主主義

　選挙は民主主義の要^{かなめ}である。民主主義はアメリカの政治の根本原則であり，政治の決定が国民の手に委ねられていることを示している。民主主義は「多数派の原則」に依拠して，専制君主が政治的な決定を行うのではなく，国民が自由意志に基づき，平等な立場で政治的な決定を行う制度である。その中で選挙は民主的な政治参加の象徴である。

　民主主義は「多数派の原則」に依拠するものだが，特定の勢力が結束し，「多数派の暴政」（トクヴィル）になってしまえば，王様がいない国家に専制君主を作るようなものである。そうなっては「自由」も「平等」も成り立たないため，アメリカの選挙では，国家の権力が特定の勢力に集中しないように，憲法で形作られた権力分立制に従った選挙サイクルを工夫している。

　国民に最も密接な関係にある議会はそれだけ，「特定の勢力」の影響を受けやすいため，権力が集中しすぎないように，さらに上下両院の2院に分けられている。そのほか，上院（任期6年だが3分の1が2年ごとに改選。各州から2人選出），下院（任期2年，人口比で各州最低1人は選出），大統領（任期4年。形式上は間接選挙。全米で1人）は，それぞれ選挙サイクルを少しずつずらしている。上院の場合は，同じ州から同じ選挙で同時に2人の議員を選ぶことがないのも，工夫の一つである。また，それぞれの任期は基本的に固定されており，日本のような議院内閣制の国家にはありうる任期中の立法府の解散はない。つまり，現職の政治家が自分たちにとって望ましいタイミングで選挙を行うことはできず，固定したタイミングでの選挙を迎えることになる。このように，任期も選ぶための選挙の期間にも差をもたせ，一定の時期に集中させないことで，「多数派の暴政」を防いでいる。

┃「平等な」選挙とは

　現在のアメリカでは18歳以上のアメリカ国籍を有する者なら，基本的にすべての国民に選挙権が与えられている。ただし，これが確立したのはそれほど古いことではない。南北戦争後の奴隷解放後も，ジム・クロウと呼ばれる人種隔離制度が発達し，その一環で投票税や識字テストのような黒人を投票から実質的に排除する法律が南部を中心に長年，存在していた。1950年代から60年代にかけての市民的権利を求める運動で，人種差別的な措置は撤廃された。民主主義的な政治参加が制度上は達成されたといえる。しかし，世界的に投票率と所得や教育レベルは相関する関係にある。アメリカにおいても，現在に至るまで，人種マイノリティの投票率は，やはり，白人に比べて比較的低かった。それでも，近年は黒人の投票率は大きく改善しつつある。

　下院選挙区の区割りは「平等な」選挙をめぐる議論に密接に関連する。下院では10年ごとの国勢調査を基にして，選挙区割りが改定される。選挙区割りを担当するのは，各州議会で多数派をとっている政党である。近年，そうした政党が自分たちにとって有利な選挙区割りを行うケースが目立ってきた。他方で，人種マイノリティの議員数を確保することで，より平等な政策運営が担保されるという議論があり，マイノリティが多数派を占める選挙区も認められている。両者はいずれも，ジェリマンダーに近い区割りの選挙区となる。このような現象は議員の政治イデオロギーの純化を意味し，本書のさまざまなところでふれている，分極化の要因にもなっている。

　さらに，民主党のほうが支持者は数的には多いものの，東西両海岸の各州を中心に都市部に集中しており，さらにはジェリマンダーも共和党優位の州でより顕著であるため，選挙では不利になっているのも事実である。

② アメリカの選挙の特徴

┃ アメリカの選挙の仕組み──日本との違い ┃

アメリカの選挙の仕組みを簡単に説明したうえで，日本との違いという観点からアメリカの選挙運動の特徴をまとめてみたい。

まず，アメリカ国民の意識の中に，選挙が行われる年や日にちは固定されており，その日に向けて選挙戦が大々的に展開されていくという点が，日本とは異なる。補選や党の候補を決める予備選挙などを除けば，アメリカの連邦議員や大統領を選ぶ「選挙の日（election day）」は，定期的に偶数年（選挙年）の11月の第1火曜日（正確には，「第1月曜日の後の火曜日」で，1日が火曜日となる日を除く）であり，全米50州と首都ワシントンで選挙が行われる。4で割り切れる年（うるう年）の「選挙年」の「選挙の日」には大統領選挙と連邦議員選挙が行われる。また，この日に合わせて，州知事，州議会，郡市町村の首長，郡市町村の議会などの公職の選挙の一部が行われる。さらには郡や市によっては教育長や警察長官，消防長官なども，この日に選挙されるケースもある。近年では，大統領選挙と重ならない偶数年の「選挙年」は「中間選挙」と呼ばれ，連邦議員選挙や各種の公職選挙が行われる。このように，さまざまな選挙が選挙年に行われている。

また，連邦選挙（大統領選挙と連邦議員選挙）については，改選の対象，議席数，選挙区が分けられており，先に述べたように解散はないため，任期が固定化されている点も，日本とは異なる（病気や弾劾などで任期を全うできない例は除く）。連邦議会では，2年ごとに訪れる「選挙年」に議員を改選する。その際，下院議員（定数435・任期2年）は全員改選，上院議員（定数100・任期6年）の3分の1が改選となる。大統領（1人・任期4年）の場合は，前述のように，その「選挙年」のうち，うるう年に改選となる。再選した場合には，2期（8年）までは務めることができる。

選挙区については，下院議員の場合，各州に最低1議席が割り振られた後は，

各州の人口比率に応じて議席が配分される。また，10年ごとの国勢調査の結果を基に選挙区割りが改定される。上院議員の場合には，選挙区は州単位で各州から2名ずつ選出される。

大統領選挙では，選挙区は全米となる。まず，大統領を選ぶ大統領選挙人（presidential electors，現在は538。各州の大統領選挙人は各州の連邦議会議員の合計であり，首都ワシントン分3をこれに加えている）を，一般有権者の投票で各州，および首都ワシントンから選出していく。そして，「選挙日」の結果に従い，選挙人団が後日（12月の第2水曜日の後の月曜日）に，それぞれの州都（および首都ワシントン）に集まって，再び投票を行い，過半数をとった候補が大統領となる。このように，大統領選挙は形式上は間接選挙である。

次に，「勝者は1人」が基本であり，小選挙区であることもアメリカの選挙の特徴である。連邦議員選挙では下院選挙区から1人ずつ，上院も選挙区である各州から1人ずつ選ばれる。大統領選挙でも，メイン州とネブラスカ州を除いて，一般投票で最も多く票を集めた候補者が，その州の選挙人をすべて獲得するという「勝者総取り（winner-take-all）」となるため，「勝者は1人」である。このため，一般投票の得票率と選挙人の獲得数は必ずしも比例しない。ただし，次に述べる予備選挙には，一般投票の得票率に合わせて，党大会に送る代議員数を配分する比例制度も民主・共和両党が導入している。

▌予備選挙という仕組み ▌

さらに，大統領選挙の本選挙の前に民主・共和両党の代表を決める予備選挙段階が存在するのも，アメリカの大統領選挙の特徴である。まず第1の段階である予備選挙段階は，民主・共和両党の自分たちの党の「大統領候補を指名する」プロセスである。政党の候補を決めるわけだが，各州の州法に基づき，公費で行われているのが，特徴的である。南北戦争のころから，150年以上も民主・共和両党の二大政党制が続いており，政党の一大イベントが公的な行事になっていることを示している。

また，州政府という公的な機関が政党の代表を選ぶ選挙の運営をするのも，大きな特徴となっている。制度的に多様であり，事前に有権者登録した各党の支持者が，その党の「党員集会（caucus）」か「予備選挙（primary election）」に

参加することが多い。しかし，具体的な実施方法は州によって大きく異なり，有権者登録する際に別の政党で登録した人が別の党で投票することも許す「オープン・プライマリー」という制度をとっている州もある。

　予備選挙は，大統領選挙だけでなく，議会選挙，州知事選挙などでも行われており，各党でそれぞれ名乗りを上げた候補者が党の指名獲得をめざす。例えば大統領選挙では，予備選挙段階は，基本的に夏の全国党大会に送り込む代議員を獲得する争いである。選挙年の2月ごろから順次開かれる各州の党員集会か予備選挙に当たり，どの立候補者に代議員を割り振るかが決められていく。基本的には，予備選挙は事前に選挙登録した各党の支持者がいっせいに投票する形式なのに対し，党員集会は地区ごとに開かれる集会で討議したうえで投票する。その結果に基づいて，その州から夏の全国党大会に送り込む代議員の割り振りが決められる。

　この予備選挙段階が長いため，大統領選挙は先進国では例があまりないほど，長期間にわたって行われる。そのため，大統領選挙はマラソン競技にたとえられてきた。この選挙戦の長さも，アメリカの選挙の大きな特徴の一つである。選挙を勝ち抜くために，後述する選挙マーケティングの手法の導入や選挙の専門化，費用の高騰などの現象が起こっている。

▌陣取りゲーム▌

　アメリカの選挙を俯瞰（ふかん）するために，大統領選挙の本選挙に限って少し話を進めてみたい。共和・民主両党の大統領候補の選挙運動は，全米50州について満遍なく行うわけではない。実際，各候補が力を入れるのは，全米中でも特定の州に限られており，選挙戦で全く遊説に訪れない州もある。各候補の選挙運動は，全米規模で行われるわけではない。なぜ，選挙運動において50州の「価値」が同じではないのか。第1章でみたように，人口動態や政治文化の影響があり，大統領選挙の雌雄を決めるのは，「激戦州（battleground states）」と呼ばれる複数の州であり，大統領選挙は，その激戦州を奪う"陣取りゲーム"となっているためである。

　連邦議会のなかで大多数の435人を占める下院の選挙区は人口比である。各州の選挙人の数はその州選出の上院，下院議員の合計の数に等しいため，大統

領選挙人は，ほぼ人口に応じて各州に配分されている。候補者にとれば，人口が少ない州での選挙運動を切り詰めるのが得策である。その代わり，人口が多く，選挙人の多い州での選挙運動に投じる予算や時間をできるだけ重点的に配分するのが，大統領選挙という「陣取りゲーム」に求められる戦略となる。

しかし，50の州をめぐる「陣取りゲーム」の戦略は，各州の人口だけが決め手となるのではない。もう一つの選挙戦略の大きな鍵が，州民の政党一体感である。州民の政党一体感が明確であるため，州によって共和・民主いずれかの党の大統領候補者を支持する党派性が強い（→第1章）。そのため，両党の候補者にとっては，「選挙運動に力を入れなくても最初から勝てる州」「選挙運動に力を入れても最初から負けてしまう州」が事前にわかっている。

例えば，過去20年の大統領選挙では，北東部の多くの州や西海岸，ハワイ州では，民主党候補が勝利する傾向が強い。逆に，南部や中西部の多くの州，アラスカ州では，共和党の候補が圧倒的に勝利する傾向が目立っている。1970年代まで南部は民主党の独壇場だったが，80年代以降，南部の保守化が進むとともに，共和党の大統領候補が勝利した州と，民主党の候補が勝利した州がはっきりする傾向が目立ってきた。

両党支持者が拮抗し，両党の大統領候補者にとって勝てる可能性があり，しかも人口が多い州が選挙の動向を占うのに重要な州となる。フロリダ州やオハイオ州，ペンシルヴェニア州，ミシガン州，ヴァージニア州，ウィスコンシン州などが，これに当たる。これらの重要州は，「激戦州」という名称で呼ばれている（大統領選挙の場合は，選挙区の単位が州であるため，日本でも「激戦区」ではなく，「激戦州」という言葉を使うメディアが増えている）。また，どちらの候補にもなびく州として「スイング・ステーツ（swing states）」，民主党支持の「青」と共和党支持の「赤」が交じり合った「紫」の州であるため「パープル・ステーツ（purple states）」という言い方もある。いずれにしても，この激戦州をめぐる争いが大統領選挙の本選挙の最大の争点である。

｜ 政治活動と再選運動 ｜

選挙での当選は，再選までの新しいスタートでもある。そして，その再選運動は，大統領や議員としての政治活動に直結し，その成果が問われることでも

ある。選挙運動のゴールである当選の向こう側には議席確保とともに，政治家としての活動経歴を深め，政治家としての質を自ら高めていくこと自体も重要な選挙戦略になる。つまり，当選後の政治活動と再選運動は直結する。政治家としての質は，ワシントンでの「地位」を上げていく戦略である。具体的には，もし議員の場合には経験を深めることで，政党内や議会での所属委員会での任務を重ね，主要な役職まで階段のように出世していくことである。政治家としての質を高めていくことは，知名度も地盤も，あるいは資金のいずれも確固としたものにし，再選につながる。

　アメリカの議会研究者リチャード・フェノーは現職議員の場合，ワシントンでの活動と再選のための活動とは連携していると指摘している（Fenno 1973）。フェノーは再選をめざす現職議員の地元での活動（「ホームスタイル」）に長年同行し，地元の有権者に，ワシントンでの議員としての活動をどのように印象づけるかを分析した。フェノーによると，議員にとっては自分の選挙区民は，実際の選挙区全体にいる「物理的な選挙区民（geographic constituency）」から，「再選のために必要な選挙区民（re-election constituency）」，必ず自分に投票してくれる「主要な選挙区民（primary constituency）」，そして，個人的なつながりのある人々で構成される「個人的な選挙区民（personal constituency）」まで，4つに大別される。そして議員は，それぞれに対して別々の「スタイル」で接するとフェノーは指摘する。例えば，「個人的な選挙区民」の場合には，政治的な話などはほとんどする必要がない。他方，「再選のために必要な選挙区民」の場合には，実際に投票してくれるかどうかはわからないため，投票を促すためにもワシントンでの議員としての活動を積極的にアピールする必要があるとする。

　他方，当選後の首長にとっては，政策運営で成果を挙げ，自らのリーダーシップを印象づけることは，選挙に好影響をもたらす。政権担当者の過去の業績の良し悪しを判断し，それに基づいて有権者が投票を行う「業績評価投票（retrospective voting）」という考え方が研究者の間で議論されてきた。有権者にとって，将来の政党の政策を予想しつつ投票行動を決めるのは困難だが，リーダーやその政党の過去の業績評価は容易であり，特別の情報獲得のコストを必要としない。そのため，有権者は政府の業績が悪ければ野党候補に投票し，政府

を取り換えようとする，というのが業績投票の考え方である。有権者の支持を得て再選されなければならない政治家の行動を民主的に統制するという民主主義のあり方を考える意味でも，「業績評価投票」の考え方は意義深い。

選挙運動の実際

▎新しくて古い選挙 ▎

　アメリカの選挙戦術は大きく変化してきた。アメリカの場合，戸別訪問は有権者と接触する貴重な機会であるため，規制の対象となっていない。有権者との接触の強さで票を固めていく「地上戦（ground war）」が，建国以来，選挙戦の花形であった。

　しかし，テレビの普及とともに，各候補者がテレビ CM（選挙スポット）を使って自分の PR や対立候補に対する攻撃を行う「空中戦（air war）」が，その位置を奪うこととなる。アメリカは，日本の 25 倍の国土があり，「地上戦」よりも効率的な選挙 CM が選挙戦の中核になっていったのは想像に難くない。アメリカ大統領選挙において，テレビでの選挙 CM によって選挙運動が展開される「空中戦」はアメリカの選挙を特徴づけるものであり，1952 年選挙のドワイト・アイゼンハワー陣営が初めて導入して以来，「伝統的」な戦術となっている。

　連邦議員選挙は，広告のための調査費を合わせれば，下院選挙で 7 割もの資金が広告費として使われているように，現在でも「空中戦」は花形である。自分の訴えたい政策（公約）や自分の経歴の説明など，盛りだくさんの種類の選挙 CM を提供する。その中で，同じように「空中戦」を繰り広げる相手候補とテレビ上で戦いながら，長期間にわたって選挙戦は展開されていく。特筆すべきなのが，アメリカの「空中戦」は選挙 CM だけにとどまらない，ということである。選挙 CM が興味深い内容なら，新聞やテレビが通常のニュースの中で取り上げるので，選挙 CM の内容は一気に拡散していく。候補者陣営のほうも，そのことを熟知しており，相乗効果を高めていくために，演説にし

ろ，テレビでのインタビューにしろ，公的な発言の多くを選挙CMと連動させようとする。選挙CMの中には，相手候補の政策や資質を攻撃するネガティブCMも2〜3割含まれており，ネガティブCMを多用したネガティブ・キャンペーンは選挙戦の中で大きな位置を占めている。

しかし，2004年選挙のころから再び，「地上戦」にも注目が集まるようになってきた。というのも，国民の分極化の中，激戦州で勝ち残るには，潜在的な有権者に対して，選挙ボランティアが選挙に行かない人を口説き落としていく，後述の投票促進（GOTV: get-out-the-vote）活動が政治マーケティング上，どうしても必要である。そのために，戸別訪問が不可欠になっており，実際に非常に有効的であることがわかった。このように，これまで「空中戦」だった選挙戦術が「地上戦」に少しずつ逆戻りしていくという先祖返り現象がある。

さらに，2008年の大統領選挙を皮切りに，インターネットのソーシャルメディアをフル活用した「サイバー戦（cyber war）」も高度に巧妙化した選挙マーケティング戦術の応用に代表されるように日々進化している。

この3つの「戦い」がアメリカの選挙では現在，同時進行で続いている。そして，アメリカの選挙をめぐる環境は，実に激しく，目まぐるしい変化を続けている。1970年代の予備選挙の本格的な導入以降，それ以前は政党中心で候補者を立てていた選挙に，誰でも立候補できるようになり，「候補者中心化」が進んだ。しかし，この3つの戦いは全国党本部が率いるため，政党組織の重要性が再認識されたといえる。

他方，大統領選挙でいえば，「選挙人」という間接制度が実に古い制度のまま残っている。とはいっても，大統領選挙人が自分が割り振られた候補者を裏切って他の候補に投票する例は，過去の歴史をみても，ほんの数回しかない。間接選挙といっても，形だけであり，実際には本選挙の投票で大統領が決まる。一般投票の得票率と選挙人の獲得数が一致しない現象にも批判はある。有権者は実際，選挙人が誰かを意識せずに投票している。それでも建国以来の「選挙人」制度は「多数派の暴政」を防ぐための一つの手段としていまだ残っており，制度を変えるには憲法修正の長くて大変な手続きを踏まなければならない。実際に2000年選挙や16年選挙では，一般投票の得票率で上回った候補（ゴア，クリントン）が，選挙人の獲得数で対立候補（G. W. ブッシュ，トランプ）に負け

ていたが，その後も「選挙人」制度を改正する動きは大きくならなかった。

民主主義を担保する選挙運動

選挙が民主主義的であるためには，選挙運動も民主主義的でなければならない。その意味で，選挙に対する情報が満遍なく行き渡ることが非常に重要である。アメリカの選挙に関する情報発信については，日本に比べると規制が緩い。例えば，選挙 CM については，アメリカでは，「表現の自由」の観点から，制限がきわめて少ない。規制の緩さについては，選挙に関する規制を統括する連邦選挙委員会（FEC）の人的リソースが限られていることや，法制度も連邦主義で中央（連邦）と州が別体系であることなどの理由もあるが，民主主義的観点からみて選挙情報を重視する法的な環境も非常に大きい。連邦選挙法（FECA）などが定めている選挙献金については資金の出所と移動の透明性を確保することが規制の中心であり，献金額全体を抑えるような傾向にはなっていない。

先に述べたように，広い国土などの理由もあって，選挙 CM が選挙戦の中核になっている。さらに，選挙報道についても規制緩和が進んでいる。「1934年通信法（Communication Act of 1934）」の下，かつては「フェアネス・ドクトリン（公平原則）」の名の下，「イコールタイム原則」（テレビ放送などで，二大政党やその党の候補者にほぼ同じ時間を割いて報道させる原則）などが厳格に運用されており，選挙における報道が規制されていた。しかし，規制緩和の流れの中で，1987年にフェアネス・ドクトリンが撤廃され，メディア側の自由裁量部分が大きくなった（→第5章）。候補者のメディア利用に関しても，世界的にみても選挙におけるメディアの規制が少ない。さらに，選挙におけるインターネットの利用については，基本的には連邦選挙法の規制外として，広がっていった経緯がある。

近年のソーシャルメディアの利用増とともに，テレビなどでの情報発信を基盤とした「メディア中心選挙」とでもいえる選挙運動の背景には，民主主義を担保する選挙運動という概念がある。その中核となるのが，選挙情報の自由な活用である。とくに大統領選挙については単に「情報が重要になっている」だけではなく，1970年代の選挙制度改革が大きな影響を及ぼしている（→第8

章）。この改革の結果，各個人が選挙に比較的自由に立候補できる選挙の「個人化」が進み，それとともに，政党の候補者選定の力が弱まっていった。その代わりに，メディアが政党に代わる重要な存在となった点が大きい。

候補者側は，マスメディアを使って，効果的な「スピン（spin。原意は「回転」）」をいかにうまく生み出すかに，腐心している。その中で，PRの専門家（スピンドクター〈spin doctor〉）は各候補者が選挙を戦ううえで欠かせない存在となっている。選挙戦略の立案から世論調査，PRなどを担当する「選挙産業（campaign industry）」が成長している。

┃ 選挙マーケティングの定着 ┃

他方で，選挙情報の自由な活用は必ずしもよいことばかりではない。アメリカでは選挙CMの内容に対する規制が緩やかであることが，相手候補を攻撃するネガティブ・キャンペーンの温床となっている。これは「表現の自由」が金科玉条となっているため，メディアを使った選挙に対する規制そのものが非常に少ない。例えば，近年急速に増えているのが，インターネットの選挙公式サイト内の「ウェブオンリー」のネガティブCMである。「ウェブオンリー」の選挙CMを視聴するのは元々の支持者であることが多いため，テレビで放映する選挙CMよりも，相手候補を辛辣に攻撃する度合いが圧倒的に顕著である。また，選挙CMや各種選挙マーケティングに費やす費用も莫大である。さらに，重要な存在となったメディアについていえば，政党に比べるとメディアには候補者選定についての責任感はない。どうしても興味本位の商業主義に走っているという傾向が指摘されている。

選挙が民主主義的であればあるほど，選挙戦術も，より多くの人たちの動向を把握しなければならない。それもあって，1980年代ごろから，多くの人たちに訴えるだけではなく，多くの人たちの関心に的確に対応するためのマーケティング的手法が着目されるようになっている。「選挙マーケティング」という名称も完全に定着し，市場を分析するように，選挙運動のための専門家（選挙戦術担当者，世論調査担当者など）による「選挙産業」が急成長していく。

アメリカの選挙のポイントとなるのが，潜在的に自分に（自分の支援する候補に）投票してくれる層をいかにして見つけ出すかである。つまり，対立党の支

持者ではなく，そもそも自党の支持者や潜在的な支持者である人々に対する投票促進（GOTV）活動が選挙戦を進めるうえでの大きな鍵となる。その層を見つけ出すために，民主党なら労働組合加入者や人種マイノリティ，共和党なら宗教保守派や銃規制反対派などを各種データから徹底的に洗い出す。こうした「マイクロ・ターゲティング」のために，近年はいわゆるビックデータの分析の担当者が選挙産業に加わっている。各層に対して接触をしていく「アウトリーチ」のさまざまな手法も検討されてきた。

　選挙運動のための専門家は，自らが支援した候補者が当選を果たすと，特定の議員や政治家の陣営の広報担当者として残ることもあれば，さらに同じ政党の立候補者の選挙陣営に雇われることで，長年政治に関与していく。

　アメリカでは，個人の世界観（世の中の見方）が選挙を左右するため（→第1章），選挙運動で投票の結果が急に変わるような「風が吹く」ことはアメリカの選挙では決して多くはない。そのため，先に述べたように「選挙運動無用論」を唱える研究者もいる。しかし，アメリカの投票率は必ずしも高くない。そのため，少しの変化を生むためにマーケティング的手法を導入し，多額の選挙費用が投入されている。

選挙運動の「専門化」

　選挙運動については，投票行動予測の高度化，過度に発達した世論調査，データ分析，ソーシャルメディアを駆使した戦略などの選挙の専門化が進んでいる。「メディア中心選挙」とともに，これらの特徴を総称し，「アメリカ型選挙」とも称される。この「選挙運動のアメリカ化（Americanization of electoral campaigns）」現象については，単に選挙戦術がテレビなどのメディア中心となったというだけでなく，いくつかの現象を含んでいる。まず，選挙の主体が政党ではなく個々の候補者となっていく「選挙の個人化」がみられる。また，世論調査を含め，コンサルタントや選挙PRの専門家たちが選挙過程の担い手となる「選挙産業の隆盛」など，政党システムや選挙過程そのものの変貌，さらには，有権者の対応の変化などを総称して論じられることが一般的である。

　「選挙運動のアメリカ化」とは，選挙運動の「グローバル化」でもある。アメリカ的な選挙運動が世界に普及していくにつれ，世界各地の政党や選挙過程，

有権者との関係そのものも変わっていくのではないか，という仮説に基づき，比較政治的な観点から，さまざまな研究がヨーロッパの研究者によって続けられてきた。また，近年では，アメリカ型選挙の特徴の一つである「専門化（protessionalization）」に焦点を当て，「アメリカ型」という言葉を使わずに，「選挙の専門化」の進展の度合の比較研究も進んでいる。

▌表現の自由と民主主義

　現在，アメリカの選挙は，表現の自由と民主主義をめぐる大きな曲がり角にある。というのも，近年，アメリカの選挙資金の中心として話題を集めている特別政治活動委員会（スーパー PAC）の動向が，民主主義的な政治参加を守るために築かれてきた，小口で開示義務が厳しい現在の選挙資金規制を一気に変えてしまう可能性があるためである。

　企業，団体，組合などが政党や政治家に直接献金を行うことはアメリカにおいては禁止されているが，不正が後を絶たなかったこともあり，1970 年代に政治活動委員会（PAC）が選挙法改正で制度化された。企業，団体，組合が PAC を設立して個人（企業の役員や大口個人株主，社員や組合員）から資金を集め，それを献金するという形をとっていた（これが，いわゆる「企業献金」に相当する）。PAC への，そして PAC からの献金には，それぞれ上限規制を設け，企業，団体，組合などの献金を透明化しようというのが，法改正のねらいだった。

　しかし，スーパー PAC の登場で状況は急変する。スーパー PAC とは，「意見広告（issue ads）」を提供するためだけに組織された PAC である。「意見広告」とは，候補者との協議がないという条件の下で，司法で認められた「独立支出」（「候補者とは関係がなく独立である」支出）を使い，企業や労働組合などの PAC や利益団体が特定の候補の政策をテレビ CM や新聞広告で非難する政治広告である。

　選挙終盤の「意見広告」は「2002 年超党派選挙戦改革法（マケイン・ファインゴールド法）」では禁止されたが，2010 年 1 月に連邦最高裁が下したシティズンズ・ユナイテッド対連邦選挙委員会（FEC）事件判決では違憲と判断された。

違憲と判断されたのは，「言論の自由」のためである。これによって，「意見広告」をめぐる規制そのものが撤廃されることになり，個々の献金先が提供する献金額に上限がある PAC とは異なり，無制限にできるスーパー PAC がアメリカの選挙運動で大きな地位を占めるようになる（集められる献金の総額についても制限はない）。

　「独立支出」を使っていても，意見広告が実質的には特定候補を応援している事実には変わりがない。実際には，特定の政治家や政党に近い人物がスーパー PAC を組織することがほとんどであり，独立性そのものがきわめてあやしい。このように，アメリカの選挙があまりにもとてつもない金額が飛び交う金権選挙に変貌しており，大金持ちが「選挙結果を買う」という批判も強い。民主主義の根幹である政治参加と献金をめぐる問題があらためて注目されるようになっている。

▌有権者の投票についての規制

　アメリカでは，戸籍制度そのものがない。多くの州は，投票の 2 週間から 4 週間前までの有権者登録を義務づけている。この制度は煩雑であるので，投票率の向上をめざした 1993 年全米自動車有権者登録法（National Voter Registration Act of 1993）が導入され，自動車免許の申請や更新時に有権者登録を済ませることができるようになっている。また，投票日当日有権者登録（election day voter legislation）も広がっているほか，理由を説明する条件がない期日前投票（early voting）を導入する州も増えている。有権者登録そのものを廃止した州もある。

　投票率については日本の印象とは異なり，必ずしも高くはない。図 3.1 は国勢調査局の推計の 1980 年以降の大統領選挙の投票率だが，高くて 60% 台後半，低くて 50% 台後半となっている。例えば，2012 年，16 年の大統領選挙の投票率はそれぞれ 61.8%，61.4% だった。外国籍人口が多いなどのアメリカ特有の事情もある。

　2016 年選挙の場合，フロリダ大学のマイケル・マクドナルド教授の推計でも，収監中などのなんらかの理由で投票に行けない人々を引いた 18 歳以上の有権者を母集団（voting-eligible population）とすると，その推計投票率は 58.9%

CHART 図3.1　大統領選挙の投票率（1980–2020 年）

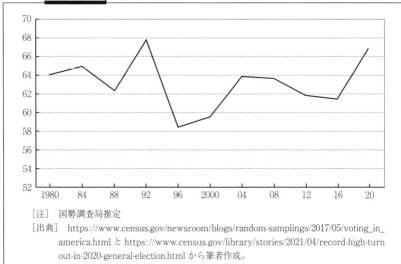

［注］　国勢調査局推定
［出典］　https://www.census.gov/newsroom/blogs/random-samplings/2017/05/voting_in_
america.html と https://www.census.gov/library/stories/2021/04/record-high-turn
out-in-2020-general-election.html から筆者作成。

となっている。この数字は，2012 年の 58.6% よりは微増だが，60% を超えて
いた 04 年（60.1%），08 年（61.6%）に比べると，少なくなっている。大統領選
挙ではなく中間選挙になると，投票率はさらに一段と低くなる。2012 年の中
間選挙では，30% 台にとどまったと推計されており，棄権者の問題が深刻に
なっている。

　他方，コロナ禍の中で行われた 2020 年選挙では，後半に期日前投票や郵便
投票が導入されたこともあり，投票率は国勢調査の推計で 67% まで跳ね上
がっている（https://www.census.gov/library/stories/2021/04/record-high-turnout-in-
2020-general-election.html）。国勢調査局の推計では 2020 年選挙では，郵便もし
くは期日前に投票した有権者は 69% に達している（2016 年には 40% だった）。
2020 年に期日前投票や郵便投票の利用率が高かった州は，他州に比べ投票率
も上がっている。例えば，ハワイでは，2020 年に 97.6% の有権者が期日前投
票または郵送で投票し，投票率は推定 17.0 ポイント増加している（https://
www.census.gov/library/stories/2021/04/what-methods-did-people-use-to-vote-in-
2020-election.html）。

　他方で，近年投票する際に本人確認をより厳格にする州レベルの規制強化

（「投票者ID法」）を徹底する動きがあり，人種マイノリティの政治参加のあり方が再び議論となっている（→第11章）。選挙の不正を防ぐという目的だが，もし，「投票者ID法」が厳格に適用されると，免許などの写真付きの証明書類がない超低所得者層を投票から排除する，あるいは投票意思を削ぐ可能性がある。共和党優位の南部の一部の州での「投票者ID法」強化の動きは，マーティン・ルーサー・キング牧師らの大規模な運動の結果生み出された「1965年投票権法」の正統性を揺るがすものであるだけでなく，黒人を中心とする人種マイノリティを排除する新たな「ジム・クロウ法」の復活になりかねないという指摘もある。

EXERCISE ●演習問題

① 本章で論じたアメリカの選挙の特徴をふまえ，民主主義とは何かをあらためて検討してみよう。
② アメリカの選挙運動の「専門化」についてまとめたうえで，選挙運動の「専門化」が日本でどれだけ進んでいるかを，調べてみよう。
③ 投票率はどうすれば上がるだろうか。アメリカと日本のそれぞれについて，検討してみよう。そこに，共通する課題はあるだろうか。

さらに学びたい人のために ┃　　　　　　　　　　　　　　　　　Bookguide ●

吉野孝・前嶋和弘編『危機のアメリカ「選挙デモクラシー」──社会経済変化からトランプ現象へ』東信堂，2020年。
　　選挙をきっかけにして各種利害を調整してきたアメリカの政治体制が大きく揺らいでいることを示し，アメリカの民主主義が危機的な状況に陥っていることを示した論考集。

清原聖子・前嶋和弘編『ネット選挙が変える政治と社会──日米韓に見る新たな「公共圏」の姿』慶應義塾大学出版会，2013年。
　　インターネットがどのように選挙に利用されているのかを日米韓の3カ国の比較を通じて，分析した文献。インターネットが選挙マーケティングの道具となりつつあるアメリカの現状とともに「世界の選挙のアメリカ化」にも言及している。

渡辺将人『現代アメリカ選挙の変貌──アウトリーチ・政党・デモクラシー』
名古屋大学出版会，2016年。
　コンサルタント主導のメディア戦略では手の届かなかった多様な人々に対
して，アウトリーチ戦略を深めていく選挙戦略を的確に分析している。

第 **4** 章

利益団体と社会運動

🎧 全米ライフル協会（NRA）の年次総会の会場周辺で，NRA に抗議し，銃規制を訴える人たち（2022 年 5 月 27 日，ヒューストン。写真提供：UPI/ニューズコム/共同通信イメージズ）。

INTRODUCTION

　政治は一人ではできない。政府や社会に訴えるには仲間が必要だ。民主主義的な政治参加の手段の一つが，利益団体への参加である。同じ考え方の人たちと一緒に政策実現を訴え，理想を現実に変える草の根運動は，アメリカではとても活発だ。他方で，企業を代弁する利益団体の一部は，特定の目的を実現するために強い圧力をかけ，政策を捻じ曲げてしまうといった負の側面も現実にはある。利益団体の活動について，本章では概観する。

1　アメリカの政治過程の中の利益団体と社会運動

┃ 集団を通して政策過程に参加する民主主義 ┃

　アメリカ政治の特徴の一つが，政治過程において人々の政治参加がきわめて顕在的である点である。政治参加にはさまざまな種類があるが，**第3章**で述べた投票行動などとともに，アメリカの政治社会を特徴づけるのが，利益団体の積極的な活動と，社会運動の活発さであろう。アメリカの理想である多元主義の中で，なんらかの集団を通して自分たちの利益を訴えることは，政策過程に必要となる民主主義的な政治参加の手法である。

　集団を通して政策過程に参加する民主主義については，政策過程における多元主義（pluralism）の重視という，アメリカの政治的な伝統が大きく関連している。1830年代にアメリカを長期間にわたって旅したフランスの思想家トクヴィルは人々がさまざまな団体を作り，その「アソシエーション（結社，共同体，中間集団；association）」が民主主義を支え，政治参加の呼び水となり，利益団体や社会運動に昇華していく様子を観察した。トクヴィルによれば，「多数派の暴政」を防ぐのが，アソシエーションであり，さらには人々の生活様式や考え方の中に「民主主義的習俗（democratic mores）」が浸透していることであるという（トクヴィル 2005）。

　トクヴィルの指摘した「人とのネットワークは民主主義を守り，政治を支え，変えていく」という理想は長年，アメリカ社会の中で強く信じられてきた。例えば，トクヴィルにふれて，歴史家アーサー・シュレシンジャーは，アメリカを「joiner（参加者）の国」と呼んだ（Schlesinger 1944）。さまざまな団体による政治参加の過程で，一種のセーフティネットが形成されていく。この考え方は，累積された「人間の絆」（「人と人との結び付きの強さ」「相手を信頼できること」）が社会的な資本であるという「ソーシャル・キャピタル（人間関係資本）」という概念に行き着く。政治学者ロバート・パットナムによると，アメリカのソーシャル・キャピタルは1960年代に比べて減っているという（パットナム

2006)。しかし、現在でも、例えば世界価値観調査によると、ヨーロッパ諸国と比べ、アメリカ人がなんらかの団体に複数所属している比率は非常に高い。

　さまざまな人々が自分と考えの近い人々と集団を作り、ともに政治参加することで、それぞれの集団が競争しながら、よりよい社会を築いていくという理想について、政治理論化したのが、デーヴィッド・トルーマンらの「集団理論」である（Truman 1971）。トルーマンは、人々は世の中を動かすために、自分と同じ考えの多くの団体に加入し、その「集団」同士が協力、反発、妥協しながら、物事が解決されていく（つまり、政策が形成されていく）と指摘した。簡単にいえば、集団を作って政治参加するのが、アメリカの民主政治の基本中の基本だとする考え方である。

　多元主義を具現化させるために、重要な役割を果たすアクターの一つが「利益団体」である。政党がかなり広範な利益を追求するものなら、利益団体は個人や団体の利益を追求するものである。「利益団体」という言葉の背景にあるのは、団体を通じて自分たちの利益を訴えることは、政策過程に必要となる民主主義的な政治参加の手法であるという多元主義の考えである。この「利益団体」という呼称に対して、政策過程に圧力をかけているという意味から以前は「圧力団体（pressure groups）」という言葉がよく使用されてきた。しかし、「圧力団体」という言葉に否定的な語感があるためか、1990年代ごろからアメリカの大学で使われている「アメリカ政治」の入門教科書のほとんどが「利益団体（interest groups）」という言葉を使っており、本章もそれに従っている。

　なぜ利益団体の活動や社会運動が活発であるのかについては、民主主義的な政治参加の手段であり、アメリカが民主主義国家であるため、という理由もあるが、税制的な措置が進んでいる点も大きい。一般国民や企業、財団からの寄付がアメリカの利益団体や社会運動を大きくしたといっても過言ではない（寄付と政治インフラの充実については、第6章でさらにふれる）。

利益団体の活動と税制措置

　税制措置を説明するために、利益団体の活動と社会運動について、簡単に説明してみたい。「利益団体」という言葉の正確な定義は存在しない。なんらかの政策的働きかけをする団体は広義の「利益団体」に含まれる。ただ、狭義に

はアメリカで一般的に，利益団体といわれているのが，内国歳入庁（IRS）の分類の中での「501(c)」団体に当たる非営利団体（NPO）である。NPOであるので，基本的には個人や各種団体，企業からの献金によって運営されている。シェラクラブ（Sierra Club），グリーンピース（Greenpcace），環境防衛基金（Environmental Defense Fund）などの環境保護団体や，全米女性組織（NOW）などの女性運動の団体，アフリカ系の支援団体である全米黒人地位向上協会（NAACP）や，消費者保護団体である「パブリック・シティズン（Public Citizen）」などの消費者団体，さらには後述する全米ライフル協会（NRA）なども「501(c)」団体である。

「501(c)」団体については，福祉団体なら501(c)(4)号団体，労働団体なら501(c)(5)号団体，経済利益団体なら501(c)(6)号団体になるといったように活動ごとに区別されているほか，その区別ごとに，行うことができる活動にも制約がある。

例えば，501(c)(3)号団体に当たる宗教団体や教育団体などの場合は，税の減免措置や寄付金の控除の対象範囲が大きく，基本的には個人や各種団体，企業からの献金によって運営されている。他方で，501(c)(3)号団体は，団体から行う政党や候補者への献金については禁じられている（第6章で説明するシンクタンクやメディア監視団体なども，基本的には501⟨c⟩⟨3⟩号団体である）。しかし団体として政治活動を積極的に行いたい場合には，献金が認められる501(c)(4)号団体となるほうが望ましいかもしれない。キリスト教徒連合（Christian Coalition）などは非課税措置が限定される代わりに，501(c)(4)号団体（福祉団体）を選択し，献金を含む熱心なロビー活動を行っている。

社会運動を行う団体の場合，組織についてはまちまちである。後述するティーパーティ運動の一部の団体（例えば，ティーパーティ・パトリオッツなど）のように，「501(c)」団体の申請をしている団体があるほか，ウォール街占拠運動のように全く申請をしていない団体が核となっているケースもある。利益団体も社会運動の団体も，活動の内容の範囲と税控除の関係を考えながら，組織化を進めている。

利益団体・社会運動の実際

利益団体の特徴

　次に，利益団体の実際の運動や社会運動の動き方をみてみたい。いずれの利益団体についても，連邦議会の中での活動と外での活動がある。議会内での活動（インサイド・ロビイング）については，ほとんどの団体が専門的な情報を主要な政治主体に提供するロビー活動を行っているほか，他の利益団体と共働して政策目標を達成するためのネットワーク作りにも熱心である。

　議会外での活動（アウトサイド・ロビイング）については，一般国民向けの広報にも力を入れており，世論を動かすことで政治や社会を動かすことを狙っている。また，「501（c）」団体の中で政治献金が可能な場合には，政治行動委員会（PAC）（→第**3**章）などを結成し，候補者や政党への献金を積極的に行っている。

　利益団体の中には，共和党，民主党のいずれかの政党に肩入れする傾向があるものが少なくない。共和党支持者が参加する利益団体の代表的な例としては，アメリカ商工会議所（Chamber of Commerce），ビジネス円卓会議（Business Roundtable）などの企業を母体とする団体のほか，イデオロギー団体であるキリスト教徒連合，1つの問題に特化したシングル・イシュー団体では銃規制に反対するNRAや減税・政府支出の健全化と納税者の権利擁護を主張する全米納税者連盟（National Taxpayers Union）などがある。これに対して，民主党支持者が参加する利益団体には労働組合の労働総同盟産別会議（AFL-CIO）や，シェラクラブに代表される各種の環境保護団体，さらにはリベラル政策を支持する市民団体・人権団体であるアメリカ市民自由連合（ACLU），人種・エスニック集団を母体とする団体のNAACPや，消費者保護団体であるパブリック・シティズンなども含まれている。それぞれの団体は単独での行動のほかに，共和党・民主党支持団体の政策や主張に同調しながら，先に述べたように連合を組むことも多く，特定の政策に対する世論形成に大きな影響を与える。

さまざまな利益団体

　利益団体には「経済団体」「労働団体（労働組合）」「公共利益団体」「イデオロギー団体」のほか，特定の争点を追う「シングルイシュー団体」や企業を母体とする「業界団体」の一部が利益団体となっているケースもあり，実に多様である。経済団体の中には，アメリカ商工会議所やビジネス円卓会議など輸出入に関連する企業が多い。また，アメリカ農業事務局連盟（American Farm Bureau Federation）は大規模農業者や農業関係企業などを会員とする全米最大の農業関連業界団体であり，これまで関税及び貿易に関する一般協定（GATT）や世界貿易機関（WTO）の交渉の際に関税の大幅引き下げなどの貿易自由化を主張してきた。これ以外に，貿易自由化交渉の際にはアメリカを基盤とする多国籍のアグリビジネス企業の団体なども積極的なロビー活動をホワイトハウスや議会に対して行う。

　「労働団体」にはアメリカ最大の労働組合である AFL-CIO が含まれており，労働や雇用など労働問題に関するさまざまな活動を行っている。例えば，AFL-CIO は日米経済摩擦が激しかった 1980 年代末から 90 年代初めにかけて，系列企業の重視といった日本の貿易慣行を「排他的である」と主張した。また，日本の航空自衛隊の次期支援戦闘機（FSX）に関する議会公聴会で「アメリカの雇用が失われる」と論じた。近年では，タックスヘイブン（租税回避地）へのアメリカ企業の本社移転に対する反対活動や，非正規移民の組織化などをAFL-CIO は積極的に行っている。AFL-CIO は長い間，雇用喪失を理由に，移民受け入れには慎重だった。しかし，最近は移民労働者の合法化による組合構成員の増加を見込んで移民容認に傾いており，今後のアメリカの移民政策に影響を与える可能性がある。労働組合の組織率は年々低下しており，加入者拡大が急務になっていることも，この変化の背景にある。

　「公共利益団体（public interest groups）」とは，団体の構成員だけで成果を独占できない多くの人にメリットがある利益を実現しようとする団体である。代表的なものが，きれいな空気や水などを成果として掲げている環境保護団体である。前述のシェラクラブのほか，自然資源防衛協議会（Natural Resources Defense Council），全米野生生物連盟（National Wildlife Federation）などが，さまざ

まな環境保護活動を行っている。例えば，1990年代後半の京都議定書批准を
めぐる議論では，温暖化対策を呼び掛け，批准を訴える立場を貫いた。しかし，
環境保護に代表される公共利益団体の場合，団体に入って活動しなくても活動
の成果を享受できることもあるため，必ず「ただ乗り」となる層がいる。その
ため，政治参加には限界があるという指摘が，経済学者のマンサー・オルソン
らによってされてきた（オルソン 2006）。

　高齢者は自らが組織をつくり，アメリカ退職者協会（AARP）という強力な
利益団体を立ち上げている。社会福祉の主な受益者となる高齢者層は比較的投
票率が高いため，高齢者をめぐる社会福祉の問題は選挙戦の争点になってきた。
AARPは高齢者を常に代弁する形で，高齢者と障害者向けの「メディケア」
拡大などの医療福祉の充実を実現させてきた。

　政府を監視するコモンコーズ（Common Cause）や退役軍人の団体であるアメ
リカ在郷軍人会（The American Legion）なども公共利益団体である。人種・エ
スニック集団を母体とする団体の中で，ユダヤ系アメリカ人の組織であるアメ
リカ・イスラエル公共問題委員会（AIPAC）やブネイブリス（B'nai B'rith）はユ
ダヤ系の人権擁護を訴えるとともに，中東政策では親イスラエルの主張を訴え
ている。このように公共利益団体は実現しようとする利益がどのようなもので
あれ，「自分たちが公益だと思えば公益」であるという点は特筆できる。

　「イデオロギー団体」の典型例であるキリスト教徒連合は，宗教保守の代表
的な利益団体である。キリスト教徒連合をはじめとする宗教保守団体が，イラ
ク戦争やテロとの戦いを遂行するG. W. ブッシュ政権の支持基盤であったこと
は，日本でも広く知られている。宗教保守団体は，2001年の同時多発テロ以
降，民主主義を世界に広げようとするネオコン（新保守主義）的な思想と結び
付き，拡張主義的な外交政策を支持した。2008年大統領選挙では，キリスト
教の信仰と戦争支持との矛盾を感じた構成員も多く，キリスト教徒連合の影響
力は限定的であった。しかし，数千人の信者が一度に礼拝できるメガチャーチ
「サドルバック教会」の創設者で，慈善活動で知られるリック・ウォレン牧師
に注目が集まるなど，宗教保守団体の政治への影響力には変化がみられた。

　ただし，これで宗教保守団体が衰えたわけでは全くない。トランプ，バイデ
ン両政権の時代には，宗教保守団体は基本的には共和党の支持基盤として選挙

などで投票促進運動をしている事実は全く変わっていない。宗教保守団体は，すでに共和党の支持母体として完全に位置づけられており，その意味で目立つことがなくなったといえる。

▎利益団体の組織――NRAにおけるNPOの使い分け

　利益団体の組織の実際を理解するために，日本でも広く知られているNRAについて，その組織や活動の特徴をまとめてみたい。NRAとは，簡単にいえば，銃を持つ権利を擁護するための社会運動を行う利益団体で，設立は古く，南北戦争直後の1871年である。

　NRAは「銃をもつ権利」が一般の個人に認められるかどうかの解釈について争われてきた中，「銃の保有」は「公共利益」と訴え活動を続けてきた。NRAも他の利益団体と同じように世論を代弁して，その世論に支持されることで活動を大きくし，社会や政府に影響を与えていくことを狙っている。衝撃的な銃犯罪が起こるたびに，規制強化を避けるためにNRAの幹部がメディアに登場し，一般人による銃の所持を規制しないように働きかける。「殺すのは銃でなくて人だ」というのは，NRAのいつもの決め台詞である。NRAのウェイン・ラピエール最高経営責任者（CEO）は「銃乱射事件から子どもたちを守るため，すべての学校に武装した警官を配置すべき」と説き続けている。

　NRAの活動がなければ，アメリカの銃事情は大きく違っていたかもしれないことを考えると，NRAは議会や大統領に圧力をかける「悪の結社」というイメージそのものかもしれない。ラピエールCEOとトランプ大統領との個人的な友好関係も常に話題となった。しかし，その背後には銃規制に反対する多くの国民の意見がある。NRAは，憲法修正第2条で認められた「武装権」を守るために熱心な活動を行っている「公共利益団体」の一つといえる。

　財源は，会員からの寄付である。先に述べたように，アメリカでは税金の一部を政府に収める代わりに，自分が会員である利益団体に寄付することがめずらしくない。地方税を他の自治体に寄付する日本の「ふるさと納税」のような制度だと考えると，わかりやすいかもしれない。「返礼品」の代わりに自分が望む政策を応援することになる。

　加えて，団体から「返礼品」を提供する団体もある。NRAは，一般から広

く寄付を集めるための「Friends of NRA」という別のNPOを作っている。この団体からは，団体の雑誌やナイフに加え，日本の感覚では驚いてしまうが，寄付額に応じて本物のライフルやピストルが「返礼品」として贈られる。例えば750ドルを寄付すれば，市価で200ドル前後とみられるピストルが贈られる仕組みである。ピストルが比較的低価格で売買されている事実にも驚くが，Friends of NRA は501(c)(3)号団体であり，減免措置や寄付金の控除の対象範囲が大きく，税法上広く献金を集めることができる。その代わりに，党派的な活動や政治運動はできない。

　逆に，NRA 本体は，501(c)(4)号団体（福祉団体）を選択しており，政党や政治家への献金を含む熱心なロビー活動を行っているように政治運動は可能だが，献金を受けることにはさまざまな制限がある。そこで Friends of NRA で資金を集め，この団体から NRA に寄付させるという仕組みとなっている。501(c)(3)と501(c)(4)という2つのタイプの NPO を使い分けて活動することは，アメリカの利益団体では常套手段である（最近では一部のシンクタンクも2つの団体を使い分けて，政治活動を行っている）。

NRA の規模と影響力

　NRA の公式ウェブサイトにははっきりした記載はないが，2013年のラピエール CEO の講演によると，会員は500万人に達しているという。アメリカの総人口を3億2000万人とすると，人口の1.5％に相当する数である。この数字をどうみるかは，意見が分かれるだろう。例えば，先に挙げた女性運動のNOW が50万人，環境保護団体のシェラクラブ，グリーンピースがそれぞれ350万人，環境防衛基金が250万人と，団体発表の数字だけを比べても，NRA は突出して大きい（環境保護団体はほかにもあり，総計すれば，NRA よりも圧倒的に大きくなる。ただし，一人で複数の環境保護団体に参加するケースも多い）。

　銃をもつ権利に目的を絞ったシングル・イシューの団体としてはかなりの数だ。それだけの数の銃愛好家や銃販売業者らが加入しているとすると，参加者の「数の力」は強力だ。支持者の数は寄付額に跳ね返るだけではない。選挙では票に直結する。とくに中西部や南部など，広い土地の中，自衛のために日常生活に銃が欠かせない地域の議員ほど，本格的な銃規制には否定的だ。中西部，

南部は共和党の地盤でもあるため，NRA の会員となっている共和党議員も少なくない。また，一部ではあるが，民主党の議員も NRA に加盟している。まさに参加者の数の力が，NRA の政治上の力でもある。「銃規制反対の世論の代弁者」として，NRA は社会や政府に影響を与えている。

　他方で，銃規制に積極的なリベラル派が強い地域では，NRA への反発が目立っている。例えば，サンフランシスコ市は 2019 年に，NRA を国内テロ組織として認定した。

　議員らへの献金額にも変化が現れている。例えば，銃規制派団体が活発に献金を呼びかけた 2018 年の中間選挙に向けた 2 年間（2017-18 年）の NRA の献金総額は，84 万ドルだった。他方，銃規制派団体の筆頭の「エブリ・タウン・フォー・ガン・セイフティ（Every town for Gun Safety）」は，これを大きく凌駕する 385 万ドルを献金した。

　この団体や「ギフォーズ PAC（Giffords PAC）」，「ブレイディ PAC（Brady PAC）」らは，通販や見本市などでの銃販売規制や，かつて全米規模で導入されていた犯罪の前歴のチェックなどの必要性を主張している（「ギフォーズ PAC」と「ブレイディ PAC」はいずれも命はとりとめたものの，銃で撃たれ，生死をさまよった議員や政府要人の名前を冠した団体である）。

　それでも，現代のアメリカでは抜本的な銃規制はなかなか難しい。日本の 25 倍という広大な国土の中，南部，中西部など，どうしても自衛のために銃が不可欠な地域が少なくない。また，すでに一般に出回っている銃の数は，アメリカの総人口よりもかなり多いとみられている中，規制そのものがかなり困難に近い。規制をすると，ギャングたちが，法の網をかいくぐって銃を独占するような事態も起こるかもしれない。

　そもそもアメリカには，イギリスの圧政から銃をもって独立した経緯があり，一種の革命権として（つまり，「人権」として）「銃をもつ権利」が存在するという難しさもある。「刀狩り」的な抜本的な摘発をするには，「銃をもつ権利」を認める「憲法修正第 2 条」そのものを変える必要がある。議会上下両院での修正手続きの後，全 50 州のうちの 4 分の 3 が同意しなければならないという大規模な憲法修正の手続きは，銃規制反対の声も根強い中，不可能に近い。一連の銃規制の難しさは NRA が長年，広く伝え続けてきたことだ。つまり，抜本

的な銃規制の難しさを顕在化させて，さらに規制を難しくさせてきたのが
NRA の力でもある。その意味でも，NRA の影響力はやはり無視できない。

ロビー活動

　利益団体の実際の活動の中で非常に重要なのが，ロビー活動である。ロビー
活動とは，特定の主張を有する個人または団体が政府の政策に影響を及ぼすこ
とを目的として行う活動である。議会の議員，政府の構成員，公務員などが対
象となる。ロビー活動を行う私的人物・集団はロビイストと称される。

　利益団体のロビー活動の実際をみるために，2000 年に立法化された中国に
対する恒久正常通商関係（PNTR）法案の立法過程を簡単に検証してみる。利
益団体や社会運動は政策に関して，それぞれがグループを組んで共闘したり，
対立したりしたことで広く知られている。

　2000 年 9 月に成立した同法案は最恵国待遇（MFN）を中国に恒久的に与え
るものである。これにより，議会による毎年の MFN 更新がなくなるので，米
中間の貿易が政治の影響を受けることが少なくなった。また，互恵原則によっ
て中国市場の開放を迫ることで，対中輸出をさらに安定的に増加させることが
可能となった。さらに PNTR 法によって，中国の WTO 加盟が実現したよう
に，米中貿易だけでなく，現在の中国の発展の基盤をつくった法案といっても
過言ではない。

　法案の成立過程で注目されたのが，この法案の立法化を推進する利益団体グ
ループと，阻止を狙った利益団体グループとの対立であった。議会の審議の過
程で，推進派グループの「ハイテク産業，ビジネス，農業」に対して，反対派
グループである「労働組合，環境保護団体」というロビー団体同士の対決が顕
在化し，どちらのグループも議会だりでなく行政機関にも積極的なロビー活動
を繰り広げた。また，シリコンバレーなどの新興ハイテク・ベンチャー企業も
ロビー活動を活発化させた。他方で，労働組合の AFL-CIO は，中国からの輸
入増加による雇用悪化に対して強い懸念を示した。環境破壊や人権問題を問題
視するリベラルな市民団体の中では，環境保全有権者連盟（League of Conserva-
tion Voters）や市民団体の ACLU などが強く法案に反対し，民主党の中でも，
リベラルな議員を中心に積極的に接触した。

このような自由貿易交渉をめぐる経済利益団体と環境団体，労働団体との対立は，現在でも続いており，これに左右の社会運動がからんでいることが近年の特徴となっている。2015 年に立法化された大統領の貿易促進権限（TPA）法案は利益団体や社会運動が議題設定に強く関連しながら，議論が進んだ。アメリカが脱退した環太平洋パートナーシップ（TPP）協定がもし本格的に議会で議論されていたら，利益団体同士の激しい戦いがあったであろう。2000 年のPNTR 法案の際には想像もできなかったレベルで普及しているソーシャルメディアの影響力も増している。

▎社 会 運 動 ▎

　先述のように「利益団体」という言葉には正確な定義はなく，何らかの政策的働きかけをする団体が広義の「利益団体」であり，社会運動を行う団体もこの中に含まれる。アメリカの政治的特徴の一つは，多くの人々がつながりながら，さまざまな社会運動が展開されていることである。女性運動や環境保護のような運動に始まり，動物愛護運動や反戦運動などのリベラル派の運動から，保守派による人工妊娠中絶反対（プロライフ）運動，銃規制反対運動など，さまざまである。

　社会運動には年代ごとに特徴もある。1960 年代なら市民的権利を求める運動に代表されるような人種融合的な運動，70 年代から 80 年代にかけての男女平等憲法修正条項（ERA）をめぐる女性運動，60 年代から現在まで続く女性の権利としての人工妊娠中絶擁護（プロチョイス）運動，あるいは，90 年以降の同性婚容認をめざす運動などが進められてきた。

　このような各種の社会的リベラル路線を強く反映した争点に対しては，国民の一定数は積極的に受け入れるのに対し，ここ 20 年間大きくなっている人工妊娠中絶禁止派（プロライフ）側の運動などに対しては，ちょうど反作用といえるように保守層の反発が強くなっている。社会運動同士の対立も少なくないのである。

　近年でも，保守，リベラルの典型的な社会運動であるティーパーティ運動と，ニューヨーク・ウォール街での運動で全米各地に火がついたリベラル側の占拠運動は，既存の政治システムの閉塞状況に挑戦する政治現象として，ポピュリ

スト的に自らの主張を訴えた。2010 年の中間選挙で一躍脚光を浴びたティーパーティ運動は「小さな政府」（減税と財政規律）を強く主張した。他方，占拠運動は「1% が世界をコントロールする世界」に対して異議申し立てをする運動であり，2011 年に全米を席捲し，各地の公園や広場にテントを張って「占拠」した。ティーパーティ運動と占拠運動はイデオロギー的には保守とリベラルの両端にあるものの，2 つの運動のいずれも「怒り」に基づいた感覚的な反応で大きくなっていった点が共通している。

 # 3　政策過程における利益団体

■アメリカの政策過程の特徴と利益団体の重要性■

　他の国に比べて，アメリカの政策過程で利益団体と社会運動は大きな影響があるとされている。それにはさまざまな理由がある。第 1 の理由は，アメリカの政策形成過程が比較的開放的である点である。政策形成過程が開かれているため，利益団体は大統領，官僚，議会，政党など，多くのアクター（主体）に接触できる。大統領，官僚，議会などの中心アクターに利益団体や社会運動の代表らからのアクセスが容易であるだけでなく，中心アクターも団体からのアクセスを強く望んでいる。権力が分散している状況の中では，政策に関する重要な情報も分散している。そのため，立法府や執行府といった中心アクター側も，利益団体や社会運動からの情報提供を必要としている。例えば，議会上下両院の各種委員会の公聴会には，第 **6** 章でふれるシンクタンク研究員などとともに，利益団体の代表は政策専門家として，頻繁に召致され，専門情報を提供するという形で政策に影響を与えている。政策に対する情報が高度に複雑化しているという背景も見逃せない。このオープンな政策過程という土壌の中での利益団体は多元的な意見を代弁する形になり，政策形成に関与することになる。

　利益団体の影響力が大きい第 2 の理由は，政権与党と官僚に権力が集中している日本と比べ，アメリカが厳密な権力分立制度をとっており，中心アクター

の間で権力が分散されている点である。アメリカの政治システムでは執行権は大統領にあるが，重要な新政策を盛り込んだ法律を作るのは連邦議会である。アメリカの利益団体は議員だけでなく，大統領府にも強く働きかける。さまざまな章でふれられているように厳密な権力分立制度に加えて，とくに1980年代以降，大統領の所属政党と議会の多数党が別の党が占める，分割政府が常態化しているという事情があるため，大統領と議会の政策に対する温度差をみながら，利益団体は接触を図る。

　行政機関の中でも，環境保護などの省庁が規制を策定する際に「一般からのコメント（パブリック・コメント）」を受け付ける期間が設定されることが多く，利益団体の意見も反映される。中心アクターも，利益団体やその背後にいる一般国民の感情を意識しながら行動している。さらに，世論へのアピールを通じて利益団体は裁判所など司法に影響を及ぼすこともある。

　このように，アメリカでは，比較的オープンな政策過程の中で，利益団体も社会運動も政策運営に強く関与している。関与する中で，利益団体や社会運動が中心アクター（議会，大統領）を監視し，「チェック・アンド・バランス」の機会を提供している。利益団体がエージェンシー・スラック（議会や大統領などのエージェント〈代理人〉が，プリンシパル〈本人〉である国民の利益のために委任されているにもかかわらず，プリンシパルの利益に反してエージェント自身の利益を優先した行動をとってしまうこと）を防ぐための装置となっていることは特筆したい。

┃ 利益団体の政策モデル ┃

　セオドア・ロウィによると，利益団体は議員や行政機関の関係者を取り込んで三者による強固な既得権益の利益連合である「鉄の三角形（iron triangle）」を形成し，閉鎖的な「下位政府（sub-government）」として政策に大きな影響力を行使する（ロウィ 2004）。利益団体，族議員，官僚からなる下位政府は，他のアクターに対して特定の権益を守るために政治に影響を及ぼし，政権交代に影響されない堅固な絆が形成されている。ロウィが主張する「利益集団自由主義」では実質的な政策決定が行政機関に委ねられ，官僚と利益団体との交渉と取引の中で政策が形成されると考えられる。

　この「鉄の三角形」が排他的な政策過程モデルであるのに対して，実際の政

策形成の過程はさらに柔軟であると指摘したのが，ヒュー・ヘクロである。ヘクロは，特定の政策・争点で知識や情熱をもった人々が相互に結び付くことで政策に対する「イシュー（争点）・ネットワーク」が形成され，政策を形成していくとした（Heclo 1977）。このネットワークの参加者は固定されず排他的な構造ではなく，網の目の構造で政策に対する影響力を行使していると考えられている。「鉄の三角形」から「イシュー・ネットワーク」の変化には，政策についての情報の高度化が背景にある。実際の政策においては，先に述べたようにさまざまなアクターが政策形成に関連しており，数々の「イシュー・ネットワーク」が構築されながら，政策が形成されていく傾向にある。

集団を通じた民主主義の限界

このように，アメリカは，利益団体や社会運動が政策形成過程に関与しやすい土壌となっている。しかし，利益団体についていえば，その資金源となっている寄付は一般国民からのものも大きいが，企業や大口の寄付者からのものも当然，大きい。そこに，集団を通じた民主主義の限界がみえてくる。これに関して，利益団体をめぐるアメリカの政策過程については，さまざまなモデルが提示されてきた。先に述べたように，利益団体の活動が多元主義を体現し，政治参加を促すという政治的理想の追求がなされているとする考えがある一方，特定の利益団体の力が強くなりすぎて，グループ間の自由で民主主義的な競争が成立しにくい状況になっているという見方もある。ロウィは，この状態を「利益集団自由主義」と呼び，利益団体が野放しにされている点を非難した（ロウィ 2004）。少数派の意見を尊重しながら多数派原則（majoritarian/majority rule）をいかにして保つべきかという「マディソニアン・ジレンマ（Madisonian dilemma）」の克服は，利益団体と政治のあり方についても逃れられない課題ではある。

ところで，多くの利益団体は対議会活動の専門家であるロビイストに活動を代行させており，これが金権政治の温床となっているという指摘もある。多額の献金や過度なロビー活動を続け，民主主義的な政治プロセスを歪める団体を「特殊利益団体（special interest groups）」と否定的に呼ぶこともある。「ロビイスト」「ロビー活動」にはさまざまな定義があるが，一般的には金銭などの報

酬を得て，個人や団体，企業などの代わりに政府機関や議員らに特定の政策の実現を訴える代理人やその行為を示す。

「特殊利益団体」の一例としてよく挙げられるのが，外国企業や外国政府に雇われるロビー団体や会社である。事後報告が法律で義務づけられているが，外国の政府や公営企業がロビー活動を展開することは合法である。中国などの国家とともに，日本政府もアメリカ国内でのロビー活動を行っており，在米日本大使館はいくつかの大手ロビイスト事務所と契約している。

例えば，2005年6月に表面化した中国の国有石油会社によるアメリカの石油会社ユノカルの買収計画では，アメリカ国内で高まる中国脅威論に対し，中国政府はワシントンの有力ロビー会社を6社雇い，「ユノカル買収は友好的である」と主張する広範なロビー活動を議員やスタッフに行った。しかし，議会は猛反発し，エネルギー安全保障だけではなく，中国の軍事的なプレゼンス（存在感）の増大という軍事的な安全保障の問題に議論は発展した。結局，同年7月末に中国企業によるアメリカの石油会社の買収を阻止する条項を盛り込んだ法案が立法化され，この買収は失敗した。さらに，この過程で中国政府のロビー活動の激しさが逆に表面化することになった。

EXERCISE ●演習問題

① アメリカの利益団体の活動には，どんな特徴があるのだろうか。

② 「民主的な政治参加」という観点から考えて，アメリカの利益団体の活動は，どう評価できるだろうか。

③ アメリカの利益団体をめぐる議論を参考にして，日本における利益団体の活動をさらに活発にするために，どんなことが考えられるだろうか。

さらに学びたい人のために ┃   Bookguide ●

トクヴィル／松本礼二訳『アメリカのデモクラシー』第1巻（下），岩波文庫，2005年。

「アメリカは世界中で結社をもっとも多く利用する国であり，この有力な行動手段をこのうえなく多様な目的のために使う国である」（38頁）と指

摘する。アメリカの利益団体と政治をめぐる議論の根底にある結社（asso-
ciation）の役割の大きさを喝破した古典。

西山隆行『〈犯罪大国アメリカ〉のいま──分断する社会と銃・薬物・移民』
弘文堂，2021 年。

　　アメリカの犯罪問題を政党政治や連邦制との関係を念頭に置いて分析した
著作。NRA の役割なども踏まえた銃規制の現状も検証している。

前嶋和弘「非政府アクター（利益団体，シンクタンク，マスメディア，世論)」
信田智人編『アメリカの外交政策──歴史・アクター・メカニズム』ミネル
ヴァ書房。2010 年。

　　アメリカ外交における利益団体の役割を概括し，多元主義の中でいかに利
益団体が外交にも影響を与えているかを検証している。

第 **5** 章

メディアと世論

🎧 有権者データを不正に集めて選挙に利用していたケンブリッジ・アナリティカ社の問題で議会の公聴会で発言するフェイスブック社（現メタ社）のマーク・ザッカーバーグ最高経営責任者（CEO）（2018年4月10日，ワシントン。写真提供：AFP＝時事）。

INTRODUCTION

　「メディアの影響力は絶対だ」という言葉は実は正しくない。大統領や議会のリーダーが国民世論に訴えても，国民は必ずしもそれに好意的に反応するとは限らないという研究も少なくない。それは，なぜなのだろうか。政治家のメッセージが，メディアを通じてしっかりと国民に伝わり，政治の争点となる過程には，さまざまな条件がある。本章では，アメリカにおける政治とメディアの関係について，理論的な側面も踏まえて，概括する。

1 民主主義と「メディアを中心に動く政治」

情報とアメリカの民主政治

　民主主義とマスメディア（以下，メディア）は切っても切れない関係にある。世論やその形成過程は，政治参加と密接に関連し，それらに大きな影響を与えるのは，メディアの報道である。テレビ，新聞，ラジオ，不特定多数を対象にしたインターネットでの配信は，単なる情報ではなく，社会の断片そのものであり，国民一人ひとりの社会や政治への関心や利益を反映しているともいえる。民主主義を成り立たせる政策過程の透明性が重視される中で，情報量そのものが正統性（legitimacy）を生み出している。

　また，ベトナム戦争，ウォーターゲート事件などの報道を通じて，アメリカにおける政治報道は，「政府に対する番犬（watchdog）」「社会を映す客観的な鏡」などの形容で広く世界から賞賛されてきた。とくに地方ニュースの厚みはアメリカのメディアの長年の特徴であり，地域に根差した量的にも質的にも十分な情報提供が地元の民主政治を支えてきた。

　世界各国の自由と民主化促進についての情報提供を行っているシンクタンク「フリーダムハウス（Freedom House）」は，世界各国の政治的な自由（「政治体制の自由度」）とメディアの自由度（「報道の自由度」「インターネットの自由度」）のランキングを継続的に公表している。そのランキングはほぼ重なっている（図 5.1，図 5.2，図 5.3）。その「フリーダムハウス」のランキングの中で，アメリカはメディアの自由度では常に高いレベルの位置を記録し続けている。民主主義と多元主義が重視されるアメリカの政治では，メディアの発達は非常に重要であることを，このランキングが示している。

政治情報の量の多さ

　他の先進国と比べても，アメリカの場合は共生関係といえるほど，政治とメディアとの関係は密接である。アメリカのメディアの政治情報の量の多さは，

CHART 図5.1 政治体制の自由度

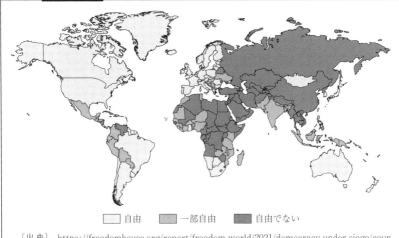

　　□ 自由　　▨ 一部自由　　■ 自由でない

［出典］ https://freedomhouse.org/report/freedom-world/2021/democracy-under-siege/countries-and-regions

CHART 図5.2 報道の自由度

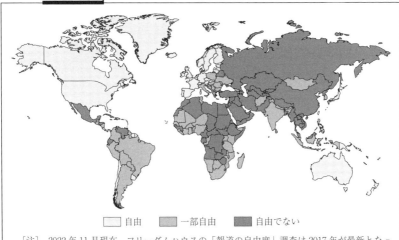

　　□ 自由　　▨ 一部自由　　■ 自由でない

［注］ 2022 年 11 月現在，フリーダムハウスの「報道の自由度」調査は 2017 年が最新となっている。

［出典］ https://freedomhouse.org/sites/default/files/2020-02/FOTP_2017_booklet_FINAL_April28_1.pdf

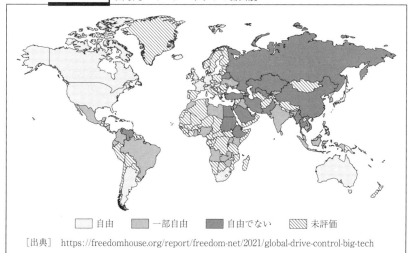

CHART 図5.3 インターネットの自由度

自由　　一部自由　　自由でない　　未評価

[出典] https://freedomhouse.org/report/freedom-net/2021/global-drive-control-big-tech

世界でも群を抜いている。ケーブルテレビ（CATV）や衛星放送が1980年代に一気に普及し，多チャンネル化が進む中でCNNをはじめとした24時間放送のニュース専門局も増えているため，提供される情報そのものが多様になっている。ケーブルテレビ，衛星放送は広く普及しているが，NBC，CBS，ABCの3大地上波ネットワークの取材網は広範であり，いまだ政治情報の中心に位置づけられている。

　さらに，2000年代以降にはインターネットが爆発的に普及した。インターネットの爆発的な利用増で，情報も過去に例がないほど増えており，情報へのアクセスも容易になった。かつては全世帯の8割以上に普及していたCATV，衛星放送は2015年には76％，21年には56％まで急減している（https://www.pewresearch.org/fact-tank/2021/03/17/cable-and-satellite-tv-use-has-dropped-dramatically-in-the-u-s-since-2015/）。しかし，この層は現在，インターネットでの視聴に移ったとみられている。インターネットからの政治情報には質のばらつきはあるものの，それでもより幅広い内容になったのは間違いない。

　一方で，近年はかつては政治報道の中心だった新聞，とくに地方紙が苦境に陥っている。全米的に地方紙が存在しない「ニュース砂漠」も広がっている。地方ニュースが薄くなる中，インターネットの爆発的な普及は，政治情報の

「全米化」を生んでいる。

　このような大きな変化はあるものの，圧倒的な政治情報の量は，アメリカの政治過程のさまざまな部分にメディアが密接に入り込んでいることを意味し，政治の「インフラ」として政策形成を支えている。

　他方，後述するように近年はメディアと政治の相互依存をさらに超えて，保守・リベラルの政治活動の「応援団」として，政策のアドボカシーとしての活動も目立ち始めている。メディアは政治の「インフラ」としての機能を超えて，アメリカの政治過程における「アクター」という顔をもちつつある。候補者側の発信にしろ，報道機関の伝えるニュースにしろ，アメリカでは「メディアを中心に動く政治（media-centered politics）」が現出している。

行動科学的にみたメディアの効果研究の難しさ

　本章での議論を進めるうえで，あらかじめ断っておきたい点がある。行動科学的にみたメディアの影響力（メディアの効果研究）については，アメリカでも長年，学術的に分析されてきたが，それでもなかなかうまく特定しにくいという事実である。第二次世界大戦中には，メディアの影響力は絶大とみる「皮下注射理論（hypodermic theory／弾丸理論：bullet theory）」が登場した。しかし，1940 年の大統領選挙でメディアの影響を初めて本格的に調査した「エリー調査（Erie Study）」の結果，メディアの影響力は限られているとする「限定効果（limited effects）」説が台頭した。この限定効果説では，メディアの影響がいかに働くかについては，人々の社会経済的な地位（social economic status），宗教，居住区など投票を決める決定要因である「政治的先有性（political dispositions）」が重要とされた。また，メディアの役割は，元々あった傾向をさらに強くさせる「補強」効果と，直接的に投票に影響するのではなく，間接的に私たちに影響する「間接効果」が重要とされた。

　その後，1952 年，56 年の大統領選挙を「エリー調査」よりも，さらに大規模に統計調査したミシガン大学のグループがまとめた研究 *The American Voter*（アメリカの有権者）（1960 年）が選挙研究の嚆矢となった（Compbell et al. 1960）。この研究の結論は，投票における「メディアの影響力は非常に弱い」とする一方で，投票を決める最も重要な要因は「長年，築かれた特定の政党へ

の支持」である政党に対する一体感（party identification: party id）であるとする。
（政党に対する一体感の具体的な内容については，第 1 章参照）。

　しかし，「選挙のすべてが政党一体感で決まってしまうほど，有権者は知識がないのか」「なぜ，選挙期間中には，数々の広告に力が入れられているのか」などの疑問が浮かぶ。そして，結局，数ある情報の中からメディアの影響力を絞って抽出するのは難しいという方法論の問題点に行き着いてしまう。

　その中で，メディアの影響力について，視点を変えて把握しようとする研究も長年続けられてきた。例えば，後述するメディアの「議題設定機能（agenda-setting function）」や「沈黙の螺旋（spiral of silence）」研究などは，メディアがもつ社会的な争点（議題）を設定する機能を明らかにしようとする実証研究である。また，政治心理学の実験研究も近年は増えている。しかし，テレビの多チャンネル化やインターネットの爆発的普及の中で，どのメディアがどのように人々の考え方に影響したかを限定することは，ますます難しくなっている。メディアと政治を論じる際の前提として，このような学術的な流れがあることを指摘しておきたい。また，これらの研究のほとんどがアメリカ発，あるいはアメリカでの研究で大きく進んできたことは，アメリカにおけるメディアの重要性を裏づけているともいえる。

 ## 開放的な政治過程をつなげるメディア

　それでは，次にアメリカ政治の中で，なぜメディアが重要な役割を果たしているのかについて，いくつかの論点に分けて概括してみたい。

政策をつなぎ合わせる情報という紐帯

　メディアの役割として，第一に挙げられるのは，社会情勢や政治の情報を知らせる機能（signaler role）である。アメリカ政治にかかわらず，日本でも私たちは社会情勢を知るのは，基本的にはメディアを通じてである。

　アメリカ政治におけるメディアは，政治に関する情報を提供することで，大統領，上下両院の議員，政党，利益団体などの政治の中心アクター（主体）と

国民との間を結び付ける政治の「インフラ」としての機能をもつ。メディアが政治に関するきわめて多くの情報を頻繁に報じることで、国民は政治の状況を知る。政治の中心アクターは広報戦略の一環として、メディアに依存する度合いが大きい。メディアを介して自分の主張の正当性を勝ち取ることは、政策を動かすことにつながるためである。

　政権与党と官僚に権力が集中している日本と比べ、アメリカは厳密な権力分立制度をとっており、中心アクターの間で権力が分散されている（→第7章、第8章）。その結果、政策に関する重要な情報も分散されており、そのため中心アクターであっても、メディアでの政策関連の情報を渇望している。大統領や連邦議会議員、官僚といった政治の中心アクターでも、実務を通じて知ることができる情報は限られている。入手する情報の多くが部分的にしろ、メディアの報道によるものである。この状況は、利益団体やシンクタンクの政策専門家でも同じである。逆にいえば、メディアが伝えなければ、私たちは社会で何が起こっているのかを知ることができない。さらに、アメリカの政策形成過程が比較的開放的であるため、中心アクター以外からの情報も政治的な争点として浮上してくる可能性も高い。その分、メディアの社会情勢や政治の情報を知らせる機能がアメリカでは重要になってくる。各種公共政策の複雑化も、政治におけるメディアからの情報の重要性を高めているといえる。

政策の争点化

　メディアを通じて人々に知られた情報は争点・議題化し、その争点が世論を動かし、政策の中心アクターを動かしていく。このようにメディアには政策に関する争点の議題設定（agenda-setting）機能がある。また、政策の争点は一度決まっても、絶えず変化していく。メディアの情報提供に対して中心アクターや利益団体、シンクタンクがかかわり、多数のイシュー・ネットワーク（→第4章）が形成され、世論からの影響もあり、争点が少しずつ変化していく。情勢の展開についてメディアが常に新しい状況を報道していく中、争点の変化に対する報道そのものも政策の形成過程では重要である。このように情報が争点・議題化し、その議題に対してさまざまなアクターたちとメディアが関連していくことを、メディアの「議題建設機能（agenda-building）」という。先に述

べた「議題設定機能」とあわせて，この2つの機能によって，メディアは政策
形成に影響を与えていく。

国民の意見の代弁

　アメリカのような民主主義的な国家では，国民が自分の意見を発信する「公
共フォーラム（public forum）」としての役割がある。公共フォーラムとしての
メディアに求められるのは，さまざまな意見を表明でき，発信したい情報とそ
れを必要とするニーズのバランスを保つという「アイディアの市場（market
place of idea）」としての機能である。そのためにも，メディアは特定の勢力に
影響されるのではなく，社会を映し出す「客観的な鏡」であり続けるべきであ
るという規範的な見方がある。

　この客観性の重視はアメリカの報道スタイルを大きく規定している。例えば，
特定の政策について賛成する主張があれば，対立意見を提供することが，アメ
リカのジャーナリズムの基本とされている。これを「ポイント・カウンターポ
イント（point-counterpoint）」報道のルールという。このルールがあるため，日
本以上に，それぞれのメディアはさまざまな立場の政策関係者の声を必要とす
る。逆にいえば，政策関係者にとって，自分の意見を発信できる場所が必ずあ
るということになる。とくに1980年代以降，大統領の所属政党と議会の多数
党が別の党となる，分割政府が常態化しているという事情がある（→第8章）。
大統領と議会との政策に対する対立や温度差は，アメリカ政治を報道するプリ
ズムとなっている。

　テレビや新聞のような既存のメディアについては，「少数の情報の発信者と
無数の受け手」という，マスメディアの定義そのものの，いびつな関係は残っ
ている。例えば，環境保護運動などの公共利益団体（→第4章）にとっては，
テレビニュースへの出演は自分たちの主張をくまなく宣伝することができる絶
好の機会だが，その機会は限られている。それゆえに近年では，各種争点に対
して抗議・支援を呼びかけ，社会運動を広げるのに，ソーシャルメディアは不
可欠な武器となっている。とくに，オンライン上は元々，さまざまな意見が交
わされる民主主義的な場所であり，自由意志に基づき平等な立場で物事を論じ
ることができるユルゲン・ハーバーマスのいう「公共圏（public sphere）」的な

存在である（ハーバーマス 1994）。情報へのアクセスやつながる人々のタイプも多様な選択肢が与えられている。さまざまな人々が自分たちの求める政策を追求し，ソーシャルメディアで双方向な意見を交わすことができれば，多元的な民主主義の実現に近づいていくはずである。

　しかし，実際は非常に均質的な意見をもった自分の同志を求めてつながろうとするのが，ソーシャルメディアの現実である。これを「選択的接触（selective exposure）」という。自分の元々の政治的な傾向と一致する情報には積極的に接触する一方で，自分の立場とは食い違う情報は避ける傾向にある。ソーシャルメディアを利用する場合も，自分と同じ政治的な情報には敏感であり，つながりを求める。他方，自分とは合わないタイプのツイッターの情報にはそもそも興味を示さず，異なる政治的立場の人が書いたフェイスブックの投稿も読もうとしない。このように現実のソーシャルメディアは平等に政治的な意見を交わす場ではなく，きわめて閉鎖的で自分の側の意見しか聴こうとしない党派性が高い空間となっている。ソーシャルメディアは「選択的接触」の場に過ぎず，社会の断片化をもたらす可能性が指摘されている（サンスティーン 2003）。

｜ アクターからの発信 ｜

　政治のアクターにとって，情報を発信するチャンネル（経路）になっているのもメディアである。そこで，メディアの役割として，第4に，挙げられるのは，アクターの意見を伝える役割（common-carrier role）である。メディアを通じて発信する重要性がアメリカの政策過程では長年強く意識されてきた。メディアの存在が大きいことは，大統領や上下両院の議員，政党などの中心アクターにとって，メディアを利用する国民の声を無視できなくなることも意味している。政治の中心アクターにとって，この世論の呪縛ともいえる関係が成立している。

　アクターからの発信は，報道機関の伝えるニュースだけに限らない。例えば，民主的な政治参加の重要な手段といえる選挙においては，各候補者はテレビCMの応酬を繰り返す「空中戦（air wars）」を展開する（→第**3**章）。アメリカの選挙運動については，日本とは異なり，候補者が選挙運動を目的としたテレビCMを提供することが規制の対象となっておらず，テレビの普及とともに

認められた伝統的な選挙戦術となっている（選挙が近くなると放映される日本の政党のテレビCMは，形式上は政策の宣伝であり，選挙運動としての利用は禁じられている）。近年では，さらに規制が少ないインターネット上の選挙CMが量的にも増えている。連邦議会選挙でも大統領選挙でも，選挙費用の7割程度がCMを中心とする宣伝費用となっている。テレビなどでの情報発信を基盤としつつ，近年のソーシャルメディアの利用増も反映した選挙運動の仕方は「アメリカ型選挙」とも称される。

　選挙運動だけでなく，当選してからも，現職の政治家にとって，自分から政策を国民に伝える機会は自分の政治的な立場を強化する有効な手段である。アメリカの大統領が国民に向けて，社会の動向や国際情勢などをメディアで説明することは，決して新しくはない。代表的な例として，F. D. ローズヴェルトが，大統領に当選直後の1933年からラジオを使って「炉辺談話（fireside chat）」を行った。

　しかし，政治アクターからの発信についても，アメリカ政治の変化とは無縁ではない。とくに，分割政府の常態化を背景にして，1980年代ごろから，大統領が積極的に国民に立法関連の情報を発信することで，議会への説得を容易に進める戦略が非常に目立ってきた。後述するように，これを「ゴーイング・パブリック戦略（going public strategy）」と呼び，大統領が広く世論に訴えて，大統領の難敵である議会を動かすことを目的としている（→第8章）。

　しかし，ゴーイング・パブリック戦略という言葉を生み出した政治学者サミュエル・カーネルによると，この戦略を大統領がとり続けると，政治がドラマチックなものを追い続ける「劇場政治」に陥ってしまう懸念がある。国民からの期待が高まり過ぎて，それに大統領が応じることが難しくなる（Kernell 2007）。さらに，重要なのはメディア側の態度の変化であり，大統領がゴーイング・パブリック戦略に力を入れれば入れるほど，メディアとしては飽きてしまう傾向がある。

　また，すでに政権側のゴーイング・パブリック戦略のパターンが一般的になっているので，「スピン」はホワイトハウスの占有特権ではなくなっている。政権側のメディアでの発言に対して，議会の対立党や大統領の政策に反対する利益団体などはそれを封じるために，メディアに出演し，「逆スピン」をかけ

ようとする。このような「スピン合戦」が1990年代からアメリカでは一般的になっている。とくに近年は多チャンネル化で24時間放送のニュース専門局が増えているほか，インターネットの爆発的な普及もあり，「スピン」も「逆スピン」も量的に多く，質的に巧みな内容になっている。このように，「スピン合戦」は複雑になっており，スピンのコントロールは政策形成上，ますます重要なものになりつつある。他方で，民主主義がアメリカ政治を動かす根本原理であり，メディアの向こうにある世論の動きを読むことが政策を動かすうえで非常に重要であるという事実は変わりない。

「沈黙の螺旋」と「ラリー効果」がどこまで続くか

このように世論を意識した政治家の発信があっても，世論の動向はきわめてつかみにくい。世論の政策への影響について，しばしば論じられるのが，沈黙の螺旋とラリー効果である。沈黙の螺旋仮説とは，世論研究者であるエリザベス・ノエル・ノイマンが唱えた説である（ノエル=ノイマン 2013）。簡単にまとめると，次の3点になる。

①　集団や社会の中で孤立するのを恐れるため，周りがどんな意見をもっているのか絶えず気にする。
②　自分の意見が多数派だと考えられる場合には人前でも堂々と意見がいえるが，逆に自分の意見が少数派だと考えられる場合には自分が孤立するのを恐れて沈黙を守る。
③　その結果，少数派はますます静かになり（螺旋階段を下りていくように，どんどん沈黙の度合いは増し），優勢意見をもつ多数派が少数派に一定の態度や行動を強制する。

他方，有事における愛国心の発露が大統領に向かうという現象を，ラリー効果と呼ぶ。ラリーという語は，もともと国旗の下に集結する「rally-around-the-flag」という言葉からとられている。例えば，2001年9月の同時多発テロ後に，G. W. ブッシュ大統領の支持率が急騰したのと同時に，星条旗の販売数が急増したことは「ラリー効果」を象徴している。また，アル・カーイダによるテロ関連の情報があった場合でも，一般国民は高い関心をもっても，諜報活動や外国の情報などを理解することは難しい。このために同時多発テロ直後などの危

機的状況の場合には，世論は政権の情報になびく傾向にあり，テロ関連情報が流されるたびに，政権に対する世論のラリー効果が続いた。

　しかし，ラリー効果や沈黙の螺旋の影響があっても，これが必ずしも時の政権がメディア操作を思い通りにできることを意味しているわけではない。過去の大統領の広報戦略と大統領の支持率を分析した『フォロー・ザ・リーダー（*Follow the Leader*）』という研究では，大統領から実態よりも過度な情報が何度も伝えられると世論操作が空回りし，逆に世論からの支持を失うと指摘している（Lenz 2012）。たとえば，実際にテロが起こる可能性以上に，テロの危険性を過度に伝えると，その情報の影響力は弱まってくる。さらに，どんなテロ情報でも「政権側のメディア操作」というレッテルを貼られてしまう危険性もある。

　また，現在はインターネットや国際衛星放送など，政権側の情報を打ち消す情報も数多く出てくるので，世論が「沈黙の螺旋」に陥るといっても，それには限界がある。情報を操作しようとしても，発信者にとっては両刃の剣になってしまうかもしれない。

 「番犬か，忠犬か」
⏩▶アメリカ政治におけるメディアの役割

公権力に対する "番犬"

　アメリカ政治におけるメディアの役割は，犬の比喩に例えられることが少なくない。特に一般的なものが，公権力に対する「番犬（watchdog）」としての役割である。1970年代の「ウォーターゲート事件（Watergate Incident）」のリチャード・ニクソン大統領の違法行為を真っ向から追及した姿勢がいまだに高く評価されている。「ウォーターゲート事件」以前でも不正を暴く「マックレーカー（muckraker）」として，真実をあぶり出したほか，客観性などのさまざまな現代ジャーナリズムの規範を作ったとして，アメリカのメディアは世界の報道機関の教科書的な存在としての位置を築いてきた。

　アメリカのメディアが公権力に対する番犬と呼ばれている理由の一つが，政

府から一定の距離を置き，経営的にも独立しているという事実である。ジェイ・ブラムラーとマイケル・グレビッチの研究では，メディアが国家からどれだけ従属または独立しているか，国家がどれだけ規制するか，メディアと政治エリートが融合しているかなどの条件によって，各国のメディアと政治の関係を分類できるとしている（Blumler and Gurevitch 1995）。アメリカについては，メディアに対する規制は緩く，民間のメディア企業が報道のほとんどを占めており，多様なメディアがあり市場原理が比較的働いている。税金が投入されている公共テレビ・ラジオ放送（PBS, NPR）はあるが，比較的聴取者・視聴者は限られており，アメリカのメディアの政治からの独立度は非常に高い。

　他方で，アメリカにおける政治・経済エリートとメディアの関係を詳細にみてみると，必ずしも完全な独立関係ではないことが明らかである。例えば，メディアと政治との人材的な共有も少なくない。選挙陣営に入ったり，その後，広報官などの役職で政権入りしたりするような人物がメディアのコメンテーターになることは少なくない。デービッド・ガーゲンのように，メディアと政権との間を何度も行き来している人物もいるので，規模的にはシンクタンク（→第6章）ほどではないが，「回転ドア」がメディアと政権の中で生まれつつある。その往復によって，報酬が次第に高額になるという点でも，シンクタンクと政権の間の政策専門家の人材共有に似ている。ただし，メディアの場合には，特定の政党や政治家に近い政策コミュニティを構成していた人材は，その後メディアに戻っても，特定の政治的バイアス（先入観）から発言をする可能性もあり，客観的に政治状況を分析できないという見方もある。

　他方で，民間のメディア企業優位といってもメディアを所有している企業は限られている。メディア（テレビ，新聞，雑誌，映画）を所有するのは，巨大企業であり，市場原理でメディアの吸収合併が進んでいる。統合の過程で，かつてはアメリカのメディアを特徴づけていた数多くの地方紙がなくなり，USAトゥディやウォールストリート・ジャーナルが部数を伸ばしているほか，ニューヨークタイムズが全米主要都市で購読できるようになるなどの全国紙化も目立っている。その一方で，ローカル・メディアについては衰退が顕著であり，地元ニュースが枯渇する「ニュース砂漠」問題も目立っている。

　また，親会社についても，例えば ABC を所有するのは，エンターテインメ

ント分野で世界を席巻するウォルト・ディズニーである。また，CATV大手のコムキャストや，ハースト（全米の地方紙を数多く所有）やFOX（テレビ，CATV，映画）などのメディア・コングロマリット（複合企業）のように経済エリートが所有している主要メディアが目立っている。このように考えると，アメリカの政治・経済エリートとメディアの間には，独立しながらも深い相互依存関係があるといえる。

┃ アドボカシー活動をするメディア──"忠犬"化現象 ┃

　アメリカにおけるメディアと政治の関係は近年では大きく変化している。メディアが左右の政治活動の"忠犬"になっている現象が少しずつ目立ちつつある。特定の政治アクターの"応援団"として，「アドボカシー（代弁）」を行うメディアの登場には，規制緩和や世論のニーズ，メディア側の生き残り戦術などのさまざまな理由がある。規制緩和については，政治的なコンテンツを厳しく規制していた「フェアネス・ドクトリン（fairness doctrine）」が1987年に撤廃され，メディア側の自由裁量部分が大きくなった点も大きい（→第3章）。規制撤廃については，衛星放送やCATVなど放送コンテンツが急増する中，放送番組を監視する連邦通信委員会（FCC）の能力が追い付かず，規制の実際の運用が滞ったことも理由の一つである。そのほか，表現の自由を最大限に尊重する連邦最高裁の判断が出され，その影響でFCCの摘発が慎重になったという理由がある。

　これらの規制緩和によりコンテンツの自由度が広がることで，イデオロギー色が強い政治情報番組が登場することとなった。まず，1980年代後半から「ザ・ラッシュ・リンボウ・ショー（*The Rush Limbaugh Show*）」に代表される保守系の政治トークラジオ番組（聴取者参加型政治情報番組）がスタートし，番組数も増えるとともに，現在まで多くの聴取者を得るようになった。政治トークラジオ番組の隆盛の背景には，世論のニーズ，メディア側の生き残り戦術という理由も大きい。保守派の場合，それまで自分たち向けの情報源が非常に乏しかった。ラジオ側にしてみれば，音楽番組を中心とした既存の番組編成は行き詰まっており，保守派という新しい視聴者ニーズは開拓すべき絶好の市場であった。

メディアの分極化

　アドボカシーするメディアの背景にあるのが，アメリカ国民の政治的分極化（イデオロギーの二極化）現象である。民主党，共和党という全国政党であっても，かつては地域の多様性が担保されていた。しかし，過去30年間で，徐々に国民世論が保守とリベラルに大きく分かれるにつれて，地域性に支えられた政治情報が政治の中心地ワシントンと同じ保守とリベラルの情報に二分され，画一化されていく。既存メディアの生き残り戦略の一環として，この二分された「市場」をいかに取り込むかが重要になり，報道する側は「市場」開拓をめざし，政治情報の内容を「消費者」向けにマーケティングし提供するようになった。市場化の中で，地方の特徴よりも全米に共通する保守・リベラルの党派性を重視し，前面に出すようになった。

　保守の「市場」向けに24時間放送のニュース専門局のFox Newsや保守系トークラジオ番組が1990年代から台頭した。他方，これに対抗するように24時間ニュースMSNBCやリベラル系トークラジオなど，リベラル寄りの報道を全面的に押し出した政治情報を提供するメディアも顕著になった。この「メディアの分極化」は政治を情報面から支えるメディアが特定のアドボカシー活動を行うことにほかならない。

　このように，インターネットの爆発的普及を背景に，既存メディアが生き残り戦略を急いでいることも影響して，政治報道も「ニッチ市場」の開拓をめざしている。そのために政治情報の内容を「消費者」向けにマーケティングして，提供するようになった。その過程でアメリカにおける政治報道はこれまでの規範である客観性追求から，保守とリベラルといういずれかの政治的な立場を明確にした状態での情報提供に収斂しつつある。とくにそれまでは数的に少なかった保守的な政治情報を意図的に取り上げるFox Newsなどの保守メディアの台頭が目立っている。この現象は「メディアの分極化（media polarization）」と呼ばれている。

メディアの分極化が政治過程に与える影響

　「メディアの分極化」でアメリカの政治過程は大きく変化しつつある。選挙

においては，候補者や政党は自らに好意的なメディア機関と親密になり，否定的な報道については「偏向」を指摘する。大統領や連邦議会，官僚は効果的なガバナンスを希求する一環として，少しでも自らにとって有利な報道をするメディアを厳選する傾向にある。各種利益団体や一部のシンクタンクも，「味方のメディア」と「敵のメディア」を峻別し，提供する情報を大きく変えている。さらに，近年の保守・リベラルの政治運動が拡大していく際には，保守派のティーパーティ運動，リベラル派のウォール街占拠運動のいずれも，保守，リベラルのそれぞれのメディアが政治的なインフラとなっていた。

　爆発的に普及しているソーシャルメディアの利用で，政治報道は瞬時に広く伝播するようになった。しかし，ソーシャルメディアでは，自分の支持する情報を好んで伝える「選択的接触」の傾向があるため，世論の分極化も一気に進んでいる。「メディアの分極化」はここ 10 年の間で本格的に進展し，各アクターは「自分の側」の情報提供を急いでいる。その一方で，トランプ大統領が繰り返して使った「フェイクニュース」という言葉が世界的に定着してしまったように，自分に都合が悪い政治情報に対しては報道した記者の人格攻撃を含み，徹底的に否定する傾向が顕著になった。

　この「メディアの分極化」は，保守とリベラルという世論の二極化に代表されるアメリカ政治全体の分極化の帰結でもあろう。「メディアの分極化」の中で，大統領，政党，連邦議会，官僚，利益団体，シンクタンク，市民団体などのさまざまなアクターが自らに有利な報道をするメディア機関を厳選し始めている。政治報道を瞬時に伝播させるソーシャルメディアの利用が盛んになる中，「メディアの分極化」は政治参加からガバナンスのあり方まで，アメリカの政治過程を一気に変貌させつつある。

　他方で，「メディアの分極化」が進むということは，以前のアメリカのメディアを特徴づけていた規範である「客観性」を失うことを意味する。どうしても，「リベラル・バイアス」「保守バイアス」というバイアスに対する危惧がそれぞれの報道に伴ってしまう。そのため，「メディアの分極化」が進むとともに，メディアに対する信頼が大きく低下してきたというジョナサン・ラッドらの研究は，大きな波紋を呼んでいる (Ladd 2012)。「何が正しいのか」という規範を失ったかにみえるメディアに対する批判は多い。しかし，ファクトチェッ

クなどの対応策にも「誰がチェックするか」によるバイアスも目立つ。「メディアの分極化」の進展過程で，さらに国民世論の分極化も進んだ。国民の政治参加についても「自分が望む情報」には耳を傾けるが，そうでないものは拒絶する傾向が顕著になった。「メディアの分極化」は民主主義や市民社会形成に大きな危機となるが，今のところ明確な処方箋はみえない。

変わるメディア，変わるアメリカ政治

　現在，アメリカのメディアは過渡期にある。先に述べたような「メディアの分極化」とそれに対するメディア不信がその代表的な現象である。また，エンターテインメント化する政治メディアという現象も目立っており，「The Daily Show」などのコメディ・トークショーの視聴と政治的知識（political knowledge）の取得や政治的社会化（political socialization）などとの関係について，学術的な検証が行われており，話題を呼んでいる。

　また，CNNを代表とする24時間いつでもニュースを提供するCATVや衛星放送が，アメリカでは1980年代から外交・国際問題に関する報道の主役となっている。そこで放送されるニュース映像などのメッセージは，各国のテレビ局で再放送されることで，最終的な影響力は世界的なものになる。例えば，1993年のソマリア介入ではアメリカ軍の軍用ヘリが撃墜され，それに乗っていた海兵隊兵士の遺体が市中を引き回されたという惨事が起こった（→第**12**章）。このニュースが何度もCNNなどで伝えられたため，ソマリア派兵に対する国民世論も失い，最終的にクリントン政権はソマリアからの撤退を余儀なくされた。このようにCNNの映像が大きな役割を果たしたことから，CNN効果という言葉が広く使われるようになった。

　「CNN効果」にはさまざまなものがあり，例えば，絶え間ないニュースの流れが政策決定者に熟慮の余地を与えず早急な決定や対応を迫ったり，決定した政策の転換や遅延をもたらしたりすることもある。他方で，CNN効果は誇張されすぎているという見方もある。とくに近年ではイスラームの側の視点に立ったアルジャジーラなどの国際メディアが登場しているので，CNN効果はさらに複雑になっている。すなわち，国際メディアの放送では，同じニュースについてアメリカのメディアとは別の視点から報道されるので，それぞれが打ち

消し合うことがあるのである。また，ニュースを発表する政権側からみて打ち消す必要のある情報が数多くあるため，各国政府が国際メディアの報道を通じて情報を流し合うというスピン合戦の国際化という傾向が強まっている。

　アメリカ政治の文脈という特殊性の中で，メディアは常に重要な役割を果たしてきた。そして，アメリカ政治が大きく変貌する中で，今後も政治とメディアの関係は大きく変わっていくだろう。

EXERCISE ●演習問題

① 「メディアは民主主義の血液」とたとえられることがある。それはなぜなのかについて，議論してみよう。

② この章で論じられたアメリカにおけるメディアと政治の関係をふまえながら，日本の現状と比較し，共通点と相違点を議論しよう。

③ 10年後，20年後の「メディアと政治」の関係はどうなっているだろうか。想像して議論してみよう。

さらに学びたい人のために　　　　　　　　　　　　　Bookguide ●

前嶋和弘『アメリカ政治とメディア──「政治のインフラ」から「政治の主役」に変貌するメディア』北樹出版，2011年。

　　メディアと政治の共生関係を縦軸に，「メディア中心選挙」の特徴などとともに，報道がアメリカの大統領選挙の予備選挙過程を変えてきた事実や大統領のゴーイング・パブリック戦略の変質なども包括的に分析している。

前嶋和弘・山脇岳志・津山恵子編『現代アメリカ政治とメディア』東洋経済新報社，2019年。

　　ソーシャルメディアの爆発的な普及を経たアメリカ政治とメディアの現状を分析している。アメリカ政治とメディアの歴史も踏まえつつ，「メディアの分極化」の状況と今後を展望している。

渡辺将人『メディアが動かすアメリカ──民主政治とジャーナリズム』ちくま新書，2020年。

　　テレビ，ラジオ，新聞，映画，インターネットなどのメディアはいかにアメリカの政治を動かし，また動かされてきたのかを分析している。エスニック・メディアなども検証しているのがユニーク。

第 **6** 章

政治的インフラストラクチャー

⚲ 「フェデラリスト協会」の会合で講演するジョン・ロバーツ最高裁判所首席裁判官（2007年11月16日，ワシントンDC。写真提供：EPA＝時事）。

INTRODUCTION

　アメリカの連邦最高裁は2022年6月24日，人工妊娠中絶を憲法上の権利と認めた1973年の「ロウ対ウェイド判決」を覆す，州ごとに中絶の禁止が可能となるという大きな判断を下した。判決については，トランプ政権の4年間で3人の保守派の裁判官を任命したことが決め手になった。その裁判官を任命する際のリスト作りに協力したのが，フェデラリスト協会という保守派の法曹団体である。本章では，この団体のような「政治インフラ」を論じる。

アメリカの政策過程は，議会，大統領，関連省庁などの首都ワシントンに存在する政治エリートが中心となって進められている。しかし，これらの中心アクター（主体）だけがアメリカの政策を形成するわけでは全くない。アメリカでは，政治過程全般をさまざまな形で支えている政治のインフラストラクチャー（基盤）がきわめて充実しており，それがアメリカ政治の特徴の一つとなっている。このアメリカ政治のインフラには，シンクタンクや財団，大学，各種非営利団体（NPO）などが含まれており，それぞれが「プラスαの政治アクター」となり，中心となるアクターの動向に大きく影響している。

　本章では，さまざまな政治インフラの役割を論じる。その中でも，政治インフラの代表例として，シンクタンクのほかに，各種 NPO の中から，財団，メディア監視団体，法曹団体を取り上げて論じる。

1　アメリカ政治の政治インフラとその特徴

▌「政治インフラ」とは何か▌

　そもそも「政治インフラ」（政治的インフラストラクチャー：political infrastructure）とは何なのだろうか。議会，大統領，裁判所，関連省庁，あるいは政党全国委員会などの「中心アクター」を支えるさまざまなものが「政治インフラ」であり，政党などへの資源やサービスの供給役である。具体的には，シンクタンク，財団，大学，コミュニティ支援団体やメディア監視団体などの各種NPO などが「政治インフラ」を構成している。また，第 **4** 章で論じた利益団体や，利益団体の一つとアメリカでは考えられている労働組合，さらには第 **5** 章で論じたメディアなども政治インフラの一部と考えることができる。「政治インフラ」という言葉は，日本語としてあまりなじみがないものかもしれないが，アメリカ政治の文脈ではとくに報道や実務者の間では頻繁に使われている。

　それぞれの組織の活動がどこに力点を置いているのかにもよるが，政治インフラの多くは，選挙での勝利や特定の政策の実現といった短期的な目標だけでなく，かなり中長期にわたった政治的な影響力の強化を意図している。もちろ

ん，「中心アクター」と「政治インフラ」との間は比較的曖昧である部分も少なくない。例えば，利益団体のうち，短期的に特定の政策を実現させようと動いていれば，それはかなり「中心アクター」に近い存在となる。他方，中長期的に世論そのものを変えていこうというような動きもする場合には，「政治インフラ」に近く，どちらの性格も有している場合も多い。本書では，「中心アクターを支えるさまざまなもの」という緩やかな定義で政治インフラを取り扱う。

政治インフラの大きな特徴としてリベラル・保守の一方が成功すると，もう一方が対抗組織を作る傾向がある。例えばカーネギー財団やロックフェラー財団といった著名な財団は，さまざまな研究に多額の財政支援を行ってきた。その中には，1950 年代以降の多文化主義を背景にした人種・エスニシティ研究，1960 年以降の公害問題，環境問題のグローバル化に対する状況把握や対処のための研究など，リベラル派と親和性がある研究も含まれている。著名な財団は，意図的にリベラル派に近い研究を選んだわけではないが，結果的にリベラル派の政治インフラになってきた。

他方，1980 年代ごろからオーリン財団，スケイフ財団，コーク財団など，保守系の財団が次々に登場してきた。保守系の財団は資本主義擁護の研究や，財政均衡などの小さな政府路線についての研究，さらには家族の絆や生命倫理など宗教保守に近い研究などに特化して支援してきた。

財団からの各種基金によって雇われる教員のポストを用意する大学も同じであり，分野が特定される場合はリベラル系か保守系の色がつく。また，法曹界にも，例えばフェデラリスト協会（Federalist Society）という保守系の法曹団体が登場している。その一方で既存のアメリカ法律家協会に対しては，保守系からはリベラル色を指摘する声がある。

20 世紀半ばまでは政治全体がリベラル優位の下でイデオロギー性自体が問題にされにくかった。しかし政治的分極化が目立つにつれ，次第に政治インフラの党派性が顕著になってきた。

政治インフラの特徴

アメリカの政治インフラの特徴の一つが，比較的政治的な意見が鮮明である

ものが目立っているという点である。言葉を変えれば，第1章でふれた保守とリベラルという世界観・政治観や，政党への支持態度に依拠した政治インフラが少なくない。特定の政治的な意見と親和性がある政治インフラが強ければ，その勢力に対する世論の支持も多くなる可能性がある。そして，選挙を経て，その政治的意見が特定の傾向をもつ政策に昇華されていくとするならば，政治インフラの強弱が国や社会を大きく変えていくのに貢献することになる。

　逆に政党や候補者の立場からみると，自分たちの政治的立場に近い政治インフラが充実すれば，選挙での当選や，政策形成の際の多数派形成が有利になる。そのため，保守派，リベラル派のいずれもかなり意図的に自分たちの政治的立場に近い政治インフラの構築を続けてきた。とくにイデオロギー的分極化が目立ってきた1990年代以降は，保守側とリベラル側はまさに競うようにより強固な政治インフラ作りを急いできた。そして，保守派なら保守派内，リベラル派ならリベラル派内の政治インフラ相互の連動を図るように調整を続けてきた。

　ただ，注意しなくてはならないのが，このように政治インフラには保守とリベラルという2つの政治観・世界観に立脚するもの以外にも，広義の政治的な理想を求め，アメリカにとって（場合によっては世界全部の国にとって）「よい政治」「よい外交」をめざしたものも少なくない。例えば民主主義や自由主義の拡大や政治参加の拡大などをめざしたシンクタンクである「フリーダムハウス」が，その代表であろう。

　また，政治インフラの重要性が高まっている背景には，政策に関する情報が高度に複雑化しているという事実もある。議会で開かれる公聴会に，シンクタンク研究員や業界団体や市民団体などのさまざまな利益団体が頻繁に呼ばれて情報を提供しているのは，医療健康保険改革，代替エネルギー政策，貿易促進権限（TPA）・環太平洋パートナーシップ（TPP）などの通商政策，移民政策，サイバー問題といった，いずれも政策そのものが複雑化しており，議員や議会スタッフだけではこれらの情報を十分に集めることができないという事実を反映している。専門的で正確な情報や新しい状況を政策に反映させるためには，政治インフラに頼る必要がある。

政治インフラと関連する政治的な理念

　広義の政治的な理想に関連して，そもそも，アメリカ政治で政治インフラの活動が重要となっている事実そのものにも，アメリカの政治的な特徴や理念が関連している。

　第1に，政策過程における多元主義（pluralism）重視というアメリカ政治の特徴の中で，政治インフラが多様な意見を生み出し，広げる場になっている点が大きい。より多くの意見が共存し，対立や協力を繰り返す中で，合意点が見出されていくという流れが，アメリカ政治の根本原理にある（→第4章）。政治インフラは，この一連の流れをさらに大きく拡大させるという機能がある。政治インフラが自分たちの考え方と親和性がある中心アクターの活動を円滑化することもあれば，逆の見方をする中心アクターに対しては，活動範囲を限定させるように動くこともある。政治インフラ同士が互いに牽制し合うこともある。

　政治インフラの中でも財団やシンクタンク，各種NPOは，多元主義を進めるという意味で，その活動は奨励されるべきであると考えられているふしがある。政治インフラの多くは，アメリカの内国歳入法（Internal Revenue Service Code）の「501〈c〉（3）団体（501〈c〉〈3〉organization）」に認定されており，減免措置や寄付金の控除の対象となっている。事実上は異なっていても，形式上は「政治的に中立の立場」にあるため，「501〈c〉（3）団体」は，政党や候補者への献金を禁じられている。

　第2に，アメリカの政策形成過程が比較的開放的であり，権力の分散が徹底しているので，政治インフラが担う役割が大きい（→第4章）という点もある。政策形成過程が開かれているので，大統領，官僚，議会などの中心アクターと接触できる機会が少なくなく，政治インフラとの接点も多い。政策に関する重要な情報も分散されているため，中心アクターが情報提供を日常的に望んでおり，政治インフラから情報を提供する機会（入力）はきわめて多い。そして，それが特定の政策（出力）に代わっていく。例えば，シンクタンクは，政治的出来事に対する分析の発信から始まって，より中長期的な新しい政策提言についての情報なども定期的に行っている。その対象となるのは，中心アクターだけでなく，利益団体などの他の政治インフラ，そして一般国民も対象にしてい

る。その政策が国民に提示されることで，選挙で信任を与えられ，特定の政策が評価されていく（フィードバック）。このようにして，政治インフラを含んだ形での選挙デモクラシーが展開されていく。

　ところで，政治インフラが，どのくらいの政治的な影響力をもっているのかは測りにくい。とくに中長期的な影響を測ることはきわめて難しく，計量的に測ることが不可能であるため，学術研究などではなかなか取り上げられにくい。他方で，アメリカにおいて，政治インフラは他の先進諸国に比べてもきわめて多様で強固である。その意味では，間違いなく政治インフラの影響力は大きい。

　以下では，代表的な政治インフラとして，第2節ではシンクタンクを，第3節では財団，メディア監視団体，法曹団体を挙げて，それぞれを論じていく。

② シンクタンク

　民間政策研究機関であるシンクタンクも，政策に影響を与える重要な政治インフラとなっている。首都ワシントンには，主なものでも50ほどのシンクタンクがあり，資産家や企業の寄付によって，政府から独立したNPOとして政策研究や提言を行い，アイディアと影響力を競っている。1970年代までのシンクタンクは党派性は目立たなかった。しかし近年は，アメリカ政治のイデオロギーの分極化を背景に，ヘリテージ財団，アメリカン・エンタープライズ研究所に代表される保守系（共和党系），センター・フォー・アメリカン・プログレス（アメリカ革新センター）に代表されるリベラル系（民主党系）というイデオロギー的アジェンダの促進を目的とするシンクタンク（イデオロギー型シンクタンク）の勢いが目立つようになった。各シンクタンクそのものは，「非営利」であるため，党派性を謳えないものの，実際には明らかに民主・共和両党いずれかの政策立案に深くかかわっている。

┃「アイディア・ブローカー」としての役割 ┃

　シンクタンクには「アイディア・ブローカー」として大統領，官僚，議会，政党など，さまざまなところに接触し，アイディアを提供するという役割があ

る。大統領や側近，各議員に対しては，政策専門家として，個人的にアドバイスを行う。議会に対しては，頻繁に各種委員会に召致され，専門情報を提供する形で政策に影響を与えている。例えば，オバマ政権が唱えていたソフトパワーとハードパワーを効果的に合わせる「スマート・パワー」の活用は，もともとワシントンにあるシンクタンクの戦略国際問題研究所（CSIS）の提言が下敷きとなっている。

　加えて，世論形成のオピニオン・リーダーとしての，シンクタンクの役割も大きい。シンクタンクは中心アクターに接触するだけでなく，研究に基づいた政策提言をメディアに訴えることで広く世論を動かし，政策形成に大きな影響を与える。シンクタンクの研究員は新聞やテレビなどのメディアに登場し，インターネットを通じて情報発信に力を入れている。また，シンクタンク自身が外交政策提言をまとめた出版物を発行するケースもある。

　例えば外交政策については，シンクタンクの出版物として代表的なものが，後述する外交問題評議会が出版している著名な外交雑誌『フォーリン・アフェアーズ（*Foreign Affairs*）』である。マーシャル・プランや国際通貨基金（IMF）創設，ニクソン政権時の米中接近など『フォーリン・アフェアーズ』に掲載された論文の中にある政策提言と，第二次世界大戦後のアメリカの外交政策との類似性を指摘する声は多い。同誌に掲載された論文の中でも，アメリカの外交官ジョージ・ケナンが書いた「ソビエトの行動の源泉」（1947年7月号）という論文は最も有名であり，共産圏に対する封じ込め政策の理論的根拠となった。

　シンクタンクでは，連日のようにシンポジウムやパネル討論会が開かれ内政，経済，国際問題に関する議論が活発に繰り広げられている。さらに，政策提言というよりも委託研究を中心に行っているシンクタンクも少なくない。さまざまなシンクタンクが政策提言を行い，提言はさまざまな政策関連の緩い結合である「イシュー（争点）・ネットワーク」の中で大きくなっていく。「イシュー・ネットワーク」とは，特定の政策・争点の政策課題の問題解決について，専門的知識や情熱をもった人々が相互に結びつくことで形成されたネットワークである（→第4章）。

回転ドア

シンクタンクについては，インフラとして機能するだけでなく，中心アクターに転じるケースもある。アメリカでは，連邦政府で働く上級公務員は政治任用されることが多い。新しい大統領は就任後，3000-4000人にも上る数の政府高官を更迭し，新しく政治任命するという伝統がある。この政治任命制度によって，ホワイトハウスや主要官庁の幹部にシンクタンクに所属していた政策専門家が頻繁に登用される（→第10章）。シンクタンクが中心アクターとして政策の実務を担当する人材プール（供給源）となっている。アメリカでは，シンクタンクの数が多く，また活動も活発である大きな理由の一つが，この政治任命制度にある。

各シンクタンクに所属する研究員らは，大統領選挙のときには，特定候補者の選挙運動の公約作成に深く関与し，その候補が当選した場合には，政策とともに，新政権の重要な役職に入り込む。このように政党にとってシンクタンクは人材補充・政策提案を生み出すのを助ける戦略的パートナーになっている。シンクタンク研究員が中心アクターとなるだけでなく，中心アクターだった人物がシンクタンクに戻るという例は数多い。シンクタンクに戻っても，実務を通じて得た経験や人脈を基にした新たな政策研究や提言を行うことができる。さらに深めた研究を手土産にして，再び政権入りすることもできる。政権の高官たちが下野してシンクタンクに身を置き，次の政権入りの機会をうかがうケースも少なくない。

このように，シンクタンクと政府機関の間を政策専門家が往復するいわゆる「回転ドア」が存在し，政権が変わるごとに，政策専門家の「仲介コミュニティ」が政策形成の一翼を担う。別の政党の大統領が就任すると，シンクタンクは前政権の高官たちがひしめく「影の政権」的な様相を示し，新たな政権交代をうかがうというパターンが続く。現政権と異なった外交政策を打ち出す在野の集団がそうやって育っていく。政治任命がほとんどないため，中央省庁自体が政策運営とともに，巨大な公的シンクタンクとしての役割を担ってきた日本とは対照的である。

保守派のシンクタンク

1980年から徐々に進んできたイデオロギー的分極化が極まっている現在，シンクタンクは党派別に色分けされている。どちらかの政党が大統領の座を奪還した場合には，その政党に近いシンクタンクが外交政策担当者の人材供給源となる。例えば，保守派において，1980年の大統領選挙で勝利したレーガンの外交・内政のブレーンとして一躍注目されたのが，ヘリテージ財団であり，政策提言と人材提供を担った。ヘリテージ財団は，1973年に保守派議員の政策スタッフたちが結成し，市場原理に基づく自由経済や規制緩和，国防増強などを謳い，レーガン政権後はこれらの原理に基づく政策が次々と実現されていった。

ヘリテージ財団と並ぶ保守系として知られているアメリカン・エンタープライズ公共政策研究所（AEI）は，いわゆる「ネオコン」（ネオ・コンサーバティブ，新保守主義派，あるいは新保守主義者）の牙城であり，民主主義，市場経済というアメリカの伝統的価値観を「力」で拡大する立場を訴えた各種の政策提言で，G.W. ブッシュ政権の外交を支えただけでなく，リチャード・パール国防政策委員長，ビル・クリストル，ポール・ウォルフォウィッツ国防副長官ら AEI に関連するネオコン識者の名前は世界的にも知られるようになった。AEI の一部を間借りする形で，「新アメリカの世紀プロジェクト（PNAC）」という別働のシンクタンクも生まれ，軍事力を積極的に行使し，自由や人権，民主主義，資本主義といったアメリカ的価値観を世界に普及させる外交・軍事政策を提唱した。

リベラル派のシンクタンク

1993年に始まったクリントン政権（1993-2001年）では，保守派の主張する自由市場を支持する一方で，リベラル派の主張する経済的正義のための政府による市場介入も重視する中道リベラルの「第3の道」を訴える革新的政策研究所（PPI）の政策提言の多くが実現された。同研究所は1989年に設立され，クリントン自身も中心となった中道保守を訴える民主党指導者協議会（DLC）と共同歩調をとってきた。同研究所の政策提言の多くは国内政治に関するものだ

ったが，国際貿易についても政策提言している。例えば，日米経済摩擦が激し
かったクリントン政権発足時には，日本の黒字削減と市場開放で日米経済協議
の結果を出すよう強く迫る政策提言を出した。

　他方，オバマ政権（2009-17年）では，リベラル系の新しいシンクタンクであ
るセンター・フォー・アメリカン・プログレス（アメリカ革新センター，CAP）
のメンバーが主要高官として政権入りし，その各種政策提言がオバマ政権の新
しい政策の核となった。同センターはクリントン第2次政権で首席補佐官を務
めたジョン・ポデスタが2003年に設立した。G. W. ブッシュ政権時代にリベ
ラルな政策が後退したのに対して，ブルッキングス研究所などの既存のリベラ
ル系のシンクタンクが有益な代替政策を提供していないという批判から，同セ
ンターは設立された。CAPは，環境や経済，外交政策などの分野で，リベラ
ルな視点からの政策提言をめざしている。その中でも環境保護を重点政策とし
て，とくに次世代エネルギー開発を重視する政策を全面的に打ち出してきた。

　オバマ政権の発足時には，環境政策を担当する新設のエネルギー・気候変動
担当大統領補佐官となったキャロル・ブラウナーや，気候変動問題担当特使の
トッド・スターンは同センターに深く関連していた。環境分野への予算の重点
配分で関連産業を興し景気対策も行う，いわゆる「グリーン・ニューディー
ル」の基調となる考えは，同センターの政策提言を採用したものであるといわ
れている。また，CAPについては，オバマ政権の政治的な代名詞となった
2010年成立の医療保険改革（通称・オバマケア）の政策的な土台を作ったこと
でも知られている。

中道派のシンクタンク

　ただ，保守系・リベラル系だけでなく，外交問題評議会（CFR），ブルッキ
ングス研究所，CSIS，カーネギー国際平和基金などの中道派（超党派）のシン
クタンクのほうが歴史も古い。例えば，CFR は発足の段階から外交政策を中
心とした政策集団をめざし，第一次世界大戦後のヴェルサイユ平和会議に参加
したアメリカ代表団のメンバーたちが，戦後にアメリカの国際的役割が高まる
ことを予測して，1921年にニューヨークで設立した。

　このような中道派のシンクタンクは，特定の専門分野別の専門家がそれぞれ

のシンクタンクへの所属とは別に，党派別にコミュニティを形成している。超党派のシンクタンクにとって特定の政党と結び付くのはマイナスとなる。しかし，専門家個人には当然のように党派性があり，民主党系と共和党系のいずれかの政党との密接な関係を築き，政策の実務を担う。

シンクタンクに対する批判

　シンクタンクに対する批判は常に存在してきた。第1に，中心アクターとシンクタンクの間を往来する「回転ドア」という制度そのものがアメリカ版の天下りにほかならないという批判が，その代表的なものである。中心アクターとして経験を積んだ研究員をシンクタンクが迎えることは，シンクタンクとしても自分たちの宣伝となるため，支払う報酬も高くなる。また，前に政策を担当した分野の研究に戻ると同時に，その政策分野の企業の役員などに就任するケースもあり，利益相反に近い行為も指摘されてきた。

　第2に，本章で何度も論じた党派性についての批判も少なくない。例えば，寄付金を受けて政策研究を行うものの，その寄付金の出元がかなり政治的な意図がある場合には，保守系かリベラル系かで政策関連の情報や政策案そのものがゆがんでしまうという指摘も多い。イデオロギー的分極化の中，純粋な政策提言というもの自体が難しくなっている。

　第3に，党派性に関していえば，先に述べたように，形式上は「政治的に中立の立場」にあるものの，抜け道がある点に対する批判もある。「501（c）（3）団体」は，政党や候補者への政治献金は禁じられているが，別団体として「（3）団体」と同じNPOに相当する「501（c）（4）団体」のほうを設立すれば，別団体からは特定の候補者や政党への献金が可能である。

　リベラル派のシンクタンクであるCAPは，シンクタンクそのものは「501（c）（3）団体」だが，発足当初から別組織として「アメリカ進歩センター・ファンド」を「501（c）（4）団体」として併設させ，民主党や民主党の候補者などに献金を行っている。CAPの動きを知った保守派のシンクタンク「ヘリテージ財団」も近年，「501（c）（4）団体」である「ヘリテージ・アクション」を発足させ，共和党や共和党の候補者などに献金を行っている。つまり，シンクタンクを隠れ蓑にした，「政党の下部組織」に近い状況が生まれている。その党派性

に対する批判があるのは当然ともいえる。

中道派のシンクタンクについても，近年では外国政府や外国企業からの寄付金がシンクタンクを事実上の外国ロビーにしてしまっているという批判もある。中国政府などと並び，日本政府もアメリカの主要シンクタンクに寄付をしており，一部メディアのやり玉に挙がっている。純粋な政策提言が難しいのと同時に，「中道な」寄付金というものが多くは存在しないのも事実ではある。

3 さまざまな政治インフラ

財団，メディア監視団体，法曹団体

シンクタンク以外にもさまざまな政治インフラがある。このうち，本節では，財団とメディア監視団体，そして法曹団体について論じる。

財　団

アメリカにはきわめて大きい財団が数多く存在し，その中には資産規模が10億ドルを超える財団も数多い。財団は選挙活動や政治献金などの政治運動にかかわることはできないが，それでも着実に政治インフラとして機能してきた。

というのも，財団が助成する対象となる研究そのものに，特定の政治色がどうしても拭(ぬぐ)い切れないためである。財団のイデオロギー性は20世紀半ばまでは政治全体の中で全くといっていいほど，目立たなかった。その中でカーネギーやロックフェラー，フォードなどの主流派財団が，人種差別解消や多文化共生的な目的を意識した研究に1950年代から60年代に助成し，リベラル派の知的基盤となっていった。つまり，リベラル派の政治インフラになっていったのである。しかし，この動きには産業界からの反発もあったので，リベラル派に加担するような研究助成はできるだけ目立たないようになっていった。

これとほぼ同時期に，スケイフ財団やオーリン財団などの保守系の財団が登場し，自由市場や小さな政府などの政治的なアイディアを促進するような研究助成に力を入れ，特定のプロジェクトを大きくしていった。これを「戦略的フィランソロピー」と呼ぶ。その中にはヘリテージ財団やAEIなどの保守派シ

ンクタンクへの支援も含まれている。こうして保守派の政治インフラ整備が進んでいった。

　その後，リベラル派は主流派財団の支援が減少していく中で，長い間苦境にあえいでいたが，保守系財団をモデルに各種リベラル系の財団を掘り起こし，現在に至っている。

┃ メディア監視団体 ┃

　メディア監視団体とは，公共利益団体として報道の内容を検証し，各報道機関の偏向についての情報提供や，報道機関への改善要求を行う団体のことである。そのほか，政府関係者に陳情するなどのさまざまな形で，報道機関への規制強化を含め，電気通信政策について大きな影響を与え始めている。民主主義を情報面で支える「ジャーナリズムの進化形」としては興味深く，報道の政治的立場や偏向を指摘し，国民を啓発するさまざまな「メディア監視団体」が誕生している。

　メディア監視団体も，そのほとんどが「501(c)(3)団体」であり，減免措置や寄付金の控除の対象となっている。寄付金も増加しており，団体を通じた国民の政治参加も目立っている。市民との相互作用によって，各団体の活動は，新しい電気通信政策をめぐる政治・社会とメディアの関係を生み出しつつある。このようにメディア監視団体の活動は，政治過程の中で国民と主要な政治アクターを結び付ける重要な役割を担っている報道機関の偏向を是正する運動として，注目されている。メディア監視団体の活動は，それぞれの団体によって異なる部分があるが，「メディアの報道内容を分析し，偏向や誤りを指摘する」という大きな共通点がある。

　メディア監視団体の多くは，実際には保守系とリベラル系に分かれている。市民が政治イデオロギーごとに分かれて，それぞれに自分と立場を同じくする団体を支持する傾向がある。そして，それぞれのアドボカシー（代弁）活動を続けている。メディア監視団体の政治性が生まれる理由は，リベラル派の監視団体にはリベラル派の，保守派の監視団体には保守派の人物や資金が集中し，その結果，監視対象を選び，分析する際，研究員に政治的偏りが生まれるためであると考えられる。

例えば，1985 年に発足した「メディアと公共問題センター（CMPA）」は自らの団体を「党派によらない研究・教育機関であり，ニュースとエンターテーメントについての科学的な調査を行っている」と説明している。また，活動目的については「入念な調査を行い，時機を経て読みやすい研究結果の発表を通じて，さまざまな議論が起こっているメディアの報道とその影響について，実証的な基盤を提供すること」としている。しかし，同団体の代表が保守派のシンクタンクの研究員を務めたことがあり，内容分析を行うコーダーに最初から保守的な政治的偏向があるという疑問が提示されてきた。

　そもそも，「偏り」を前面に主張している団体も数多い。例えば，メディア監視団体の老舗として 1969 年に発足した「アキュラシー・イン・メディア」は発足当初から，保守派の立場から「ベトナム戦争報道など，アメリカのメディアはリベラルバイアスがある」という視点からのメディア批判を続けてきた。これに対抗するリベラル派のメディア監視団体として 1986 年に設立された「FAIR（Fairness and Accuracy in Reporting）」は，報道における多様性を擁護し，少数派を取り上げる報道の必要性などを強調してきた。

　実際，メディア監視団体は保守派，リベラル派いずれかの代弁者になる傾向がある。「メディア・リサーチ・センター」「アキュラシー・イン・メディア」などの保守派の団体は，民主党の政治家やリベラル派の識者の発言を狙い撃ちしているほか，リベラル色が強い報道機関の報道を徹底的に批判する。他方，「メディア・マターズ・フォー・アメリカ」「FAIR」「センター・フォー・メディア・アンド・デモクラシー」などのリベラル派のメディア監視団体は共和党の政治家に非常に厳しく，保守派の報道機関に非常に批判的である。さらにはシンクタンクと同じように，別組織として「第 501 条(c)項(4)号団体」を設置し，特定の政治家を支援しているケースすらあり，「メディア監視団体」の枠を大きく外れている。

　近年，政治的な立場を超え，さらに中立な観点からメディアの政治情報をチェックする監視団体（例えば，「プロジェクト・フォー・エクセレンス・イン・ジャーナリズム」「ファクトチェック・ドット・オーグ」など）が，大学や財団を母体に発足し，活発に活動している。このうち，「ファクトチェック・ドット・オーグ」は，2016 年大統領選挙でも一躍注目された「ファクトチェック」を専門

に行うメディア監視団体である。この団体は，政治家や識者のさまざまな発言
や政府の方針，メディアの報道などの真偽を，所属の研究員らが各種のメディ
ア報道や政府の公開情報などを集めて確認する活動を行っている。報道記者の
一種の「裏づけ」取りを外部団体が行っており，民主主義を情報面で支える
「ジャーナリズムの進化形」としての活動であるといえる。

　「ファクトチェック・ドット・オーグ」は，名前（「オーグ」はインターネット
ドメインの「.org」）から想像できるように，活動の拠点がインターネットであ
る。できるだけ早い情報分析や連続して特定のテーマを取り扱う必要性から，
メディア監視団体の多くがインターネットでの活動が中心になっている。

法曹団体

　そのほかの代表的な政治インフラとして挙げられるのが，法曹団体である。
とくに保守派の「フェデラリスト協会」の存在は，目立っている。トランプ政
権はニール・ゴーサッチ，ブレット・カヴァノー，エイミー・バレットという
3人の保守派の裁判官を任命しただけでなく，連邦地方裁判所や連邦控訴審裁
判所の裁判官任命もこれまでの各政権よりも早いペースで進めてきた。その原
動力となったのが，フェデラリスト協会の協力である。フェデラリスト協会は，
1982年に複数のロースクールから始まった保守系法曹団体として設立された。
現在は弁護士だけでなく，全米各地のロースクールに支部をもち，学生と教授
が加盟している。しかし，一般的に広く知られるようになったのは近年である。

　トランプは大統領選挙に出馬する際，フェデラリスト協会と何回も協議し，
公約の一つとして連邦裁判所に任命する裁判官リストを提示した。就任後は，
そのリストに沿った形で任命を急いだ。トランプ政権の発足時には，オバマ政
権末期に亡くなった保守派のアントニン・スカリア裁判官の後任としてトラン
プ氏は保守派のゴーサッチ裁判官を選んだ。この保守派4人，リベラル派4人，
中道派が1人という最高裁判所のイデオロギー的バランスはクリントン政権の
ころからほぼ30年近く変わっていなかった。この数字から容易に想像できる
ように，中道派のアンソニー・ケネディ裁判官がキャスティング・ボート（決
裁権）を握ってきた（ケネディ裁判官は共和党のレーガン政権の1988年に任命・承認
されたが，比較的イデオロギーから自由に裁定をする傾向で知られてきた）。

しかし，2018 年夏，たった一人の中道派であったケネディ裁判官が引退を決めたことでバランスが崩れる。トランプ政権では保守派のカヴァノーを任命した。同年秋の承認公聴会はカヴァノーの高校時代のセクハラ問題が蒸し返され，告発者の発言やカヴァノーの反論などが詳細に連日テレビ中継され，世論は大きく揺れた。カヴァノーへの反発の背景に，ほぼ 30 年近く変わっていなかった連邦最高裁判所のイデオロギー的バランスが変わり，「5 対 4」で保守派が優勢になるというリベラル派の危機感があったことは否定できない。2020 年秋のルース・ベイダー・ギンズバーグ裁判官の急死によってトランプ大統領がバレットを任命したことで「保守 6・リベラル 3」の超保守的なイデオロギー的バランスとなった。バイデン政権にも，この最高裁の保守派とリベラル派のバランスが受け継がれている。そして 2022 年 6 月，人工妊娠中絶を憲法の権利と認めたロウ対ウェイド判決（1973 年）が覆されることとなり，州ごとに中絶の禁止が可能になった。

　控訴審裁判所も地方裁判所も最高裁と同じように裁判官に定年はない。最高裁（や控訴審，地裁）での保守系裁判官任命を通じ，トランプ大統領にとっては，自分の任期を大きく超え，「トランプ後の 30 年」までも見据えた永続的な「保守革命」を狙ってきた。この素早い任命の背景に，保守派法曹団体のフェデラリスト協会の影響力が欠かせなかった。フェデラリスト協会は裁判官任命以外の人事にも影響を与えている。例えば G. W. ブッシュ第 1 期のエネルギー長官だったスペンサー・エイブラハムはフェデラリスト協会の理事であった。

　リベラル派の法曹団体の活動も活発である。近年の民主党政権では，「アメリカン・コンステチューション・ソサエティ（ACS）」に所属する人物の任命が目立っている。ACS はオバマ政権時代のソニア・ソトマイヨール，エレーナ・ケイガンという 2 人のリベラル派の裁判官の任命にも関与した。また，同政権では ACS の理事の一人であるエリック・ホールダーを司法長官に任命し，司法省内の要人をリベラル派で固めようとする動きが顕著であった。同様の動きは，ホワイトハウスの法律顧問や司法省だけにとどまらず，他省庁にも及んでいた。

① 本章で論じた政治インフラと第4章で取り上げた利益団体との共通点と相違点は何だろうか。

② なぜアメリカで政治インフラが発達してきたのだろうか。日本と比較しながら考察しよう。

③ もしこのまま政治インフラが発達すると，どんなことが起こるだろうか。想像してみよう。

さらに学びたい人のために   Bookguide ●

久保文明編『アメリカ政治を支えるもの──政治的インフラストラクチャーの研究』日本国際問題研究所，2011年。

　財団やシンクタンク，法曹界，大学，メディア監視団体などのさまざまな政治インフラを分析し，アメリカ政治の中心アクターにどのような形で関連しているかを検証している。

宮田智之『アメリカ政治とシンクタンク──政治運動としての政策研究機関』東京大学出版会，2017年。

　政治インフラの代表格であるシンクタンクがアメリカの政治にいかなる影響を及ぼしてきたのかについて保守系シンクタンクを中心に分析している。

久保文明・東京財団現代アメリカプロジェクト編『ティーパーティ運動の研究──アメリカ保守主義の変容』NTT出版，2012年。

　ティーパーティ運動についてのさまざまな分析を集めた書籍。ティーパーティ運動が「草の根的」に起こったとされている一方で，各章を読むと，さまざまなアメリカ政治の政治インフラが関連していることが明確になる。

第 **7** 章

連邦議会

🎧 ウクライナの首都キーウをウォロディミル・ゼレンスキー大統領と歩く民主党のナンシー・ペロシ下院議長（2022年4月30日，ウクライナ・キーウ。写真提供：dpa/時事通信フォト）。

INTRODUCTION

　2022年4月，連邦議会のナンシー・ペロシ下院議長がロシアの侵攻下にあるウクライナを電撃訪問した。外交といえば大統領というイメージがあるかもしれないが，連邦議会は宣戦布告の権限をもち，上院が条約の批准を行うなど，対外政策とのつながりも深い。このウクライナ訪問の後には，約400億ドルの人道・軍事支援法案が成立している。本章では，あらゆる分野の政策形成に重要な役割を果たす，連邦議会の活動を検討する。

1 「第一の機関」としての連邦議会

▎連邦議会の役割と性格 ▎

連邦政府についての説明が，大統領でなく連邦議会（Congress）から始まるのは意外かもしれない。しかし，本書の冒頭でふれたように，大統領はアメリカ政治で一番目立つ個人であり，今日とくに外交では主導的役割を果たすものの，最も大きな権力をもつ機関は連邦議会だといってよい。合衆国憲法の第1編に規定された「第一の機関」である議会は，徴税や州をまたぐ通商の規制権限など，連邦政府のもつ憲法上の権限の大半を与えられている。内政と外交を問わず，本格的な政策の実現には立法が不可欠となる。

この点については，日本の国会も「国権の最高機関」とされている。とはいえ，大半の法案は官僚によって起草され，内閣の提出した法案がほぼそのままの形で通る。それに対してアメリカ連邦議会では，現代でこそ実質的に政権が起草した法案もあるとみられるものの，法案はすべて議員によって提出され，審議の過程で実質的な修正を経ないものは稀である。

議院内閣制と大統領制では立法府の位置づけが異なるため，日本の国会よりもアメリカの連邦議会のほうが重要というわけではない。しかし，連邦議会で法案の内容がどのように「変換」されるのかを理解せずに，アメリカの政策形成は語れない。国内外のさまざまな利益団体が連邦議会に働きかけを行うのも（→第4章），法律の中身がそこで実質的に決まるからである。連邦議会では議員たちの立法活動を支えるスタッフが充実しているだけでなく，議会調査局（CRS）や議会予算局（CBO）といった専属の調査機関も置かれている。

ただし，連邦議会は単独で立法するわけではない。権力分立制度の下で，政府の諸機関は統治のための権力を共有している。大統領は議会を通過した法案への拒否権をもち，関心のある政策については議会に積極的に働きかけるので，議会側もこれを無視できない。また連邦議会上院の議長は副大統領が兼務し，通常は議事に参加しないものの，本会議の採決が可否同数となった場合には票

を投じうる。民主・共和両党が50議席ずつを占めた2021年からの第117議会では、カマラ・ハリス副大統領が票を投じる場面が目立った。

立法過程の基本的特徴

　連邦議会は、上院（Senate）と下院（House of Representatives）からなる。二院制の議会では、所属議員の任期がより短く選挙区も小さいなど、国民との距離がより近い議院に大きな権限が与えられることが多い。日本でも、衆議院が参議院に優位する。

　ところが、アメリカではそうではない。20世紀初頭まで、大半の州で上院議員は直接選挙でなく、州議会によって選出されていた。任期が6年の上院議員に対して下院議員は2年で、選挙区も上院議員が州全体なのに対して大半の下院議員についてはより小規模にもかかわらず、上院の権限が大きい。両院は立法に関して対等だが、大統領の指名する行政官・裁判官の人事の承認や条約の批准といった一部の重要事項は、上院だけが担当する。逆に、下院だけがもつのは、税制等歳入にかかわる法案を先に審議する権限にすぎない。

　このように、よりエリート的な上院のほうが強い権限をもつのは、制憲者たちの大衆への不信感を反映している。今日、下院の定員が435名なのに対して、上院は50州から2名ずつの100名で、州全体を代表し人数も少ない上院議員の権威は下院議員よりもかなり大きい。それもあって、上院は下院と比べて規則に縛られず、柔軟な手続きで審議を進めるという特徴をもつ。なお、ワシントンDCやプエルトリコなどの連邦直轄領は、投票権をもたない代表を下院にのみ派遣している。

　法律の制定は、連邦議会の両院が同じ内容の法案をそれぞれ可決し、それに大統領が署名することでなされる。大統領が拒否権（veto power）を行使した場合でも、両院がそれぞれ3分の2以上の特別多数の賛成で再可決すれば法律となる。もっとも、とくに近年は二大政党の勢力が拮抗していることもあって、この要件を満たすのは容易でない。なお、連邦議会は同じく両院の3分の2以上の賛成で合衆国憲法の修正を発議でき、それを4分の3以上の州が批准すれば成立するが、その過程で大統領の関与は必要ない。

　いずれの議院でも、主な審議の場は政策分野別に多数設置されている委員会

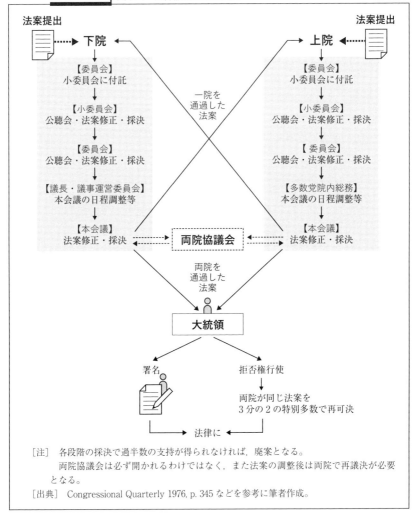

[注]　各段階の採決で過半数の支持が得られなければ，廃案となる。
　　　両院協議会は必ず開かれるわけではなく，また法案の調整後は両院で再議決が必要
　　となる。
[出典]　Congressional Quarterly 1976, p. 345 などを参考に筆者作成。

で，この分業と分権性が，連邦議会の重要な組織上の特徴である。そこで次に，委員会を軸とする審議過程の概要を検討しよう（図7.1）。ただし，連邦議会の議事には多くの規則と先例が複雑にかかわり，上院か下院か，審議の対象が法案，決議，人事の承認などのどれかによっても手続きに違いがある。そのため，以下は両院に概ね共通する，伝統的な法案審議を念頭に置いた解説となる。

委員会中心の審議過程

　現代の連邦議会の審議は，偶数年の11月に行われる選挙の翌年1月に始まる2年間の議会期を単位とし，これは下院議員の任期でもある。なお，連邦議会に解散の制度はない。ある法案は，提出された議会期中に成立しなければ，すべて廃案となる。法案は議員一人で提出でき，その中身はよく練られた長大なものから，個々の議員が政策的な意思表示のためだけに出す簡単なものまで，さまざまである。21世紀に入ってからは，1議会期あたり上下両院で実に1万本前後の法案が出されているが，法律になるのはそのうち数百本にすぎない。

　連邦議会では，予算案も法案として審議される。大統領は今日，政権の作成した予算要求を教書の形で提出する。議会側はそれを踏まえ，12の分野別の予算法案を作って審議するが，これは通常の法案と同様に修正されていくので，大統領の意向がそのまま通るわけではない。

　提出された法案は，政策分野別に設置され，少人数の議員で審議を行う委員会に付託される。そこで審議されるかどうかは委員長の判断次第で，この段階で大多数の法案がお蔵入りとなる。法案が取り上げられると，利害当事者や関連分野の専門家といった関係者から意見を聞く公聴会を開くなどして，法案の内容が修正されていく。今日では，委員会の下にさらに細かく分野別に設置された小委員会に法案が付託されて審議されるのが普通である。委員会，小委員会ともに，法案の採否は所属議員の多数決で決まる。

　委員会で可決された法案は，報告書とともに本会議に提出される。しかし，多くの委員会から法案が上がってくるため，上院では多数党の指導部のトップである多数党院内総務（Majority Leader）が，下院では委員会の一つである議事運営委員会（Committee on Rules）が下院議長（Speaker）と協議しつつ，修正を認めるかどうかや審議日程など，本会議での審議の方法を決める。

　日本など他の先進国と比較したとき，連邦議会の審議過程の重大な特徴の一つは，政党内の規律が弱く，委員会でも本会議でも個々の議員が自律的に投票するなど，採決に向けた多数派の形成が法案ごとに行われることにある。本会議ですべての議員が所属政党ごとにまとまって投票することは，二大政党がイデオロギー的に分極化した今日でも例外的である。そのため，最後の一票が法

案の行方を左右することもめずらしくない。法案の推進派は，必要な票を得るために法案そのものの修正や，次の選挙での支援などをもちかけることもある。

ただし，本会議に上がった法案は，従来は大きな修正を経ずに成立することが多かった。委員会審議の段階で，本会議の多数派の支持を得られるよう法案の内容が調整されているのに加え，委員会同士が互いの政策的な「縄張り」を尊重するからとみられる。なお，両院で異なる内容の法案が可決した場合には，双方から代表を出して両院協議会が組織されてすり合わせが行われ，両院であらためて採決されることもあるが，近年は開催が減っている。

┃ 特別多数ルールの意義 ┃

法案等の成否は，本会議での多数決で決まるものの，過半数ぎりぎりで通るものは多くない。それは，過半数を超える賛成票を要求する規則が別に存在するからである。そこからくる連邦議会の重要な特徴の一つに，少数派が法案等を通そうとする多数派に待ったをかけやすいということがある。

まず法案審議について，両院に関係するルールとして大統領の拒否権がある。ある法案に大統領が反対している場合は，それを過半数ぎりぎりの支持しか得られない内容で可決しても，拒否権を行使され，それを乗り越えられずに廃案になるのが目に見えている。そのため，大統領が支持できるか，両院で3分の2以上の特別多数の賛成を得られるような内容に修正されていき，いずれの場合でもぎりぎりの過半数による可決は少なくなる（→第8章）。

次に上院限定だが，重要な特別多数ルールとしてフィリバスターがある。これは，上院の本会議で議員の発言時間に制限が設けられていないことを利用して，演説を延々と続けることで望まない採決がなされるのを阻む議事妨害を指す。今日，フィリバスターは審議打ち切り動議を可決することで止められるが，それには60名の特別多数の賛成を要する。つまり，上院ではそもそも60名以上の議員の賛成がないと法案等が最終の採決までたどりつけないため，その後の可決時にもぎりぎりの過半数となる場合が少なくなるのである。

記録では，最長で約25時間に及ぶフィリバスターが行われたこともあるが，今日では多数党院内総務の取りしきる議事の進行を，60名の賛成が得られるまで止めるものになっている。二大政党のイデオロギー的分極化が進むにつれ，

フィリバスターの行使は急増してきた。なお，フィリバスターの対象は法案に限られないが，2013 年には最高裁判所の裁判官を除く政治任用人事の承認についての行使が禁じられ，17 年以降は最高裁の人事についても使えなくなっているなど，例外もある。

　議会内の少数派は，こうしたルールを活用して多数派から妥協を引き出しやすい一方，両者の折り合いがつかないと膠着状態（グリッドロック）に陥ることとなる（Krehbiel 1998）。アメリカは二大政党制なので，多数党主導で政策が形成されると思うかもしれない。第 3 節でみるように，そうした面もあるものの，政党の規律が弱いうえ，決定に特別多数の賛成を要する手続きがあるため，多数決主義的な運営がなされにくい。したがって，立法過程を理解するには，個々の議員がどう行動するかまで考慮する必要がある。

自律的な議員たちによる政策形成

┃ 議員の自律性と選挙区との関係 ┃

　連邦議会は分権性を特徴としているが，それは議員についてもいえる。連邦議会における立法過程の最大の特徴は，議員個々人がきわめて自律的に行動するところにあるといってよい。連邦議会では，上院民主党，下院共和党というように，各院内で政党ごとに議員が組織化されており，これを議会内政党と呼ぶ。日本の国会議員は，法案の採決では所属政党の決定に従って投票するのが普通である。それに対して，連邦議会の議員は自分の判断で法案を提出し，どの段階の採決でも所属政党の指導部に従う必要がない。

　連邦議会における政党規律の弱さは，議員たちの選ばれ方からくる。日本などでは，政党の執行部が選挙での候補者の公認権や選挙資金などの資源を握っており，党の所属議員が指示に逆らったならば次の選挙で公認を与えない，といった脅しが常に効いている。それに対してアメリカでは，党の候補者選出が予備選挙で行われ，選挙戦も候補者を中心に進むため，当選後も議員は党に従う必要性をほとんど感じずにすむ。なお，議員たちは政策的関心などに基づき

各種の議員連盟（コーカスという）を組織するが，これも多くは議員の行動を拘束するものではない（→第**3**章）。

　議員は党に拘束されないものの，好き勝手に行動できるわけではない。大半の議員は議会でキャリアを重ねることを望んでおり，そのためには再選され続けなければならない。それには地元選挙区の有権者に支持される必要があり，これが議員にとって至上命題となる。選挙区民に嫌われるくらいなら，議員は所属政党の大勢にも反対する。例えば，2021年からの第117議会で，民主党はぎりぎり上院の多数派を占めたが，党内でもジョー・マンチン上院議員ら少数の中道寄りの議員による反対で，バイデン政権の推進する重要立法がいくつも路線修正を余儀なくされた。

　こうした事情から，連邦議会の研究では，議員が再選をめざして戦略的に行動すると仮定して議論を組み立てるのが基本で，本書もその立場をとる。こう述べると，政治家を市民を顧みない権力の亡者として扱っていると思うかもしれないが，そうではない。

　例えば，議会研究者のフェノーは，再選に加えて望ましい公共政策の実現や，議会内での出世も議員の目標だとする（Fenno 1973）。議員にはそれぞれ，選挙区や国のために実現したい政策があるだろう。しかし，ある議員は何百人もいる議員の一人にすぎない。また，政策の実現には手間暇がかかるため，長く選挙区や国に貢献したいと思えば再選され続けなければならない。再選は，多様な政策目標をもつ多数の議員が共通に追求する中心的目標なので，それに注目するのが議員の行動様式を一般的な形で検討するのに好都合といえる。

再選をめざす議員の行動様式

　では，再選されたい議員は何をするのだろうか。政治学者のデイヴィッド・メイヒューは，その議会研究の古典で，議員が選挙区民や資金提供者といった，再選を勝ち取るのに助けとなる主体に対して，3つのことを行うと述べる。第1は「立場表明」で，彼らの意向に沿うような政治的，政策的立場を表明することを指す。第2は「功績の主張」で，議会における自らの政策的成果をアピールすることである。そして第3は「宣伝」であり，専門知識や経歴を強調するなど，上の2つ以外の形で自分を売り込むことを指す（メイヒュー 2013）。

議員たちがこれらの活動を重視するという考えは広く受け入れられており，中でも功績の主張が理論的に注目されてきた。立場表明や宣伝は個人としての意思表示なので，現職議員でなくとも行える。他方で，功績の主張は連邦議会という〈組織〉の活動成果（の一部）が，ある議員〈個人〉の業績だと主張することである。しかし，議員は大勢いるから，自らの一票で法案の成否が決まったのでもなければ，立法を自分の功績と認めてもらえないように思われる。

　では，功績の主張はどのように行えばよいのだろうか。例えば，予算法案の審議で地元選挙区向けの助成金を勝ち取った，ということであれば，他の選挙区の議員はしようとしないだろうから，本人の功績と認められやすい。日本と同様，アメリカでも議員たちが選挙区への利益誘導に熱心なのは，そのためであろう。しかし，これだけしか功績を主張する方法がないのならば，議員たちは選挙区のことばかり考えて，国全体の問題を顧みないかもしれない。ところが，議員たちは選挙区の利害を超えた大規模な立法についても，あの手この手で功績の主張を行っている。

　それを可能にしているのが，ここまでみてきた連邦議会の分業構造である。本会議での採決において，ある議員は多数の中の一人にすぎない。しかし，法案等がそこにたどりつくまでには，委員会や小委員会といった少人数での審議と採決があり，個々の議員が法案の内容や成否に実質的な影響を及ぼせる。それによって，選挙区の利害を超えた大きな問題を扱っていても，自らの功績として主張することができ，それが近年でも下院で9割以上，上院でも8割以上という現職議員の高い再選率につながっているとみられる。

利益団体による働きかけ

　このように，個々の議員は法案の内容を左右しうるうえに，本会議でも自主的に投票する。政策形成過程に働きかけたい政府外のアクター（主体）にとって，法案ごとに多数派形成が行われ，比較的容易に接触できる議員個々人が影響力をもっているのは都合がよい。アメリカで利益団体政治が活発なのは，ここに一因がある。連邦議会では，利益団体の指導者や，利益団体に雇われたロビイストが，議員などの議会関係者に立法について働きかけ，説得を試みるロビイングが盛んである（→第4章）。

政府関係者に要望を伝えること（請願）は，憲法上も権利として認められている。利益団体による働きかけは，直接のロビイングに限られない。まず影響を与えたい議員の選挙区民に電話などで働きかけ，選挙民から議員に接触し圧力をかけてもらうグラスルーツ・ロビイングなど，議員への間接的な働きかけも広く行われる。議員に選挙資金を献金するのも，重要である。ただし，議員は特定の利害とつながっているイメージを嫌うし，多くの組織や個人から多額の献金を受けるので，献金した特定の主体の思い通りに行動するわけではない。

　なお，腐敗を防止するために，法的に認められた献金以外の，議員個人への贈り物や接待などは厳格に規制されている。いくら憲法上の権利といっても，議員の収賄等が問題になりうるなら，利益団体による働きかけは禁じたほうがよいと思うかもしれない。しかし，ロビイングを通じて社会全体に役立つ専門的知見やアイディアがもたらされることも少なくなく，議会が利害関係者の意向を把握することは政策の質を向上させるのに有益と考えられている（Esterling 2004）。

　ロビイストの活用や献金は，あくまでも議員に接近する手段で，本当に物をいうのは利益団体からの情報の中身といえる。議員に加え，議員・委員会のスタッフを相手にロビイングが行われ，また情報しか提供しないシンクタンクが政策的影響力をもちうることは，ロビイングの主眼が政策当事者の説得にあることをよく示している。

┃ 委員会審議の意義 ┃

　大勢いる議員の中でも，利益団体が働きかけに際してとりわけ重視するのが，関係する政策分野を扱う委員会に所属する議員である。それは，こうした議員たちが関連法案について最も知識，関心，そして影響力をもつためである。政策分野別の委員会は，連邦議会が多くの法案を効率的に処理するのに不可欠であるが，それ以外に立法過程で3つの決定的に重要な役割を果たすと考えられている。

　第1に，それぞれの委員会は所属する議員が選挙区や支援者への功績の獲得をめざす「分捕り政治」の場となる。委員会は大きいものでも数十名規模だから，そこでの審議は，法案の内容や成否に影響を与えて手柄にしたい議員にと

って勝負所である。所属できる委員会の数には制限があるため，財政や外交といった重要分野を扱う花形委員会が議員たちの人気を集めるが，農業やエネルギーといった特定分野にかかわる委員会も，選挙区との関連が深い議員にとって好都合となる。

　第2に，委員会は担当の政策分野について専門知識を活用して審議を行い，付託された法案のうち，本会議での審議に値する法案だけを通す「門番」でもあり，報告書を通して本会議に助言を行う。委員会では，委員の多くが長期にわたって所属し，功績を上げようとする中で，進んで専門知識を身につけていくし，関連分野の専門家がスタッフとして在籍している。

　また委員会の人員構成は，ある程度まで本会議の縮図になるよう工夫されているとされる。もし委員会が，専門知識はあっても管轄する分野について極端な考えをもつ議員ばかりで構成されていると，本会議に上程されれば通るはずの法案が廃案になったり，逆にそのままでは本会議で支持されない法案が上程されたりしてしまい，大修正が必要になったり否決されたりして，立法上の効率が悪いからである（Krehbiel 1991）。

　第3に，委員会は院内の多数党が議事のコントロールを通じて立法に影響を与える場となっている。実は，各院で議員がどの委員会に配属されるかを決めるのは，その議員が所属する議会内政党の指導部である。また，院内の多数党はすべての委員会および小委員会で多数派を占め，委員長職を握る。そのため，多数党は委員会の支配を通じて，立法の流れをかなりの程度左右できるとみられる。そこで次に，この点を含め，議会内政党の役割を検討しよう。

 # 3　議会内政党の意義

┃議会内政党の構成と目標┃

　本章ではここまで，議会内政党の弱さを強調してきたので，今さらその役割といっても腑に落ちないかもしれない。しかし，議会内の政党組織は議員の行動を直接統制する力こそ弱いものの，多数党に限っては議員がどんな法案を審

議するかを決めるという議題設定の面でかなり強力である。議会内政党の権力は，このように一見して明らかでない形で行使されるところに特徴がある。

　議会内政党の最もはっきりとした役割で，権力の源泉となっているのが，所属議員に対する人事である。新しい議会期に向けて，両院では各政党がそれぞれ院内総務や院内幹事といった党内の役職を，所属議員による選挙で選出する。下院の多数党は同様にして議長を選ぶが，下院議長は院内多数党の指導者を兼ね，とくに議事運営委員会に対して大きな影響力をもつ。こうして形成される院内の政党指導部は，各議員の希望も勘案して各委員会の配属人事を行う。ただし，再選された議員は，本人が希望すればそれまでと同じ委員会に残れる。

　各委員会には，政党ごとにその委員会での連続在籍期間に基づく議員間の序列があり，これは先任者優先制（seniority system）と呼ばれる。近年，とくに下院では崩れがちであるものの，多数党の序列第１位の議員が委員長となるのが慣例で，委員長たちも議会内政党の指導部に含まれる。議員たちは再選されると，序列が下がっても他の委員会に移る希望を出すか，同じ委員会に残って地位を高めるかを判断することになる。

　委員長をはじめとする委員会人事や下院議長といった院内の役職は，各党内での人選後，議院全体での議決で確定するが，この投票は，例外的に各政党がまとまる機会となる。そこで決まる役職は，審議過程のさまざまな段階で法案等の生殺与奪の権をもつ。議会内政党の指導部は所属議員の投票行動を統制できないので，望む法案を積極的に通すのは難しい。それでも多数党であれば，委員会審議など本会議の手前の段階で，望まない法案を廃案にすることは容易なのである（Cox and McCubbins 2005）。

　議院内の多数党は，議事手続きの支配を通じて院内の議題（アジェンダ）を統制でき，この力はアジェンダ権力（agenda power）と呼ばれる。厳格な規則に従って審議が進む下院に比べると，個々の議員に大きな権限が与えられ，手続き的にもより柔軟な上院では，多数党のアジェンダ権力が弱い。それでも，審議過程に大きな影響力をもつことには変わりない。

議会内政党の存在意義

　では，議員たちはそもそもなぜ政党指導部を選び，権力を委ねるのだろうか。

そして，その権力はどのように使われるのだろうか。

議会内政党は，個々の議員にはできない仕方で所属議員の再選可能性を高めようとする，議員たちの協同組合あるいはカルテルの性格をもつとみられている。具体的には，大きく2つの役割を果たす。第1は，立法を通じて党の評判を高めることである。今日の選挙は，「候補者中心」で戦われる（→第3章）。とはいえ政党は，有権者が投票する際のきわめて重要な判断材料なので，ある党のイメージが向上すれば，次の選挙で再選をめざす所属議員や新人候補の全体に恩恵が及ぶと考えられる。

そのために，政党指導部は2つのことをするとみられる。まず，政党指導部は個々の議員が自らの再選に気をとられて考える余裕のない，国全体にかかわる，あるいは長期的な重要課題について立法化を試み，党全体の評価を高めようとする。

そのうえで，多数党の指導部は審議過程を通じて，自党の多くの議員が好むような法案を残し，逆に少数党議員ばかりが好む法案は廃案にするという形でアジェンダ権力を行使する。本会議に上程される法案が多数党議員の好むものばかりになれば，所属議員の投票行動を左右できなくとも，そこで可決される法案も多数党議員好みのものだけになるので，それらを党全体の成果としてアピールできるというわけである。

議会内政党の第2の役割は，次の選挙で個々の所属議員や新人候補の当選の可能性を高めることである。接戦の選挙区出身だったり，強い挑戦者の登場が予想されたりと，ある議員が再選されるのにより大きな功績を要する場合，政党指導部は委員会人事や予算案の審議などで優遇措置をとることがあるとされる。こうして個々の議員に貸しを作っておけば，その議員が投票に際して指導部に協力的になるという副次的効果も期待できる。また，各議会内政党には選挙対策委員会が設けられており，所属議員や勝ちが見込める新人候補に選挙資金の斡旋などのサポートが行われる。

特定議員の優遇や新人候補への支援は，他の党所属議員の利益にならない「えこひいき」ではない。議会内政党の目標は，一言でいえば「次の選挙における自党の獲得議席数の最大化」である。院内の多数党に属しているか否かで議員の立法過程への影響力は大きく違ってくるので，党の獲得議席を増やすこ

とは功績，ひいては再選を求める個々の所属議員の利益になる。ただ，個々の議員に自党を多数党化する力はないため，政党指導部が代わって行動するのである。指導部の議員にしても，党全体のために活動することで大きな権力と知名度が得られ，自らの再選やめざす政策の実現も容易になる（Cox and McCubbins 2007）。

二大政党のイデオロギー的分極化と議会内政党の変化

　20世紀後半から進んだ二大政党のイデオロギー的な分極化は，まず連邦議会について注目されるようになり，個々の議員と議会内政党のいずれにも大きな変化をもたらしている（→第2章）。本会議での投票行動をみると，共和党と民主党の議員がそれぞれ総じてより保守的，リベラルになっている。図7.2は，議員の本会議での投票行動を基に推定された，イデオロギー的立ち位置を示すDW-NOMINATE スコア（経済についての第1次元）を用いて示したものである。とくに，共和党の変化が大きいことがわかる。また，両党の党内で議員の投票行動が似通ってきており，二大政党間のイデオロギー距離の増大と各党内の凝集化がともに進んでいる。それに，南部の民主党議員がリベラルになってきている（Poole and Rosenthal 2017）。

　分極化は，議会内政党のあり方も変えつつある。特筆すべきは，党内の議員の選好が凝集化したために，議員たちからみて自党の指導部と考え方が近くなったことである。それにより，以前よりも多くの事項について指導部に委任がなされるようになり，政党指導部の影響力が大きくなってきている。個々の議員はすべての政策に通じているわけでも関心があるわけでもないので，採決時にどう投票すべきか判断に困る場合もある。指導部を信頼してそれに合わせて投票する頻度が増え，指導部を軸に本会議での党内のまとまりも強化されるといった副次的効果も生じうる。

　二大政党のイデオロギー的分極化という条件が満たされることで，議会内政党の指導部が立法過程上の存在感を増すというこの考えは，条件付き政党政府論と呼ばれている（Aldrich and Rohde 2000）。1994年の中間選挙で躍進した下院共和党が，選挙前に共和党下院議員候補者の大半が署名した保守的な内容の公約集「アメリカとの契約」に基づいて，ギングリッチ議長ら指導部の下で積

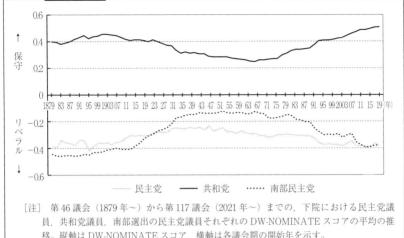

[注]　第46議会 (1879年〜) から第117議会 (2021年〜) までの, 下院における民主党議員, 共和党議員, 南部選出の民主党議員それぞれの DW-NOMINATE スコアの平均の推移。縦軸は DW-NOMINATE スコア, 横軸は各議会期の開始年を示す。
[出典]　Voteview.com のデータを基に筆者作成。

極的に立法化を試みたのは, その好例である。

　もっとも, 分極化と歩調を合わせて議会内政党内の団結まで強くなってきたかといえば, そう単純ではない。同じ保守, リベラルといっても, 党内の議員たちの具体的な政策的関心は異なる。党内の凝集性が強まったとはいえ, 党指導部が所属議員に特定の行動を強制できないことは変わりなく, 党全体で一貫した政策方針を追求するのは依然として困難である。

　それがよく表れたのが, 共和党内のティーパーティ系議員たちの行動である。2009年に組織化が始まった草の根の保守運動に支援された彼らは, 2010年の初当選以降, 財政を中心に「小さな政府」の実現を強硬に主張したことで, 党指導部が進めようとする民主党との妥協がしばしば困難になった。その結果, 2013年には予算関連法案が成立せず, 政府が一時的に部分閉鎖された。2015年には, 彼らへの対応に苦慮した共和党選出のジョン・ベイナー下院議長が議員辞職する事態にまで発展している。

立法過程の変化

　それでは, 各党内のこうした変化は立法過程にどう影響しているのだろうか。

分極化する前の連邦議会では，委員長と少数党の序列第1位の議員が協力して委員会を運営することもめずらしくなかった。それは，二大政党間で議員の選好の重なりが大きく，同じ政策分野に関心をもつという共通性もあったからである。ところが分極化が進んだ今日，本会議での投票行動でみると，両党の間にはイデオロギー的な重なりがほぼなくなっている。両党の過半数の議員が互いに対立する立場で投票した採決を「政党結束投票」と呼ぶ。政党結束投票は，1970年代には全体の3割程度にすぎなかったのが，2010年代以降は7割以上になっている。ここにも，対立の拡大が表れている。

　その結果，両党は対決姿勢を強めている。多数党の指導部は，審議の各段階で自党議員の多くが好む法案以外を振り落とそうとする。これ自体は分極化が進む前からそうであるが，かつては多数党と少数党で今日ほど選好が違わなかったので，少数党側が割を食う度合いは小さかった。ところが，今日では多数党議員だけが好む法案ばかりが本会議に上るようになっている。他方，二大政党の勢力は拮抗しているので，少数党側は先に述べた特別多数ルールを用いて抵抗する。立法過程などが以前より膠着するようになったのは，その影響もあるとみられる。

　多数党側もこれに対抗し，すでにみたように上院では民主党多数の2013年に，そして共和党多数の2017年に，相次いで政治任用人事の承認についてフィリバスターが制限された。本書の執筆時点では実現していないが，その後もフィリバスターの使用に関するさらなる制限がたびたび検討されている。

　また21世紀に入る頃から，多数党指導部のアジェンダ権力の使い方に変化が生じている。それまでは，多数党議員が好まない法案を排除するという意味で否定的な使い方に限られたのが，近年は多数党が重視する一部の重要法案について，多数党の指導部がその内容と審議手続き全体を管理して，積極的に成立をめざすことが出てきた。委員会の審議に関与するだけでなく，委員会審議を省き，指導部主導で法案をとりまとめて本会議に提出し，本会議で修正の提案を認めず採決するといったことまで行われる（Sinclair 2016）。近年は，提出法案のうち法律になる割合が減っている一方で，成立した法案の長さの合計はむしろ増えているが，それはこうした一部の重要法案の成立によるところが大きい。

分極化によって，審議過程における政党の存在感が増しているのは間違いない。もっとも，二大政党は互いの主張に声高に反対する程度にはイデオロギー的な距離が離れているが，多数党の議員たちも一丸となって立法を進められるほど団結しているわけではない。連邦議会の制度は，多数派がまとまって政策を推進するよりも，少数派がそれを妨害するのが容易なようにできている。次の選挙でどちらが多数党になるかわからない拮抗した状況下で，両党が互いの足を引っ張って政策的実績を上げさせないように振る舞っている現状では，全体として「決められない政治」の克服の見通しは立っていない。

EXERCISE ●演習問題

① 連邦議会の議員が再選のみをめざす主体であるという仮定から，議会の制度や議会内政党のあり方をどこまで説明できるだろうか。

② 二大政党のイデオロギー的分極化は，立法過程をどのように変えたといえるだろうか。

③ 各種の委員会は，立法過程においてどんな役割を果たしているだろうか。

さらに学びたい人のために | Bookguide ●

待鳥聡史『〈代表〉と〈統治〉のアメリカ政治』講談社選書メチエ，2009年。
　　二大政党のイデオロギー的分極化が進んだ 1980 年代以降から 21 世紀初頭について，下院共和党を軸に議会内政党の活動を描き出す。

松本俊太『アメリカ大統領は分極化した議会で何ができるか』ミネルヴァ書房，2017年。
　　二大政党が分極化した連邦議会に，大統領がどのように働きかけ，それが立法の帰趨をどう左右するのかを分析した本格的な研究。

デイヴィッド・メイヒュー／岡山裕訳『アメリカ連邦議会──選挙とのつながりで』勁草書房，2013年。
　　議員が再選のみをめざすという仮定に基づいて，合理的選択論の観点から連邦議会の組織と活動を体系的に説明した古典的研究。

第**8**章

大 統 領

🎧銃購入の規制強化の命令を発表し，その演説中に涙を流すオバマ大統
領（2016年1月5日，ワシントンDC。写真提供：ABACA PRESS/
時事通信フォト）。

INTRODUCTION

　オバマ大統領は2013年1月，多数の死傷者を出した前年末の小学校での
銃乱射事件を受けて行った演説で，新たな銃規制の立法の必要を訴え，規制強
化の大統領令に署名した。世論の多数派も一定の規制強化を支持していたが，
出された複数の法案は廃案に終わり，オバマはその後も命令で銃規制を強化し
た。大統領が，悲惨な事件を踏まえて訴えても政策が実現しないのはなぜなの
だろうか。本章では，大統領の権力のあり方を，その限界とともに検討する。

1 実は権力の限られる大統領

▌大統領の分析の難しさ ▌

　アメリカの大統領選挙には，すでに成功した人々が数多く名乗りを上げる。彼らは多大な時間，労力，そしてカネを使って選挙戦を戦い，マスメディアに公私にわたり生活を暴かれ，対立陣営から中傷され，一人を除いて全員敗北する。当選しても，国の命運を左右する判断を下し続ける重圧が加わり，ストレスから早く老け込む。成果を上げれば歴史に名が残るものの，スキャンダルや失政を犯せば後ろ指を指され続ける。大統領は，なるのも務めるのも大変な役職である。

　以上はある程度まで他の公職にもいえるが，大統領の場合は離任すると政治の第一線を退くという不文律がある。大統領になるとは，1期なら4年，2期でも8年の間，絶大な影響力を獲得するのと引き換えに，残りの政治生命をなげうつことを意味する。そのため，議員のように「政治的な生き残りをめざす」という仮定は大統領に当てはまらない。1期目の大統領は多分に再選を意識して行動するものの，リスクを冒してでも実現したい政策を前面に出すことはめずらしくない。再選のない2期目には，さらにその傾向が強まる。

　多数の議員からなる議会と違い，大統領は一人しかおらず，イメージも湧きやすい。しかし，初代のワシントンから2021年に就任した第46代のバイデンまで大統領は45名しかおらず，いずれ劣らぬ強烈な個性をもつので，彼らについて一般的に論じるのは容易でない。かつては，心理学なども参照しながら，大統領のリーダーシップのスタイルを分類して説明するのが定番だったが，限界があった。

　それに対して，近年は大統領個人でなく，立法への拒否権の行使や世論へのアピールといった，大統領の個々の行動を単位にその態様が検討され，また政治状況が大統領に与える影響が強調される。そこからは，大きく異なる個性をもつと思われる大統領の間にも，多くの共通項があることがわかってきている。

以下本章は，こうした研究成果も参照しながら，大統領の活動について検討していく。

　その際注意を要するのは，大きな野心をもち期待を寄せられるアメリカの大統領といえども，決して思い通りに政治を動かせるわけではなく，他国の大統領や首相と比べても，権力基盤が脆弱(ぜいじゃく)なことである。この点を，次にみてみよう。

アメリカ大統領の脆弱な権力基盤

　アメリカの大統領は，しばしば「世界最強の権力者」だといわれる。それは，アメリカの国力からすれば，おそらく間違いではない。しかし，国内政治に着目すると，アメリカ大統領の権力は多くの国の大統領や首相に比べて限定的である。そのことは憲法上の位置づけと，政党との関係という2つの側面によく表れている（Shugart and Carey 1992）。

　まず憲法上，連邦政府の権限の大半は合衆国憲法第1編で連邦議会に与えられている。それに対して，第2編では大統領が「執行権（executive power）」をもつとされる。これはいかにも強力そうに響くが，実のところ具体的に何を含むのかが明らかでないと考えられている。他に大統領は条約の締結，行政官や裁判官の指名と任命，立法への拒否権といった権限を与えられ，軍の最高司令官と位置づけられているものの，包括的な権限とはいえない。建国の英雄ワシントンを初代とする大統領は，絶大な権威をもつものの，権限はかなり限定されている。

　制憲者たちは，力のある執行長官の必要性を意識しながらも，君主制の再来を危惧していた。先例のないところで，共和制にふさわしい執行長官の役割を過不足なく具体的に規定するのは難しく，結局「執行権」という抽象的な文言を盛り込むにとどまった。その後，ラテンアメリカ諸国をはじめ多くの国で大統領制が導入されていったが，そこでは法案の提出権などの権限が与えられたり，のちに追加されていったりした。それに対して，アメリカでは憲法の条文上，大統領の権限がほとんど変化していない。

　憲法上の権限が限られていても，執行長官が大きな影響力を行使できる場合はある。一般に，議院内閣制の首相は大統領制の大統領よりも大きな権力をも

つとされる。それは，大統領制の場合は議会が大統領に協力的な党派に支配されるとは限らないのに対して，議院内閣制の首相はほぼ常に議会の多数派の指導者だからである。それでも，大統領が議会で有力な政党の正式な指導者であるような場合には，所属政党を通じて，ある程度影響を与えられる。ところが，アメリカでは大統領が所属政党で特段の地位をもたず，前章でみたように，そもそも議会内の政党規律が弱いので，この点でも影響力は限られる。

　権力が限定される一方で，アメリカでは，大統領が任期中にその地位を脅かされることは稀である。議院内閣制では，議会が内閣に対する不信任案を成立させることで，首相に辞職を迫ることのできる場合が多い。アメリカでも，大統領が問題ある行動をとったときの対抗手段として，憲法上は連邦議会による弾劾手続が憲法で用意されている。大統領など連邦政府の文民公務員は，議会下院の過半数の賛成で訴追されると，上院で弾劾裁判にかけられ，3分の2以上の議員が賛成すれば有罪となり罷免される。

　しかし，有罪評決のハードルの高さに加え，何が弾劾の要件である「反逆罪，収賄罪又はその他の重罪及び軽罪」に当たるのかも合意がない。議会が大統領を安易に罷免してしまうと，権力分立が損なわれるという見方も強く，これまで罷免の例はない。1972年のウォーターゲート事件をきっかけとしたニクソン大統領弾劾の動きは，下院で弾劾決議が採択される前に大統領が辞任して幕引きとなった。他方，1868年のアンドルー・ジョンソン，1998年からのビル・クリントン，そして2019年と21年のトランプに対する事例は，いずれも上院で無罪評決に終わっている。

▌主導権を握る大統領へ▐

　先に述べたような事情のため，19世紀までの大統領は主に官庁による法の執行を監督する，今日と比べれば控え目な存在であった。権限が弱いだけでなく，当時は党の正式な候補としての選出と選挙戦の両面で，所属政党に全面的に依存していた。そのため，当選後も所属政党の有力指導者，とくに連邦議会の議員たちに頭が上がらなかったのである。革命指導者でもあった1820年代までの大統領たちや，南北戦争を主導したリンカンといった例外を除き，19世紀の大統領の知名度が全体に低いのは，こうした事情による。

大統領がその後，アメリカ政治の主導権を握るようになっていったのは，大統領の管轄する領域の重要性が増し，大統領に対する「需要」が増えたためである。20世紀に入る頃から，アメリカの対外的関与が大きく拡大した。また内政面でも，政策の執行に当たる行政機関が大きな裁量をもち，立法を提案するなどして主導権を発揮する行政国家化が進んだ。その結果，アメリカを対外的に代表し，行政官の人事を握る大統領の役割が大きくなったのである。

　とくに，1929年からの大恐慌に際して打つ手を欠いた州政府や連邦議会に代わって，33年からのF. D. ローズヴェルト政権が一連のニューディール政策を迅速に策定し執行したことが画期とされる。これ以降，大統領には政策執行の指揮に加え，新たな政策課題とそれへの対応策を提示する役割が期待されるようになった。それまでの大統領と異なり，政治の主導権を握る「現代型大統領制（modern presidency）」が登場したとされる。この時期には，大統領の手足となって，その意思決定を支える大統領府も設置された。以後，大統領職は個人から，こうしたスタッフと一体で多種多様な役割を果たす「機関としての大統領」へ変貌したとされる（→第10章）。

　対外的には冷戦，内政上は社会経済への連邦政府の関与が頂点に達した1960年代から70年代にかけては，大統領が他の機関を軽んじて独断専行する傾向が強まり，「帝王的大統領」が出現したとまでいわれた（Schlesinger 1973）。しかし，ニクソン大統領がウォーターゲート事件を受けて1974年に辞任したことで，その勢いは止まったとされる。

　とくに20世紀半ば以降，大統領の影響力を強める2つの重要な変化が生じている。第1に，マスメディアの活用が本格化したことで，ラジオに加えてテレビ，そして21世紀にはインターネットと，大統領が直接国民にアピールするのがより容易になった。また科学的な世論調査の活用が増え，政権が世論調査会社に依頼して各種の調査を行い，国民の政治的態度を把握して，方針の決定に活用できるようにもなっている。

　第2に，所属政党との力関係が変化した。1970年代以降は，大統領候補の選出についても予備選挙の実施が本格化し，選挙が「候補者中心」の性格を強めていった（→第3章）。それによって，大統領候補の所属政党に対する依存度が低下し，むしろ全国党綱領の策定をはじめ所属政党の選挙戦に影響力を与え

るようになっている。

　このように所属政党からの自律性をさらに強め，マスメディアを活用して有権者と直接つながるようになった20世紀末からの大統領は，「ポスト現代〈モダン〉型」になったといわれることもある。共和党の外から登場し，エリートを敵視して大衆と無媒介に結びつこうとする，ポピュリスト的なアピールで大統領になったトランプは，その究極の姿といえよう。とはいえ，それによって大統領の権力基盤が大幅に強まったとまではいえない。では，今日の大統領はどのように，市民からの大きな期待と自らのもつ限られた権力のギャップを克服し，目標を達成しようとするのだろうか。

 ## 2　大統領による権力行使

▎「世話役」としての大統領 ▎

　連邦政府の三権のうち，議会は立法，司法は裁判が主な仕事である。それに対して，大統領には定型的な役割がなく，法律や判決のような，社会全体に通用する命令も単独では出せない。こうした状況下で，大統領が政策を実現する方法については，長年支持されてきた答えがあった。何人もの大統領の助言役を務めた政治学者のリチャード・ニュースタッドによれば，大統領の権力は「説得する力」である。権限も弱く，所属政党との結び付きも弱い大統領は，他の主体に何かを強制できない。そのため，政策目標を実現するには働きかけや取引によって相手の立場を変えさせる，つまり説得するほかなく，説得スキルの巧拙が政権の成否を左右するとされた（Neustadt 1990）。

　この見方は，それこそ説得的に響くかもしれないが，近年限界が指摘されている。それは，大統領は「説得する力」すら大してもたないというものである。ここでは大統領が説得する相手として，連邦議会議員や閣僚などの政策当事者が想定されている。しかし，彼ら政治のプロは，政策について自分で態度を決め，大統領の働きかけ程度で翻意することはまずない。また国民の多くも，一部の態度を決めかねている人々を除けば，大統領の演説などで政策的立場を変

えることはほとんどないことが明らかになっている。

　では，他の主体を強制も説得もできないのなら，大統領は万事休すなのだろうか。大統領研究の第一人者であるジョージ・エドワーズ３世は，大統領権力の源は別のところにあるという。大統領が，ある政策の中身について他者の考えを変えることは難しい。しかし，大統領はアメリカで最も目立つアクター（主体）で，そもそもどんな政策課題（アジェンダ）が取り上げられるか，つまり政治全体のアジェンダ設定に絶大な影響力をもつ。そのため，もともと他の政策当事者や国民の多くが自分と立場を共有するような争点を取り上げて政策変化を促せば，説得などできなくても目標を達せられるはずである（Edwards 2016）。

　ここで大統領の役回りは，抵抗を排して強引にでも自分の政策目標を実現しようとするものでなく，無数の政策の中から自らの立場が広範に支持されるであろう政策の重要性をアピールし，その実現に向けて諸主体の調整に当たる「世話役（facilitator）」とされる。そこでは，大統領が状況を適切に把握して戦略的に立ち回れるかが政権の成否を分けることになる。この理屈は，前章でみた議会内多数党のアジェンダ権力と共通する。

　大統領がアジェンダ設定能力をもつこと自体は，かねてより広く知られている。選挙の段階から，候補者がどんな政策を取り上げるかに大きな注目が集まるし，毎年行う議会演説でも，政策方針について語るのが恒例となっている。以下本章でも，大統領が「世話役」的な行動をとるほうが成功しやすいという見方に立つが，大統領が人々の説得を試み，それが効を奏する場合もないではない。そうした点も考慮しつつ，大統領がどのように政策的影響力を行使しようとするのかをみてみよう。

┃ 拒否権交渉としての立法過程 ┃

　大統領の具体的な権限は限定されているものの，どれも重要である。その筆頭が立法への拒否権で，立法なしに本格的な政策は作れないので，これは決定的な意味をもつ。大統領は，議会で審議される法案すべてに関心をもつわけではなく，議会に働きかける頻度は，重要法案に限っても７割程度とされる。しかし，大統領が拒否権をもつ以上，議会側は常に大統領の意向を窺いつつ，拒

否権を行使されないよう，あるいは拒否権を行使されたとしても成立させられるように法案を修正する必要に迫られる。

　大統領の拒否権を媒介にした，議会と大統領の間の立法をめぐる戦略的な相互作用全体を指して「拒否権交渉（veto bargaining）」と呼ぶ。例えば，大統領は議会で審議中の法案について，その法案が満たすべき要件を提示して，それが実現しなければ拒否権を行使するという脅しをかけることもある。これは，大統領がその法案の何を問題視しているのかの情報を議会側に伝える意味をもつ。しかし，法案への拒否権は，実際の行使よりも立法過程への全般的影響に最大の意義がある。

　拒否権が発動されると，大統領が大きな権力を振るっているようにみえる。とはいえ，大統領が拒否権を使うのは議会側が歩み寄ってこないときなので，拒否権の行使に追い込まれているともいえる。拒否権が行使され，法案が廃案になれば時間と労力が無駄になる。他方，議会側がそれを乗り越えた場合も，大統領の望まない法律が成立することになるので，いずれにせよ大統領には損である。拒否権は，抜かずにすませたい「伝家の宝刀」といえる。

　また拒否権は，立法の成立だけを意識して用いられるとは限らない。ある重要政策について，議会の多数派と大統領の考えが大きく異なる場合に，議会側があえて大統領の意に沿わない法案を通して拒否権を行使させ，世論に両者の対立を印象づけることがある。そこでのねらいは，大きく2つに分けられる。第1は，政策が実現しない責任を政権になすりつけて，その評判を下げることである。第2に，その政策に関して世論が自分たちの側についている場合，大統領との対決で政策への関心を強めれば，自分たちに支持が集まるとみられる。この手法は，選挙が近いときに用いられやすいとされる（Cameron 2000）。

大統領は最強のロビイスト

　立法過程において，政権はさまざまな形で議会に働きかけを行う。主たる相手は，大統領の所属政党の指導部であるものの，法案の内容や審議の状況によっては，対立政党の指導部や個々の議員とも交渉がなされる。法案をどう修正すると，どの議員の支持が得られ，また失われるのかを把握し，対策を講じるのが鍵となる。

立法の詰めの段階では，法案の成否の鍵を握る個々の議員とも交渉が行われる。その際，大統領はその議員の重視する他の政策への協力や，選挙区への予算面の配慮，また自党の所属議員であれば次の選挙での支援といった材料を持ち出して，その票を勝ち取ろうとする。ただし，すでにみたように，大半の議員は法案への態度が決まっており，それを変えるのは容易でない。そのため，議員本人に対してだけでなく，演説などを通じて世論に政策を訴えかけ，有権者からの働きかけを通じて間接的に議員の態度を変えようとすることもあるとされる。

　これが「ゴーイング・パブリック戦略」で，長く大統領の「奥の手」と考えられてきた（→第5章）。ただし，その意味合いについては見方が変化している。従来は，大統領が有権者を説得することで，選挙で有権者に依存する議員たちの態度を変えるものととらえられていた。しかし，実際のところ有権者の考えを変えるのは困難である。その後，大統領がある政策について世論に訴えるのは，世論が大統領の考えを支持しているときに多いことがわかってきた。クリントン大統領は，暇さえあれば世論調査の結果を見ていたとされる。

　つまり，大統領は演説で世論を説得しようとするのでなく，あらかじめ自分の味方なのがわかっている世論の注意を喚起して議員たちに働きかけてもらい，それによって議会の態度を変えようとする，「世話役」型の行動をとっているとみられる（Canes-Wrone 2005）。また近年は，大統領が特定の地域に出向いて演説を行うといった，働きかけの「ローカル化」も目立つ。それによって，支持を勝ち取りたい議員の選挙区というように的を絞り，より効果的に支持を訴えることができる（Cohen 2009）。

　このように，大統領はさまざまな手段で議会に関与する。総じて，大統領が支持する法案を推進すべく働きかけると，その法案の審議が先の段階に進み，また成立する確率が高まることが明らかになっている。大統領は，アメリカ最強のロビイストといえよう。もっとも，大統領はどんな法案でも通せるわけではない。政権が立法に関与するにも手間暇がかかるので，介入すれば成立させられる見込みが大きく，それだけの価値があるような法案をあらかじめ選んで働きかけを行っているのである（Beckmann 2010）。

行政機構の活用

　ここまでは，立法過程における影響力の行使について検討してきた。しかし，大統領は制定された「法律が誠実に執行されるよう配慮する」（憲法第2編第3節）役目も負う。その基礎となるのが「合衆国の公職に就任する者を指名し，上院の助言と承認を得て任命する」（同第2節）権限である。

　アメリカでは，政府内の上級職の多くがキャリア公務員でなく政治任用者によって占められる。最もなじみ深いのが，国務省や財務省といった省庁の長官であろう。これは，日本の国務大臣に相当する役職だが，日本では大臣たちが内閣の構成員として行政権を担うのに対して，アメリカでも内閣は置かれるものの明確な法的位置づけがない。大統領は閣議を開かなくても，誰をその構成員にしてもかまわないし，その決定にも法的に拘束されない。

　今日の大統領は，就任に際して省庁の長官をはじめとする4000近い高官ポストについて人事を行う。その際重視されるのが，対象となる役職に対応した専門知識をもつことに加えて，担当する政策に関して大統領と考え方を共有しているかどうかである（→第10章）。ただし，大統領に直属する大統領府のスタッフを除き，とりわけ高位の官職の任命には，上院の承認が必要になるので，上の条件を満たしていても，極端な考え方の人物には上院で反対が出る可能性がある。2013年に手続きが変わるまでは，行政官の人事の承認についてフィリバスターが使えたため，大統領の所属政党が多数派でも油断はできなかった。

　現代の立法では，執行に当たる機関に大きな裁量が与えられる。大統領は，それを利用してなるべく自らの意向に沿う政策の実現をめざす。自分と考えを共有する人物を任命しようとするのはそのためだが，政府機関にはキャリア公務員もおり，放っておいても大統領の方針が貫徹するとは限らない。その際に活用されるのが，大統領令（executive order）に代表される，行政機関への指令である。これは，執行にあたって政府機関が法律をどう解釈すべきかなどを指示するものである。

　大統領令は，法律の解釈を示すといっても，その内容はしばしば詳細にわたり，実質的な政策の変更に当たる場合もある。例えばトランプは，2017年1月の大統領就任直後にムスリム（イスラーム教徒）が人口の多数派を占める7カ

国から入国を禁じる大統領令を発して，強い反発が出た。また大統領の命令は，後の大統領によって修正・廃止されうるという弱点をもつ。レーガン以降の共和党政権は，人工妊娠中絶や避妊具の使用を支援する海外の非政府組織（NGO）に助成を行わないとする命令を出してきたが，民主党政権に替わる度に撤回されている。

3 大統領を動かすもの

┃ 国民の支持を求める大統領 ┃

ここまで検討したように，大統領は限定的な権限と大きな存在感を駆使して政策目的を達成しようとする。では，大統領はそもそもどんな目標を立てて行動するのだろうか。大統領は任期中に実現したい政策をもつものの，政策課題は無数に存在する以上，そればかりを考えているわけにはいかない。

この点を考える際に重要なのが，大統領への世論の支持である。アメリカでは，大統領と連邦議会議員の任期が固定されており，大統領の支持率が大きく下がっても，大統領が辞任したり議会が解散されたりすることはない。それでも，大統領にとって支持率は大きな意味をもつ。それは，支持率が自らの再選や次の選挙における自党の成績に影響するのに加え，政策形成過程でも支持率の高い大統領のほうが他のアクターに大きな影響力をもつと考えられているからである。

大統領の支持率の動きには，ある程度共通したパターンがある。まず，図8.1 からわかるように，多くの場合，政権の発足当初は高く，徐々に下がっていく。これは，大統領への期待と現実にもつ権力のギャップを表すものといえる。それと関連して，任期を通して支持率に大きな影響を与えるとされるのが，景気の動向である。大統領は，景気を左右できる程の権限をもつわけではない。にもかかわらず景気が支持率に影響するのは，今日の大統領が社会全体の動向に責任を負うことを期待されているからにほかならない。

それを踏まえれば，戦時のような危機的状況で大統領の支持率が跳ね上がる

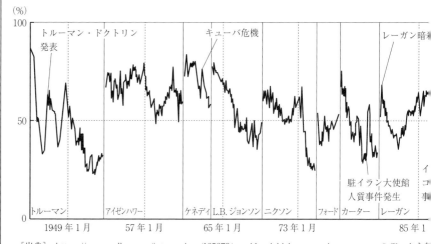

CHART 図 8.1　大統領支持率の変遷——トルーマン〜バイデン政権（2022 年 11 月

（%）

100

トルーマン・ドクトリン
発表

キューバ危機

レーガン暗

50

駐イラン大使館
人質事件発生

イ
コ
事

トルーマン　　　アイゼンハワー　　　ケネディ L.B. ジョンソン　ニクソン　　　フォード カーター　　レーガン

0

1949 年 1 月　　　　57 年 1 月　　　　65 年 1 月　　　73 年 1 月　　　　　　85 年 1

〔出典〕　https://news.gallup.com/interactives/185273/presidential-job-approval-center.aspx のデータを

ことは不思議でない（→**第 5 章**）。こうした状況では，党派を超えて大統領の下
に結集するのが伝統とされる。ただし，アフガニスタンとイラクの戦争の泥沼
にはまった G. W. ブッシュ政権にみられたように，対処に失敗した場合には支
持率の低下が避けがたい。大統領が追求したい政策課題が後回しになることも
あって，危機の際に大統領を務めるのは大きな困難を伴う。例えば，2 つの戦
争に加えて経済危機まで引き継いだオバマは，医療保険改革（オバマケア）以
外はほとんど独自の政策を実現できなかった。

　さらに，近年の大統領にとって頭が痛いのは，**図 8.2** からわかるように，二
大政党のイデオロギー的分極化に伴って有権者の間で支持政党による大統領へ
の態度の違いが顕著になっていることである。これは個々の政策についてもい
え，2003 年からのイラク戦争への支持・不支持も支持政党の違いによって大
きな差があった。いくら業績を上げても，対立政党の支持者からの支持がほと
んど期待できないため，かつてと比べて大統領の支持率は頭打ちにならざるを
えない。1 期目の大統領が，再選をにらんで自らの支持勢力の維持，拡大に努
めるが，こうした状況は大統領の行動の余地を大きく制約することになる。

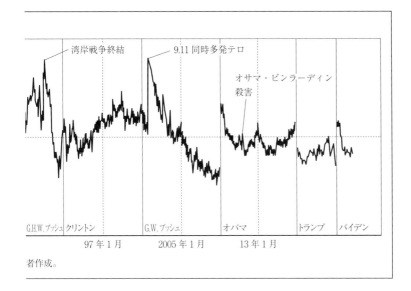

者作成。

政治状況がリーダーシップに与える効果

　本章ではここまで，近年の研究動向をふまえ，個々の大統領のリーダーシップよりも大統領が一般的にどう行動しようとするのかに注目してきた。とくに，大統領が「機関」としての性格を強めた今日では，大統領のスタッフへの依存度が高まっており，大統領の個性の影響する余地が小さくなることはあっても，逆は考えにくい。例えば 2003 年からのイラク戦争について，当時の G. W. ブッシュ政権が拙速に開戦に踏み切ったのも，ブッシュ大統領の個性だけでなく，軍事・外交の助言者たちの同質性によるところが大きかったとみられる。

　それでも，大統領による振る舞い方の違いは無視できないように思える。例えば，レーガン政権と G. H. W. ブッシュ政権という，連続する共和党の政権をみてみよう。レーガンは，ニューディール以降多数派を占めた民主党のリベラル路線に正面から挑戦した。保守派が経済政策など，政策論議で優位に立つようになったのは，彼がその朗らかさで「堅苦しい」保守のイメージを変え，変化を推し進めようとしたからともいわれる。それに対して，次のブッシュ政権は，政策の方向性を定められず党内の諸勢力から突き上げを受けた。冷戦後

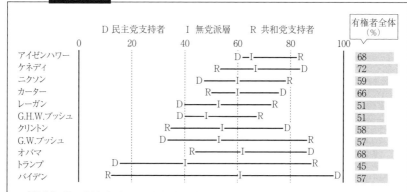

CHART 図8.2　大統領就任時（1期目）の支持政党別支持率（%）

D 民主党支持者　　I 無党派層　　R 共和党支持者

	有権者全体 （%）
アイゼンハワー	68
ケネディ	72
ニクソン	59
カーター	66
レーガン	51
G.H.W.ブッシュ	51
クリントン	58
G.W.ブッシュ	57
オバマ	68
トランプ	45
バイデン	57

［出典］"Joe Biden's Approval Ratings Are More Polarised than Donald Trump's," *The Economist*, Feb. 12, 2021, の図を基に作成。

の外交課題への対処に追われて国内経済の悪化などに対処できず，クリントンに再選を阻まれたのも，ブッシュ個人の判断力や魅力の欠如からきているようにもみえる。

　しかし，この2つの政権の振る舞いは，次のようにもとらえられないだろうか。高度経済成長の終焉に表れたように，1970年代までに民主党のリベラル路線は行き詰まっており，あと一押しで倒れる状態であった。この状況で登場する共和党大統領は誰であろうと，明快かつ説得的に保守路線を打ち出すことが期待され，レーガンはそれを実行しただけともいえる。彼はこうして保守派を優位に立たせたものの，主張の力強さの半面で政策の詰めは甘く，保守路線を軌道に乗せるには，多様な考え方をもつ保守派の諸勢力間の調整が不可欠であった。次のブッシュが苦労したのは，誰にとっても難しい，こうした役回りのためだったとも考えられよう。

　以上からは，大統領の行動スタイルや政権の成否が，その個性だけでなく置かれた政治状況にも多分に依存することがわかる。政治学者のスコウロネクは，この見方を打ち出した大統領論の名著で，歴代大統領のリーダーシップのスタイルを理論的に分類して説明を施している（Skowronek 1997）。

表8.1　大統領のリーダーシップの分類

		体制の主流派との関係	
		対立	主流派側
既存の体制の状態	脆弱	再建型 ジャクソン，リンカン，F. D. ローズヴェルト，レーガンなど	破滅型 ブキャナン，フーヴァー，カーターなど
	安定	先制型 A. ジョンソン，アイゼンハワー，クリントンなど	中興型 T. ローズヴェルト，トルーマン，G. H. W. ブッシュなど

［出典］　Skowronek 1997 を基に筆者作成。

大統領のリーダーシップの類型

　スコウロネクの議論の特徴は，アメリカの政治史をいくつかの体制に時期区分したうえで，歴史的時期が違っても，体制内で置かれた立場が似通った大統領のリーダーシップに共通項を見出す点にある。それぞれの体制は，大まかに第3章でみた政党制と対応しており（ただし，第3次・第4次政党制はあわせて共和党優位の体制とされている），ある大統領のスタイルは，既存の体制が安定しているか否か，そして登場した大統領がその体制で支配的な勢力（政党）と対立勢力のいずれから登場したかによって，表8.1のように4つに分類できるという。

　例えば，先にみたレーガンや，長年の共和党支配が大恐慌によって揺らいだ際に登場したF. D. ローズヴェルトのように，弱体化した体制に挑戦する立場で登場した大統領のリーダーシップは「再建型」と呼ばれる。彼らはいずれも，既存の体制に引導を渡し，それに代わる政策方針を大胆に打ち出して新たな体制への道を切り開く。他方，彼らに続いたG. H. W. ブッシュやハリー・トルーマンのように，すでに確立した体制の側から登場した大統領は，「中興型」と呼ばれる。彼らの立場は安泰のようにみえて，新たな体制を正統に引き継いでいることを周囲に示しつつ，状況に応じて路線修正も行うという，困難を伴う役回りにあるとされる。

　次に，アイゼンハワーやクリントンのように，安定した体制の対立政党から登場した大統領は，「先制型」とされ，体制から距離をとりつつ自らの支持連合をまとめあげるという離れ業を演じなければならない。そして，すでに「落

ち目」になった体制の側から登場した大統領は，ジミー・カーターやハーバート・フーヴァーのように，既存の体制の基本路線を破棄することなく，個々の政策の修正を通じて体制を立て直そうとするものの，挫折に終わる「破滅型」とされる。

　この議論については，体制の時期区分や，一部の大統領の分類に関して議論の余地が残されている。また，アメリカ国内の体制に基づいて議論しているため，外交との関連は薄い。とはいえ「再建型」の大統領が例外なく国民へのアピールに長けたと評価され，「破滅型」がいずれも場当たり的な改革で局面を打開しようとして失敗したというように，個性だけでなく政治状況がかなりの程度大統領のリーダーシップのあり方を規定することを見事に示している。

　さらに，スコウロネクは歴史的時期の違いにも注目する。選出のされ方や使える政治資源などの点で，大統領のあり方は大きく変化してきており，それもリーダーシップに影響を及ぼす。すでにみたように，今日では大統領選挙の「候補者中心」化によって大統領の所属政党からの自律性が強まり，電波・電子メディアが発達して大統領が国民と直接結び付きを深めている。そのため，かつてよりも政治体制の縛りが弱くなっており，今後の大統領は多かれ少なかれ所属政党との関係の希薄な，個人プレーを中心とする「先制型」に近いリーダーシップをとる，というのが，スコウロネクの見立てである。これは，先にみた「ポスト現代型」の大統領の考え方と共通する。

┃ 分極化の時代における大統領のリーダーシップ ┃

　ここまでみた，複数の体制の興亡と長期の歴史的変化に着目するスコウロネクは，この考え方を「政治的時間（political time）」と呼んでいる。それをふまえると，今日の二大政党の拮抗(きっこう)状況からは，レーガン以降の保守優位の状況が続いているとはいいがたく，体制そのものが弛緩(しかん)しているといえる。しかし，二大政党の分極化は，大統領のリーダーシップを従来の先制型ともやや異なるものにしているように思われる。

　先制型大統領の特徴は，自らの所属政党が優位にない状況で，必要とあれば党派をまたいででも自分を支える連合を形成して政治的に生き延びていく点にある。ところが今日では，どちらの党から大統領が出てきても，イデオロギー

的分極化のために，他党からの支持はエリートと有権者のいずれからもほとんど期待できない。例えば，オバマは大統領に就任後，議会共和党に歩み寄りを訴えたが，任期を通して徹底した抵抗に遭った。このことは，大きく次の2つの帰結を生み出していると考えられる。

第1は，大統領の，所属政党やその支持者との緊密化である。対立政党との協力の余地がなく，無党派の有権者も大半が一方の党に肩入れしている今日のような状況では，大統領が頼れるのは自党しかない。そのため，今日の大統領は，かつての先制型の大統領よりも，政策形成と再選をめざす選挙のいずれでも所属政党とのつながりを重視している。同じ民主党でも，クリントン大統領が政権内で医療保険改革案を練り上げ，予算案について共和党多数派の議会と積極的に交渉したのに対して，オバマは医療保険改革と予算のいずれについても議会の民主党指導部との協力を第一に行動した。また穏健なリベラルのバイデンが，党内の左派との協力を重視しているのも，多分に他の選択肢がないからといえよう。

第2の帰結は，大統領による一方的な政策変更の政治的意義の増大である。二大政党の拮抗と分極化によって，連邦議会における立法が著しく困難になっているため，大統領が自らの掲げた政策課題を実現するのも難しくなっている。そのため，大統領は立法を促し，成果をアピールするためにも，一方的な政策変更を行う動機を強くもつのである。大統領令や覚書をみると，21世紀に入って，その数こそ増えていないものの，対立政党から非難されることが明らかに多くなっている。オバマ政権による非正規移民の条件付き滞在合法化のように，違憲だとして訴訟が提起されることもめずらしくない。

こう考えてみると，今日の大統領は，対立党派の批判も意に介さず，所属政党とその支持者の後押しを受けて，独断専行に走る可能性が高まっているのかもしれない。とはいえ，この状況を克服する道筋は今のところみえていない。

EXERCISE ●演習問題

① 現代の大統領は，寄せられる期待と弱い権限のギャップをどのように埋めようとしているのだろうか。

② 大統領が「説得する力」を発揮できる局面や相手があるとしたら，どんなものだろうか。

③ 立法過程を「拒否権交渉」の観点からとらえたとき，大統領や連邦議会がとる行動としてどのようなものがありうるだろうか。

さらに学びたい人のために ▎   **Bookguide** ●

梅川健『大統領が変えるアメリカの三権分立制──署名時声明をめぐる議会との攻防』東京大学出版会，2015年。

    議会に対抗して権力を追求する大統領が，大統領による行政機関への命令の一種である署名時声明を，いかに制度化しようとしたのかを歴史的に解明した研究。

久保文明・阿川尚之・梅川健編『アメリカ大統領の権限とその限界──トランプ大統領はどこまでできるか』日本評論社，2018年。

    内政と外交にまたがって，大統領が権限を拡大しようと，さまざまな工夫をこらしていることを明らかにした論集。

待鳥聡史『アメリカ大統領制の現在──権限の弱さをどう乗り越えるか』NHKブックス，2016年。

    権限の弱さと寄せられる期待の大きさのギャップに苛（さいな）まれる現代の大統領が，とくに議会との関係で，どのように政策を実現しようとしていくのかを多角的に検討している。

第**9**章

司 法 府

🎧 アメリカ合衆国最高裁判所裁判官（2022年10月7日，ワシントン DC。写真提供：AFP＝時事）。

INTRODUCTION

　2016年に，合衆国最高裁の保守派を代表するアントニン・スカリア裁判官の急死を受け，オバマ大統領は後任にメリック・ガーランドを指名した。その能力は折り紙付きで，考え方も穏健だったものの，連邦議会上院で多数を占める共和党側は最高裁のリベラル化を恐れ，大統領選挙が近いとして人事審査を拒否した。本章では，なぜここまで裁判官の人事が政治的に重要になり，司法をめぐって党派対立が生じるのかなど，司法をめぐる政治過程を検討する。

1 憲法と司法制度の政治的特徴

アメリカの司法と政治

　政治を扱う本書が司法を取り上げることを，読者は不思議に思うかもしれない。たしかに，もし裁判所が法を各事案に機械的に当てはめるだけの機関であったなら，政治学的な分析の余地はあまりないかもしれない。しかし，一般に法解釈には裁量の余地があり，裁判官の考え方によって判決のあり方は違ってくる。判決を通じて法の意味内容を確定する裁判所は，一種の政策形成機関であり，重大な政治的影響をもつ。

　アメリカを含む，コモン・ローの法体系をもつ諸国では，大陸ヨーロッパや日本のような大陸法系の諸国に比べても判例法が重要とされる。また，政府の活動の合憲性を判定する司法審査（judicial review）は，19 世紀初頭にアメリカで合衆国最高裁判所（以下，最高裁）が打ち出し，世界に広まっていった制度である。全国の裁判所の頂点である最高裁は，その判決を通じて南北戦争の遠因を作り，人種隔離政策を容認し（そして，のちに禁止し），大統領の大恐慌対策に抵抗したというように，歴史を大きく左右してきた。

　司法がどのような判決をなぜ出すのかなど，司法を取り巻く政治は政治学の重要な研究対象である。どんな人物が裁判官になり，その行動は何に影響されているのか，出された判決はいかなる影響をもつのか，といった問いも，この司法政治研究では重要となる。

　この点について，アメリカでは連邦のほとんどの裁判官が政党所属をもち，任命した大統領とイデオロギーを共有していると考えられている。最高裁の重要判決ともなると，個々の裁判官の立場までマスメディアで解説される。こうした事態は，日本では想像がつかないかもしれないが，司法政治分析の考え方からは，それは日本の裁判官に個性がないからではなく，裁判官をとりまく政治環境の違いによると説明される。

　アメリカの最高裁裁判官はしばしば数十年にわたり在籍し，判例の形成に大

きな影響を及ぼす。他方，日本の最高裁判事は多くの場合，5年程度の在任にとどまり，そもそも個々の裁判官が知られにくい。また，アメリカでは政権交代が頻繁に生じ，任命する大統領によって裁判官の考え方の違いが出やすい。それに対して，政権交代のほとんどない日本では，裁判官に任命される人物の間で考えの違いが小さいとみられ，いきおい裁判官のイデオロギーが意識されにくくなる。

以下では最高裁を中心に，アメリカの司法府の活動がいかなる政治的，社会的影響をもつのかを，司法を取り巻く政治環境の影響を踏まえて検討していく。その手始めに，連邦レベルを中心に，司法制度と，司法府が拠って立つ憲法のあらましをみてみよう。

■ 司法制度の概観 ■

アメリカには連邦と50州それぞれの，全部で51の憲法典と司法制度がある。ただし，合衆国最高裁は，州レベルで提起された，合衆国憲法にかかわる訴訟について最終審となりうる。例えば，2000年大統領選挙ではフロリダ州で一般投票の集計に争いが生じたが，それに決着をつけて G. W. ブッシュの勝利を確定したブッシュ対ゴア事件の判決は，フロリダ州最高裁の判決に不服なブッシュ側が合衆国最高裁に直接上訴した事件に対するものである。

連邦レベルの司法府は主に，合衆国憲法や条約，連邦法に関する訴訟や，原告と被告で居住する州が異なる事案を扱う。その中軸をなすのが，最高裁，控訴審裁判所，そして地方裁判所の3層構造である。他に貿易など，特定の分野を扱う裁判所もある。

まず地方裁は全国に94あり（2022年12月時点），どの州にも一つは設けられている。これが，大多数の事案について連邦司法府の入り口となる。通常は裁判官が単独で事実関係と法の両方について審理し，訴訟によっては陪審制が用いられて判決が出される。その判決に不服があり，控訴されると舞台は控訴審に移る。控訴審裁判所は，全国に地域別の12区，そして特許など特定分野に関する全国1区の，合わせて13の巡回区（かつては裁判官がその中を回って裁判を行ったためこう呼ばれる）に設けられている。

控訴審では通常，3名の裁判官による合議と多数決で判決が出されるが，重

要事件ではより多くの裁判官で法廷を構成する。控訴審判決に不服の場合は最高裁に上訴できるが，今日の最高裁はそれを審理するかどうかの裁量をもつ。近年，最高裁が年間に出す判決は90件程度で，これは上訴される事件の1%に満たない。そのため，大部分の事件については控訴審が最終となる。控訴審の判決は，管轄する巡回区内で先例として拘束力をもつこともあり，それ自体が非常に重要である。

　最高裁は今日，9名の裁判官から構成される。判決は多数決で出されるが，上訴の受け付けは4名の賛成で足りる。その審理にあたり中心的役割を果たすのが，首席裁判官である。他の裁判官と違い，司法行政を取りしきる役割をもつが，裁判では特別な権限をもつわけではない。それでも，首席裁判官は合議等でしばしばリーダーシップを発揮し，自らが多数派に入った場合は判決文を執筆する裁判官を割り当てるなど，重要な役割を果たす。

　例えば，公立学校での人種別学を違憲とした1954年のブラウン対教育委員会事件判決（ブラウン判決）を出すにあたり，南部出身の裁判官が反対したのに対して，アール・ウォレン首席裁判官の説得で満場一致の判決が実現し，黒人の権利向上の後押しになったとされる。最高裁の歴史は首席裁判官の在職期間に基づいて時期区分されるが，それはこうした事情による。

┃ 合衆国憲法の特徴 ┃

　イギリスから独立して間もない1787年に，諸邦（のちの州）の代表によって起草され，翌年，批准・成立した合衆国憲法は，今日でも有効な憲法典としては世界で最も古い。その規定には，他国の憲法典と比較したとき，大きく2つの特徴がある。

　第1の特徴は，短さである。成立当時の合衆国憲法の条文は全部で約4500語で，その後加わった27の修正条項を含めても約7600語しかない。今日有効な世界各国の憲法典を英訳したものの平均は約2万5000語なので，いかに短いかがわかるだろう。ただし，日本国憲法は約5000語であり，さらに短い。

　憲法典が短いということは，規定されている内容が少ないか，ある事柄について規定があっても抽象的で，条文の解釈の幅が大きいことを意味する。そのため，他国であれば憲法典の改正が必要な場合でも，アメリカでは通常の立法

や憲法解釈ですむ場合が多い。例えば司法府についても，憲法典には最高裁に加え下級審の裁判所を設置することくらいしか規定がなく，最高裁の裁判官の人数も，どんな下級審裁判所をどれだけ設置するのかも法律で決めてきた。

　第2の特徴は，政治制度に関する規定が中心を占めることである。合衆国憲法は全部で7編からなるが，最初の3編で政府の三権が規定され，第4編に連邦制に関する条項があり，第5編以降は修正手続きなど，憲法典そのものに関する規定となっている。ただし，憲法典の批准時に人権に関する規定の必要性が唱えられ，発効直後に言論，信教の自由，武装する権利といった諸権利を保障する10の修正条項が加えられ，「権利章典」と総称される。

　憲法典そのものが古く，あまり修正されていないこともあって，今日世界的に重要な権利と考えられている社会権や環境権などは規定されていない。そのため，古い規定にこうした新しい権利を読み込んでよいかが争われてきた。例えば，人工妊娠中絶を一定の範囲で女性の権利とした1973年のロウ対ウェイド事件最高裁判決（ロウ判決）では，憲法典の適正手続きを定めた条項からプライヴァシー権を引き出し，その延長線上に中絶を受ける権利がある，という込み入った理由づけを行い，保守派から実質的な立法だと批判されてきた。

　このように，同じ憲法であっても誰がどのように解釈して裁くかによって，結論は違ってくる。司法人事は，それだけに大きな意味をもつ。

裁判官の任命過程

　連邦レベルの裁判官は，すべて大統領が指名し，連邦議会上院の承認を経て任命される。しかし，対象の裁判所によって人事のあり方は違ってくる。裁判官の人事，とくに先例を生み出す控訴審や最高裁のそれは，大統領にとって重大事である。それは，任期の定めがなく，実質的に終身の裁判官たちが将来にわたって自分の政策方針を維持してくれるいう期待からくる（Epstein and Segal 2005）。とくに最高裁人事は，その動向も含めて大きく報道される。

　では，大統領はどのように人選を行うのだろうか。一般に，2つの基準が最も重視されるとみられている。第1は法律家としての能力の高さで，有能なほうが合議や判決文を通じて大きな影響力を発揮できるとみられる。第2は大統領とイデオロギーを共有していることで，そうした人物であれば大統領の意向

に沿った行動をとると期待される。こう考えるのは裁判官の側も同じで，自分と似た考え方の人物が後任になるよう，同じ党派の大統領の在職中を選んで戦略的に引退する者が少なくないとされる。

　それ以外の基準として，次の2つがしばしば強調される。一つは年齢で，若いほうが長くポストに留まって影響力を発揮すると期待される。ただし，裁判官も人間なので，若くして就任すると，長い在任中に考え方が変わるリスクもある。もう一つは，白人男性か否かである。多くの専門職と同様，法曹の世界も白人男性が支配的なのに対して，今日では多様性が重視されつつある。とくにカーター以降の民主党大統領は，マイノリティや女性の起用を重視してきた。現在は，民主党側の3名の裁判官はすべて女性で，ヒスパニックとユダヤ系と黒人が1名ずつである（2022年12月時点）。

　大統領が指名した候補者は，連邦議会上院の司法委員会で審査され，その後，本会議で承認されれば任命される。この一連の過程では，人工妊娠中絶の是非など，裁判所のかかわる重要争点に注目する利益団体によるロビイングも盛んに行われる。従来，上院議員は自分とイデオロギー的立場が異なるというだけで人事に反対することはあまりしなかったが，二大政党のイデオロギー的分極化によって，対立政党の大統領が指名した候補に反対する傾向が強まっている。

　候補者のイデオロギーが極端な場合や，対象ポストの前任者と考え方に大きな開きがある場合，抵抗が大きくなる。例えば，1987年にレーガンが最高裁裁判官に指名したロバート・ボークは，経歴こそ申し分なかったものの，人種差別的であるなどとして非難され，民主党が多数派を占める上院で人事が否決された。これ以後，司法人事を妨害することを俗に「ボークする」という。

　なお，下級審の人事については，対象の裁判官ポストの管轄下にある地域が選挙区に含まれる上院議員に事実上の拒否権が与えられ，「上院への礼譲」と呼ばれる。そのため，例えば大統領がリベラルでも保守的な地域には保守派の受け入れられる人物を指名せざるをえず，地域によって出される判決にイデオロギー的な違いが出る一因となっている。しかし，近年は，これも破られがちである。

　議会内で二大政党の分極化が進むにつれて人事が滞り，裁判官の欠員がなかなか埋まらず，訴訟の積み残しの増加が問題になっている。これに業を煮やし

た上院の多数党が審議手続きを変更していった結果，2017年以降フィリバスターは使えなくなっている（→第7章）。

 2　裁判官の行動を決めるもの

| **裁判官の行動様式** |

　こうして選任された裁判官は，どう行動するのだろうか。アメリカの裁判官については，自律性の高さが特徴とされる。連邦レベルの裁判官は実質的に終身で，人事異動はなく，上位の裁判所に移る場合でも新規の人事として扱われる。そのため，同じポストに留まる限りはどんな判決を出しても不利に扱われる心配がない。この点は，10年ごとに再任手続きがあり，数年おきに異動のある日本の下級審裁判官と大きく異なる（フット 2007）。

　こうした事情から，判決のあり方は，審理する個々の裁判官が対象となる事案をどうとらえるかという「態度モデル」で考えられてきた。ただし，裁判官が外的な要因に左右されないわけではない。当然，制定法や判例は大きく影響する。下級審の場合，多くの事件は定型的で，判例を無視しても上級審で覆されるだけなので，逸脱する意味がない。また裁判官も人間なので，おかしな内容の判決を出して自分の評判を下げたくはない。裁判官の個性は，先例からは容易に結論が出ないような事案で発揮されるのが普通である。

　それでも，裁判官による違いは無視できない。先に述べたように，下級審では地域間で明らかなイデオロギーの差がある。また，連邦と州の裁判所が両方管轄権をもつ問題の場合には，原告はどちらに訴えてもよい。こうした事情から，訴訟を起こす主体は有利な判決が出そうな裁判所を選ぼうとする。こうした行動は，「法廷地あさり」と呼ばれる。例えば，テキサス州東地区連邦地方裁判所は，第三者から特許を買い取り，それに関連する事業者を賠償金を目当てに特許侵害で訴える「パテント・トロール」に好意的な判決が出やすいことで知られ，問題視されてきた。

　上級審のほうが，定型的に処理できない事件が大きな比重を占め，判決の重

みも増す。とくに最高裁は，法的に最も厄介な事件について司法府としての統一見解を示す立場にある。そのため，複数の控訴審の間で同じ論点に対して異なる内容の判決が出ている場合は，上訴を受け付ける可能性が高まるとされる。例えば，全国で同性婚の制度化を判示した2015年のオバーゲフェル事件判決でも，控訴審レベルでは判断が割れていた。では，最も大きな裁量をもつ最高裁は，どのように行動するのだろうか。

┃ 二大政党の分極化と司法への影響 ┃

　二大政党のイデオロギー的分極化は，裁判官のイデオロギー的立場の分布も変化させてきた。ニューディール以降，1960年代までは民主党の大統領が多く，二大政党はいずれも中道的であった。そのため最高裁は総じて穏健なリベラルの立場をとり，ブラウン判決をはじめとする進歩的な内容の判決が次々に出された。それに対して，1970年代以降は共和党の大統領が多く，レーガン以降はそれまでのリベラルな判決を乗り越えるために，保守派を裁判官に任命しようとしてきた。とくに1973年のロウ判決が，保守派の対抗心に火を付けたとみられている。

　1990年代からは共和党と民主党の政権が交互に成立し，共和党側5，民主党側4の時期が長かった。それでも，共和党の大統領に任命された保守派に穏健な立場をとる者がいたこともあり，2010年代までは保守派とリベラル派が拮抗状況にあった。また，2005年にG. W. ブッシュが首席裁判官に任命したジョン・ロバーツは，おそらくは急激な保守化が最高裁の評判を下げることへの懸念から，2012年にはオバマケア（医療保険改革）を合憲と判断するなど，保守派であるものの，しばしば民主党側の4名の裁判官とともにリベラルな内容の判決を出してきた。

　しかしその後，トランプ政権期の2020年に，共和党側6，民主党側3の構図に変わり，2022年以降は表9.1のような構成になっている。ロバーツを除いても明らかな保守派が5名いるため，さまざまな分野で保守的な判決が出るものとみられている。2022年にはドブス対ジャクソン事件判決でロウ判決が覆されて中絶規制が広く認められ，保守派が長年の悲願を達成した。これは，司法の本格的な保守化の始まりに過ぎないという見方が多い。

表9.1　合衆国最高裁判所の構成

［2023 年 2 月現在，任命順］

氏名	生年	就任年	主な前職	任命した大統領
クラレンス・トマス	1948	1991	連邦裁判官	G. H. W. ブッシュ
ジョン・ロバーツ（首席裁判官）	1955	2005	連邦裁判官	G. W. ブッシュ
サミュエル・アリート	1950	2006	連邦裁判官	G. W. ブッシュ
ソニア・ソトマイヨール	1954	2009	連邦裁判官	オバマ
エレーナ・ケイガン	1960	2010	訟務長官，大学教授	オバマ
ニール・ゴーサッチ	1967	2017	連邦裁判官	トランプ
ブレット・カヴァノー	1965	2018	連邦裁判官	トランプ
エイミー・コーニー・バレット	1972	2020	連邦裁判官，大学教授	トランプ
ケタンジ・ブラウン・ジャクソン	1970	2022	連邦裁判官	バイデン

［出典］　筆者作成。

　二大政党のイデオロギー的分極化は，司法人事のあり方にも影響している。アメリカは，裁判官や弁護士などのキャリアがはっきり分かれない法曹一元制をとり，政治家を含め多様な経歴の法律家が裁判官に任命されてきた。それが，近年は上級審のポストに下級審の裁判官が任命される傾向が強い。裁判官は判決を通じてさまざまな争点について見解を表明するので，イデオロギーの重要性が増す中で，大統領の側で考え方を把握しやすいのが一因とされる。最高裁裁判官のうち任命前に裁判官の経験がないのは，ケイガン裁判官だけである（2022 年 12 月時点）。彼女も，任命したオバマとは，ともにシカゴ大学ロースクールで教えたことのある，旧知の仲であった。

　しかし，この裁判官の「専門職化」には，最高裁の政治感覚が弱まり，政治的含意を考慮せずに判決を出すようになるとして懸念も出ている。例えば，先にみたブラウン判決を主導したウォレン首席裁判官は，元カリフォルニア州知事で，大統領もめざしたことのある共和党の大物政治家であった。それに対して，2000 年大統領選挙についてのブッシュ対ゴア事件では，共和党側裁判官がブッシュ寄り，民主党側裁判官がゴア寄りに分かれ，裁判官が党派的に行動したという批判も出た。

イデオロギーによって異なる憲法観

　裁判官の間で政策的立場やイデオロギー的な違いが顕在化するのは，今に始まったことではない。例えば，ニューディール期の政府によるさまざまな経済規制を認めるかどうかをめぐる，最高裁内部でのリベラル派と保守派の激しい対立はよく知られている。しかし今日，法曹内のイデオロギー対立は，法解釈の基礎となる憲法理論とも対応するようになっている。そこでは，合衆国憲法をいかなる性格の文書として読み解くかが争われている。

　リベラル派は，憲法典の条文がその時々の価値観や社会状況に合わせて解釈し直されるべきだという見方をとる。例えば，第二次世界大戦後のリベラルな判決を象徴するロウ判決でも，中絶の権利を支えるのにプライヴァシー権という，憲法典の起草時には存在しなかった権利が読み込まれている。こうした考えは，「生ける憲法（living constitution）」論と呼ばれ，それによって市民の権利や政府の役割の拡大が正当化されてきた。

　それと対照的に，保守派の多くは，憲法典は起草者の意思や起草当時の考え方に忠実に解釈されるべきと主張する。1980年代から広く知られるようになったこの議論は，「原意主義（originalism）」と呼ばれる。この立場からは，憲法典の条文が成立した時点で考慮されていなかった権利や政府の役割を裁判所が作り出す行為は，立法に相当し権力分立に反する。今日，保守派の最高裁裁判官の多くも原意主義をとっており，リベラル派との対立が原理的なものになっている。そのため，さまざまな権利や政府の役割について，今後も対立が続くとみられる。

　イデオロギー対立は，法曹界全体に及んでいる。法曹内のリベラルの優位に挑戦すべく，保守派は1982年にフェデラリスト協会を立ち上げた（→第6章）。それ以来，保守派法曹のネットワークを強化し，後進を養成してきているが，そこには最高裁裁判官を含む大物法律家が深くかかわっている（Teles 2010）。例えば，G. W. ブッシュ，トランプ両政権が任命した裁判官の大半が，この団体とかかわりをもつとされる。2001年には，リベラル派がそれに対抗してアメリカ憲法協会を設立しており，両組織は今日，政治インフラの重要な一部となっている。

3 司法府と他の諸主体の相互作用

利益団体の関与

　本章ではここまで，判決の決定要因として裁判官側の要素に注目してきた。しかし，それがすべてではない。能動的に動ける大統領や連邦議会と違い，裁判所は提起された訴訟に対してしか判断を下せない。そのため，特定の内容をもつ訴訟を起こして裁判所の扱う課題（アジェンダ）を設定することで，判決に影響を及ぼせる。実際に，各種の利益団体が裁判所に働きかけを行っている。

　その典型が，利益団体自体による訴訟である。多くの利益団体が弁護士を雇っており，訴訟専門の部署をもつものもある。政府の導入した産業規制に対して，それによって不利益を被る企業や業界団体が提訴して合法性を争う場合がわかりやすい。しかし，訴訟を起こすには利害当事者でなければならず，それが常に可能とは限らない。例えば，工場の排煙による大気汚染が環境保護規制に違反しているとして訴訟を起こしたいとき，当事者は多数の地域住民である。ただし，一定の要件を満たせば環境保護団体などが当事者を代表して集団訴訟を起こせることがある。

　それでも，利益団体が原告になれない事案は多数存在する。例えば，人種別学が違憲だという訴訟の原告は，差別された学生しかありえない。その場合，訴訟を起こす当事者に弁護士や訴訟費用といった資源を提供して支援する手がある。利益団体は，進行中の訴訟について，被告を含む当事者に支援を申し出ることもあれば，起こしたい訴訟の原告としてふさわしい主体に依頼して，訴えを起こすところからかかわることもある。ロウ対ウェイド事件でも，女性の権利運動に関与していた弁護士が，人工妊娠中絶を希望する妊娠中の女性に働きかけて訴訟を起こしてもらい，それを支援したのである。

　このように，利益団体が訴訟にかかわる方法は多様であるが，ある団体が関心のある訴訟すべてに直接関与できるわけではない。ただし，当事者でなくとも，裁判所への意見書（amicus curiae brief）の提出が認められている。その内

容は，ある事件に関する法的な理由づけや，対象となる事案についての各種の専門知識に基づいた意見など，さまざまである。最高裁の裁判官たちも，意見書の議論を一定程度参考にしていると述べている。例えば，オバーゲフェル事件訴訟では最高裁に 150 近い意見書が出された。

▌ 公共利益法律事務所の役割 ▐

　実は，先に紹介したブラウン，ロウ両判決を含め，第二次世界大戦後に出された人権関連のリベラルな判決の多くは，こうした利益団体の関与した訴訟から生まれている。利益団体の中でも大きな存在感をもつのが，公共利益法律事務所（public interest law firm）と呼ばれる，特定分野の公共利益にかかわる訴訟に特化した法律事務所である。例えばブラウン判決は，黒人の権利向上をめざす全国有色人種向上協会（NAACP）から分かれた公共利益法律事務所のNAACP-LDF が，教育面の人種差別を克服すべく長年にわたり進めた一連の訴訟の到達点であった。

　近年でも，2015 年のオバーゲフェル判決による全国的な同性婚の実現には，性的マイノリティを支援するラムダ・リーガルなどの公共利益法律事務所が大きな役割を果たした。これらの法律事務所が存在感を増していったのは，20世紀半ば以降，フォード財団をはじめとするリベラル系の財団が，多額の訴訟費用を賄えない社会集団であっても，司法の場で「持てる者」と対等に渡り合えるようにすべきだという考え方から助成を行ったことも大きい。

　公共利益法律事務所の存在感の大きさは，NAACP-LDF のサーグッド・マーシャル，市民的自由に関する多様な訴訟にかかわってきたアメリカ市民自由連合（ACLU）のギンズバーグが，それぞれ後年，最高裁裁判官に任命されたことにも表れている。ACLU は，2017 年にトランプ政権がムスリム（イスラーム教徒）多数派諸国からの入国禁止を打ち出した際にも，いち早くその合法性を争う訴訟を起こして注目された。有力な公共利益法律事務所にはリベラル派が目立つが，近年は保守派も ACLJ などの公共利益法律事務所を立ち上げて対抗している。

　以上からは，裁判所をめぐる政治が他の分野と連動して作動しているのがわかるだろう。それは，最高裁を頂点とする司法府がそれだけ重要な政策形成機

関だからである。しかし，司法府は裁判官の人事や利益団体の活動を通じてのみ，政治過程に組み込まれているわけではない。権力分立制度の下で，議会や大統領と戦略的に相互作用しつつ活動している。次に，この点を中心に最高裁の出す判決の政治的意義を考えてみよう。

▍司法審査の政治的意義 ▍

　最高裁が政治的影響を発揮する手段としてまず思い浮かぶのが，立法をはじめとする政府活動の合憲性を審査する司法審査であろう。この権限は，1803年のマーベリ対マディソン事件最高裁判決で確立し，各国で採用されていった。そこでは，民主的に選出された大統領の命令や議会の作った法律を，裁判所が憲法に反するとして無効にしうるが，それがなぜ，またどこまで許されるのかの問題は，立憲主義と民主主義との緊張関係からくる「反多数決主義の難点」と呼ばれ，議論に決着がついていない。

　司法審査を通じて，最高裁が大きな影響力を行使するのは間違いない。例えばニューディール期には，大統領や行政機関に大きな裁量を与える立法に，議会が立法権を放棄しているとして最高裁が相次いで違憲判決を出した。実現しなかったものの，それに反発したF. D. ローズヴェルト大統領が1937年に「裁判所の詰め込み案（court-packing plan）」と呼ばれる，最高裁裁判官の増員を含む司法府の再編を提案する事態となった（岡山 2016）。

　今世紀に入っても，2002年制定の超党派選挙戦改革法（マケイン・ファインゴールド法）による政治活動委員会（PAC）の意見広告への規制が，10年にシティズンズ・ユナイテッド対連邦選挙委員会（FEC）事件判決で表現の自由に反するとの理由で違憲とされた（→第3章）。その直後，当時のオバマ大統領が議会演説で，金権政治につながるとして最高裁を名指しで非難する異例の展開となった。

　とはいえ，最高裁が「憲法の番人」として民主的な多数派と正面から対決するというイメージは，いくつかの点で実態からややずれている。上の例でも，大統領は最高裁の立憲主義を問題視したのでなく，最高裁の多数派がイデオロギー的に偏っているとして反発していたのが実情である。F. D. ローズヴェルトやオバマが批判の槍玉に挙げたのは，いずれも共和党の大統領に任命された

保守派の裁判官であった。

　また最高裁が違憲判決を下すのは，ロウ判決もそうだったように，多くが州レベルの立法に対してである。この場合，裁判所が議会の決定を無効にするといっても，連邦と州という違いがあり，同じ政府内で衝突しているわけではない。それに，最高裁が連邦法や連邦政府の活動に違憲判決を出すときも，判決よりかなり前に制定された法律に対するものが多く，直近の立法に違憲判決が出ることはそれほど多くない。決定を覆される民主的多数派が昔のものであれば，やはり最高裁との対立は鋭くないといえよう（Dahl 1957）。先に述べたシティズンズ・ユナイテッド判決はこの点について異例で，だからこそ強い反発が出たと考えられる。

　とはいえ，裁判所が判決を出せば人々は文句をいわず従うわけではなく，裁判所もそれを知っている。他方，人々は最高裁をはじめ司法府の人的構成が変われば，合憲性の基準が変わりうることを知っている。裁判所も他のアクターも，そのことを踏まえて戦略的に行動している。次にこの点を，アメリカで憲法がどう変化するのかという問題との関係で検討しよう。

最高裁と憲法の変化

　本章ではここまで，裁判官の自律性を強調してきたので，最高裁まで他のアクターの様子を窺いながら行動するというのは違和感があるかもしれない。たしかに，個々の裁判官の身分は手厚く保護されており，その気になればどんな判決でも出せる。しかし，裁判所には，ある深刻な弱点がある。出した判決が他の政府機関や社会の諸主体に無視されてしまったら，とれる対抗策がないのである。

　大統領や連邦議会が違憲判決を無視したり，また違憲判決が出されても従わないとあらかじめ宣言したりすることは，稀にせよ実際に生じてきた。例えば，議会は法律で大統領や行政機関にその執行を委任しつつ，議会側の決議によって，それを無効にできるという規定を置くことがある。これは「立法拒否権」といわれ，1983 年のチャダ対移民帰化局事件判決で立法権を逸脱しているとして違憲とされた。しかし，連邦議会はその後も同種の規定を含む法律を作ってきた。

これは極端な例だが，判決が無視され続ければ司法の存在意義が危うくなる。そのため，裁判所は他のアクターが従ってくれるであろう内容の判決を下す動機づけをもつ。最高裁が，ある問題について政治的に孤立していれば，違憲判決は出しにくい。最高裁の裁判官も，判断が世論に受け入れられるかわからない場合には，判決の射程を限定するといった工夫をすることもあると述べている（Breyer 2021）。

このような見方には，そもそも大統領や議会は明らかに憲法違反の法律を通すべきでないし，また最高裁はそうした法律には堂々と違憲判決を出すべきで，そのうえで必要があれば憲法を修正すべきだと思うかもしれない。しかし，司法が判断するまで法律は合憲性が推定されるし，憲法修正は連邦議会による発議や州による批准のハードルが高く，時間もかかる。そのため大統領や議会は，従来の憲法解釈の枠組みに収まらないような政策を実現したい場合でも，通常の立法ですませたいと考えがちである。

そこで重要になるのが，最高裁による法律への合憲判決である。合憲判決は，現状を追認するだけで大した意味をもたないと思うかもしれない。しかし，最高裁の人的構成が変わるなどして，判例に従えば違憲になるはずの法律が合憲とされることはある。そこでは，立法とそれへの最高裁の「お墨付き」が組み合わさって，実質的に憲法の内容が変化するのである。例えば，ドブス対ジャクソン事件判決も，一定の範囲で中絶を受ける権利を保障したロウ判決に反する内容をもつ州法への合憲判決であった。

約230年間で27という，合衆国憲法の修正のペースは，国際比較の観点からは遅い部類に入る。その理由の一つに，憲法修正に代わる「それまでの判例では憲法違反になる立法とそれへの合憲判決の組み合わせによる憲法の変化」の存在が挙げられる。

判決は社会を変えるか

前項の議論からは，裁判官たちの自律性が高いにしても，最高裁を含む裁判所が他のアクターの動向を考慮に入れて行動する可能性のあることがわかる。しかし，裁判所が重要な政策形成機関であるという事実は変わらない。すでにみたように，第二次世界大戦後の最高裁は人権について社会の変化を促すよう

な判決を何度も出してきた。ブラウンやロウといった判決が，アメリカ史の画期になったことを否定する者はまずいない。では，それはどの程度の社会的影響をもつのだろうか。

実は，この点に関する研究は，最高裁の影響力について抑制的な見方をとっている。それには，いくつかの理由がある。第1に，こうした判決が社会を変えたといえるためには，多かれ少なかれ人々の意識の変化が必要になるであろうが，最高裁判決によって，その対象であった論争的なトピックについて世論が一気に変化することは稀である。これは，大統領の演説一つで世論が変わるわけではないことを考えても（→第8章），不思議ではないだろう。

第2に，社会変化を促すような最高裁判決は，関連する社会運動を後押しすると同時に，判決に反対する勢力を刺激し，それが対抗組織化するきっかけにもなる。例えばブラウン判決の後，市民的権利運動がさらに盛り上がった一方で，南部では人種別学を維持しようとする勢力が抵抗を強めた。またロウ判決以降，人工妊娠中絶に反対する勢力は，この判決を覆すべく活動を続けてきた。

第3に，とくに大規模な反動（バックラッシュ）が生じた場合は，判決の中身を実現するには結局，大統領や連邦議会の介入が必要となる。人種別学の克服には，連邦軍まで投入されたのであった（Rosenberg 2008）。

このように，最高裁が思い切った内容の判決を出しても，社会がそれに合わせて即座に変わるわけではない。その意味で，最高裁の影響力は限定されている。実態は，そうした判決によって対象となる争点に注目が集まり，バックラッシュを含めた一連の政治的，政策的変化が生じる中で，一進一退であっても社会的変化が実現していくということであろう。司法もまた，アメリカの政治過程に組み込まれているのである。

EXERCISE ●演習問題

① アメリカの裁判官は，なぜ自律的に行動できるのかを，説明してみよう。

② 最高裁の重要な判決を取り上げ，それがきっかけでアメリカの政治や社会がどう変わったかを考えてみよう。

③ 二大政党のイデオロギー的分極化は，司法のあり方をどう変えたかを考えてみ

よう。

さらに学びたい人のために　　　　　　　　　　　　　　Bookguide ●

阿川尚之『憲法で読むアメリカ史』ちくま学芸文庫，2013 年。
　　平易かつ正確に，代表的な判決を追うだけでなく憲法上の制度がかかわる
　政治的出来事も解説した，まとまりある通史。

大沢秀介『アメリカの司法と政治』成文堂，2016 年。
　　主に法学の視点から，アメリカの司法政治とその歴史を総合的に解説した
　テキスト。

ダニエル・H. フット／溜箭将之訳『名もない顔もない司法──日本の裁判は
変わるのか』NTT 出版，2007 年。
　　書題の通り，日本の裁判のあり方を説明する書物だが，アメリカとの比較
　が重視され，アメリカの司法がなぜ，どのように日本と異なるかを理解する
　のに役立つ。

第 **10** 章

官僚機構

🎧 環境保護庁（EPA）の本部庁舎（2015 年 11 月 3 日，ワシントン DC。写真提供：dpa/ 時事通信フォト）。

INTRODUCTION

　1933 年に，F. D. ローズヴェルト大統領は，政権の恐慌対策に抵抗を繰り返した，連邦取引委員会のウィリアム・ハンフリー委員を罷免した。ハンフリーは，委員の任期途中の理由なき罷免は違法だとして提訴し，最高裁で勝訴している。このように，アメリカには大統領から高い独立性を与えられて重要政策の執行に当たる行政機関が多数存在する。本章では，それはなぜか，諸機関がどう活動するのかを軸に，官僚機構について検討する。

1 官僚機構の性格と構造

大統領に従わない官僚機構？

　第7章からの3つの章で，憲法上の三権を司る連邦議会，大統領，司法府について検討したが，連邦政府にはそれらを補佐して政策を執行する官僚機構が設けられており，執行府（the executive branch）と総称される。日本では，首相を中心とする内閣が官僚機構を指揮するので，アメリカでも大統領が元締めのような存在だろうと思うかもしれない。それは間違いでないが，実は，アメリカの官庁は，そのすべてが常に大統領に従うわけではないところに重大な特徴がある。

　トルーマン大統領は1952年，アイゼンハワーの大統領当選の報を聞いた際，次のように述べたという。「彼（アイゼンハワー）はそこに座って，そして彼は『これをやれ！ あれをやれ！』というだろう。そして何も起こりはしない。可哀想なアイク。（アイゼンハワーのいた）陸軍とはまるで違うからな」（Neustadt 1990）。この発言は，トルーマンにも仕えたニュースタッドに引用されて知られるようになったが，ニュースタッドが大統領について「説得する力」という考え方を打ち出したのは，アメリカでは大統領が議会どころか官僚機構さえ満足に統制できないからでもあった。

　日本では，アメリカの大統領を「行政府の長」と位置づけて，官僚機構を使いこなすという説明がなされることが多いが，これは日本の政府の構造に基づく類推で，必ずしも正確ではない。アメリカのこうした事情は，憲法の特徴からくる。憲法上，執行権は大統領だけに属する。官僚機構については，政府内の位置づけや役割を具体的に定めた規定がなく，必要に応じて新たな機関が作られてきた。表10.1で示しているように，今日の執行府にはさまざまなタイプの機関があり，大統領から高い独立性をもつものも少なくない。

　大統領と最も緊密な関係にあるのが，大統領の意思決定を補佐する役割を与えられた大統領府（the Executive Office of the President）である。大統領はその

表 10.1 現代の執行府の構成と諸機関の特徴

	大統領府	行政機関	
		執行機関	独立行政機関
主な役割	大統領の意思決定を補佐	法の（裁量的）執行	
高官への大統領の人事権	任免は自由（一部の任命には連邦上院の承認が必要）	任命には連邦上院の承認が必要。罷免には制限なし	任命には連邦上院の承認が必要。固定された長い任期や，罷免が特定事由に限られるといった形で人事権が制約されるポストもある
主な機関	ホワイトハウス事務局，国家安全保障会議（NSC），行政管理予算局（OMB），合衆国通商代表部（USTR）など	国務省，財務省，国防総省，国土安全保障省などの 15 省からなる	証券取引委員会（SEC），連邦通信委員会（FCC）などの独立規制委員会に加え，環境保護庁（EPA），社会保障庁（SSA），国立航空宇宙局（NASA）など

大統領からの自律性　小← →大

［注］　執行府には，他に合衆国郵便公社（USPS），テネシー渓谷開発公社（TVA）などの公社が置かれており，大統領からの自律性がさらに大きい。

スタッフ（日本語では「補佐官」と呼ばれる）を自由に任免できる。大統領府の次に大統領に近いのが執行機関（executive agency）で，対外政策を司る国務省や財政を扱う財務省などの省庁がそれに当たる。もともと大統領の執行権を補佐して法を執行するのが主な役目とされ，長官などの高官の任命には連邦議会上院の承認が必要だが，罷免は自由にできる。

　執行府にはさらに，独立行政機関（independent administrative agency）と呼ばれる一連の機関がある。独占禁止規制を扱う連邦取引委員会（FTC）や，中央銀行制度の一部である連邦準備制度理事会（FRB）などが，それに当たる。その構成員の任命には，執行機関の高官と同じように上院の承認を要する。しかし，任期が大統領よりも長く，また理由なく罷免されない役職が多く，大統領からの自律性がより大きい。

　以上のうち，法執行の実務に当たる執行機関と独立行政機関は今日あわせて「行政機関」と総称され，憲法に規定されていないにもかかわらず，さまざまな権力を行使することから，大統領だけでなく三権すべてで統制すべきだとい

う考えが根強い。例えば，議会から立法で直接授権された場合，行政機関は第一義的に大統領ではなく連邦議会に責任を負うことになる。そのため，先に紹介したトルーマンの発言に表れているように，大統領はしばしばこれらの機関が思い通りに動かないという不満を抱えてきた。

官僚機構の発展

　各類型の機関の役割を把握するには，その成り立ちを理解するのが早道である。官僚機構の中で最も早くから発展し，大規模なのが執行機関である。合衆国憲法に一応の言及があるため，その存在は広く認められてきた。連邦政府の発足時，外務省（すぐに国務省に改称），財務省，戦争省の3省で始まった執行機関は，その後増えていき，今では15を数える（2022年12月時点）。法律の内容を忠実に執行して，大統領の執行権の行使を手伝うのが，その役割とされた。しかし，19世紀を通じて連邦政府の役割が拡大していくと，2つの限界が意識されるようになった。

　第1に，公務員の人事制度は当時，大統領選挙に勝った政党が選挙の論功行賞として支持者を官職に就ける猟官制という政治任用制度で，公務員の専門知識や業務の効率性が不十分と考えられた。第2に，政策を執行する段階で，執行に当たる機関が裁量的に（独自に）法解釈を行って規則を作ったり，個々の事案について審判を行って処分を下したりする必要が出てくる。ところが，それは立法権や司法権の行使にあたり，一つの機関が複数の権力を行使してはならないとする，憲法上の権力分立原理に反するという見方も強かった。またコモン・ローの下では，裁判所以外の機関が正式な裁判よりも「いい加減」な手続きで審判を行って処分を決めることも問題視された。

　そこで，鉄道運賃規制の担い手として1887年に設置された州際通商委員会を皮切りに，本格的に活用されるようになったのが，主に関係分野の専門家を任用する独立行政機関である。これらの機関は，専門知識を用いて審判や規則制定を通じて独自の解釈で法を執行するようになった。しかし，大統領がこの機関を指揮したのでは，間接的にせよ大統領が立法権や司法権も行使することになり，権力分立を厳格にとらえる見方に反する。そこで，独立行政機関は三権すべてから距離を保ちつつ，三権すべてに統制されるようにするという妥協

がなされた（Okayama 2019）。

この過程で，審判や規則制定を行い，政府の三権すべてを部分的に行使する政策執行が「行政（administration）」と呼ばれるようになった。このように，執行機関と独立行政機関は成立の経緯と役割を異にする。しかし，その後1883年のペンドルトン法で，能力本位の公務員人事制度（メリット・システム）の導入が決まった。それが下位の役職から浸透していくのにつれて，執行機関にも行政上の役割が与えられていった。他方，1970年に設置された環境保護庁のように，執行機関と似た組織形態をもつ独立行政機関も登場している。

これら行政機関は，専門性に基づいて行動することが期待され，議会や司法府の統制も受けるので，大統領に従うとは限らない。そのため，20世紀に入って大統領の政策上の役割が増大すると，大統領だけに忠実な補佐役の必要性が意識されるようになった（→第8章）。それを受けて，1939年の執行府再組織法によって発足したのが，大統領府である。それまで秘書が数名いる程度だった大統領にとって，これは大きな組織資源の増大を意味した。

大統領府は大統領直属の機関で，スタッフの任命に連邦議会上院の承認が必要ないことから，大統領は好きなように人選できる。ただし，国防総省のように数十万人規模のものもある大規模な執行機関と比べれば，大統領府は今日でも数千人規模で，政策立案や決定について大統領を補佐する，小さな組織にすぎない。外交交渉などを除けば，政策の執行には行政機関の働きが不可欠で，大統領府の設置によって行政機関に対する大統領の不満が解消されたわけではない。

▍行政機関とその論争性

すでにみたように，行政機関は多様な機関からなるが，多かれ少なかれ三権から自律的に活動する。重要な規制政策を担う連邦取引委員会や証券取引委員会といった独立規制委員会（independent regulatory commission）は，とくにその傾向が強い。これらには一人の長官がいるのでなく，複数の委員の合議体で，しかも委員の任期が大統領よりも長く，互いに任期をずらして設定されている。

執行機関と環境保護庁など一人の長官によって指揮される独立行政機関の高官は，政権交代後，原則的に職を去る。それに対して，独立規制委員会は少し

ずつしか構成員が入れ替わらず，大統領と政策面で対立する委員が多数派を占めることもありうる。一つの政党から委員のぎりぎり過半数までしか任用できないと定められている機関も多く，これも大統領による統制を難しくする。独立行政機関は，時に政権の方向性と相容れない方針を採用して大統領の怒りを買ってきた。

20世紀には，長くリベラル派が優勢だったこともあり，行政機関は大きく発展してきた。しかし，その明らかな重要性にもかかわらず，行政については憲法上の位置づけが明確でなく，官僚には民主的統制も及びにくいことから，その正当性をめぐって度々論争が生じてきた。そこでの行政への批判は，大きく2つに分かれる。

第1は保守派からの批判で，行政が権力分立に違反するとして，行政機関を解体するか，せめてその裁量を限定すべきだというものである。この批判は，行政機関の大統領からの独立性を高めるなどの影響をもってきた。最近でも，2022年に出されたウェスト・ヴァージニア州対環境保護庁最高裁判決で，保守派の6名の裁判官が，環境保護庁のとった政策が連邦議会による委任の範囲を超えており，無効としている。保守派の「大きな政府」批判は，政府の規模だけでなく政策執行のあり方にも向けられる点に注意が必要である。

第2の批判は，行政の自律性に対するもので，それが政府全体の政策的な一貫性を損なうことを問題視する。これは，行政機関を大統領の指揮下に置くべきだという主張につながる。この考え方は，イデオロギーを問わず大統領のリーダーシップを重視する勢力に支持されてきた。F. D. ローズヴェルト大統領の設置した執行府改革の諮問委員会（通称，ブラウンロウ委員会）は，1937年の報告書で，独立規制委員会が憲法で規定されていないのに大きな権力を振るう「第4の機関」になっていると批判して，執行機関への編入を主張した。

それと関連して，憲法で規定された三権以外の権力は存在すべきでないと考える保守派を中心に，行政機関をはじめ政策を執行する機関はすべて大統領の指示に従うべきだとする「一元的執行権（unitary executive）」論が展開されてきた。とくにG. W. ブッシュ政権以降，大統領はしばしばこの立場から行政機関への統制を強めようと試みてきた（Calabresi and Yoo 2008）。

こうした批判はあるにせよ，行政機関が現実に大きな役割を果たしている今

経済諮問委員会	行政管理予算局（OMB）
環境諮問委員会	全米麻薬撲滅対策室
国内政策会議	社会連携室
ジェンダー政策評議会	科学技術政策局
国家経済会議（NEC）	サイバー安全保障局長室
国家安全保障会議（NSC）	合衆国通商代表室（USTR）
国内気候政策室	大統領人事局
政府間関係室	国家宇宙会議

［出典］　ホワイトハウスのウェブサイト。

日，その存在は広く不可欠と考えられている。また，行政機関の役割に関する議論が主に展開されている法学の世界では，専門知識をもつ行政機関に裁量を与えて積極的に活動させるべきと考えるリベラル派が多数派を占める。そのため，ここで紹介した憲法上・実際上の批判とどう折り合いをつけ行政機関を活用するかが議論され続けている（Cook 2021）。

大統領府

　大統領府は，首席補佐官によって統括され，その内部には表10.2にあるように，政策分野ごとの小組織が多数設けられている。安全保障について総合的に検討する国家安全保障会議（NSC）や，政権の予算編成を取り仕切る行政管理予算局（OMB）のように，設置が法律で義務づけられているものも多い一方，大統領の政策的関心に応じて部局や役職が設けられることもある。例えばバイデン政権は，新たに国内気候政策室やジェンダー政策評議会などを設置している。

　政策の検討に際しては，実際に執行に当たる行政機関との情報交換や調整が重要になるため，会合には関連分野の機関の長官が招かれ，行政機関から職員が出向している。NSCであれば国務長官や国防長官，また軍の制服組のトップである統合参謀本部議長や，情報機関を統轄する国家情報長官らが参加する。

　大統領府の中枢を占めるのが，ホワイトハウス事務局である。最重要の補佐官はホワイトハウス内にオフィスをもち，大統領と日常的に意見交換を行う。国務長官や財務長官といった重要な執行機関の長官でも，通常は予約なしには

大統領に会えないので，これは大変な特権である。他のスタッフも，多くがホワイトハウスに隣接する建物に勤務する。

　憲法上，大統領は一人の人間であるものの，今日，大統領に期待される役割を一個人がすべて担うのは不可能である（→第**8**章）。そのため大統領は，政策専門家や法律顧問なども含むチームによって構成される，一個の組織ないし機関としてとらえられるようになっている。ホワイトハウス事務局は，この「機関としての大統領」の中核をなす。そこで補佐官は，担当する政策について専門的な見地から大統領に助言するだけでなく，スピーチライターや報道官など，分野をまたいで大統領の果たすべき職務を支える役割ももつ。

　近年は，副大統領もこの政権チームの重要な一員である。かつて副大統領候補の選出にあたっては，選挙時に出身地域等の点で大統領候補の支持層を補えることが重視され，就任後は具体的な役割を与えられないことが多かった。それが，とくにクリントン政権のアル・ゴア副大統領以降，副大統領が大統領への助言者や重要政策の調整役として実質的な役割を果たすようになっている。例えば，トランプ政権のマイク・ペンス副大統領は，2020年に新型コロナウイルス感染症が広がった際，ホワイトハウスのタスクフォースの長に任命されている。

 行政機関と大統領

行政機関の活動様式

　今日，連邦政府に期待される政策的役割の大きさと，政策執行に求められる専門性の高さを踏まえると，大規模な官僚機構の存在は不可欠といえる。行政機関は，政策の執行について，さまざまな手法を用いて政府の三権を部分的に行使するが，今日とくに重要なのが規則制定（準立法）である。規則制定とは，執行にあたって法律の範囲内で，より具体的なルールを定めることを指す。規則制定にあたっては，公聴会やパブリック・コメントを通じて利害関係者の意見を吸い上げるといった手続きがとられる。

こうした規則は法律に比べて一般の人々の目に止まりにくい。それでも，法律の中身を実質的に決めるものであり，大きな影響力をもつ。例えば，オバマ政権は本格的な環境保護立法には失敗したものの，エネルギー省が家電製品などの省エネルギー基準を厳格化する規則を細部にわたり制定した結果，社会全体で大幅な省エネが進んだ。

　また，行政機関は，審判を通して社会のさまざまな主体（アクター）の活動の合法性を判断する準司法的な機能ももつ。例えば，多くの行政機関には行政法審判官（ALJ）と呼ばれる官職が置かれている。彼らは経験を積んだ法曹から選ばれ，所属機関からも独立した立場で，裁判に似た手続きで審判を行う，裁判官に類似した役職である。大半のALJが在籍する社会保障庁では，障害者年金の受給資格などについて，各地域の支局でなされた決定に争いが出た場合の再審査などを担っている。現代において，ALJ以外によるものも含む，裁判に類似した行政審判の件数は，裁判所による訴訟の数をはるかに上回る。

　このように，行政機関は多様な分野で政府のあらゆる権力を行使して政策を執行するが，政策執行の現場で培った経験と知識に基づいて，連邦議会に立法の提案も行う。行政機関が大きな裁量をもち，時に政策立案を率先して行う点で，アメリカでも行政機関が政策過程の主導権を握る行政国家化が進んできたといえる。

　各機関の職員の大半はキャリア公務員で，競争試験などの能力審査によって序列が決まり，それに基づいて就ける役職が確定する，職階制という人事制度が運用されている。ある役職に欠員が出た場合でも，内部の人事異動でそれを埋めるとは限らず，外部から採用することもある。そのため日本に比べて政府と民間との間の人材の出入りが多く，また官職ごとの専門性や自律性が高くなりやすい。

　では，行政機関はどのような立場から政策過程にかかわるのだろうか。行政機関の高官は大半が大統領に任命されるので，基本的にはその方針に従う。またキャリア官僚は，どんな上司が送り込まれてきても彼らに従って業務を進める，黒子としての態度を身につけている。とはいえ，官僚に独自の政策目標がないわけではない。とくに，上級の官僚は管轄する分野の高度な専門知識をもつ者が多く，意見の異なる政治任用者に抵抗することもあれば，説得して抱き

込んでしまう場合もある（Heclo 1977）。

こうした傾向は，環境保護庁や労働者の待遇改善をめざす労働省といった，特定の政策目標を掲げた機関に，とくに顕著である。それらのキャリア公務員は，自らそうした政策に肩入れし，専門家として評価を得ている者も多いので，政権と特定機関の官僚が対立して政権の方針が妨害されることも起こりうる。例えばレーガン政権では，1981 年に環境保護政策反対派のアン・ゴーサッチが環境保護庁の長官に任命され，同庁の規模と役割を削減したものの，官僚との対立から機能不全に陥り，数年で辞職に追い込まれている。

▎大統領による高官人事 ▎

大統領のもつ高官の人事権は，三権の中で最も直接的に行政機関に影響力を行使できる，重大な権限である。今日，4000 近いとされる政治任用ポストの人選が，大統領の最初の大仕事である。そのうち，千数百に及ぶ上級の官職について連邦議会上院の承認が必要とされる。この人選は決定的に重要だが，裁判官の人事と同様に，次の 2 点が最も重視されると考えられている。

第 1 は，対象ポストが管轄する政策に関して大統領と考え方を共有していることである。行政機関は大きな裁量と自律性をもつので，進んで大統領の方針に沿って行動するような人物を任命する必要がある。しかし，考え方さえ似ていれば誰でもよいわけではない。第 2 に重視されるのが，関連分野の専門知識や能力である。これがないと政策判断を誤ったり，官僚に説得されて大統領の意向を貫徹できなくなったりするおそれがある。

政治任用職の人材の供給源は，連邦と州の両レベルの政治家，関連分野の研究者，任命先機関のキャリア官僚など，さまざまである。関連分野の経験を買われて，利益団体の幹部や企業経営者が任用されることも多い。またシンクタンクも，登用を待つ在野の政策専門家にとっての受け皿として大きな存在感をもつ（→第 6 章）。こうした利害関係者の政府への出入りは「回転ドア」と呼ばれ，官民の癒着の温床として批判されることが少なくない。

とくに難しいのが，経済政策や安全保障など，行政機関と大統領府の双方に重要ポストが置かれている場合に，人材をどう配置するかである。最も頼りになる人材を大統領府に置けば，信頼できる助言者になるが，行政機関に送り込

んで政策の執行を主導させるべきかもしれない。しかしその場合，キャリア官僚に取り込まれるおそれもある。また，行政機関と大統領府が協調できるかどうかも，政策執行上，重要な意味をもつ。例えば，国防長官と国家安全保障担当補佐官が対立すれば，安全保障政策はスムーズに進まなくなる。

　実際には，大統領は自分と個人的に親しい人物を大統領府に集めがちである。例えば，ジョン・F.ケネディ政権やカーター政権は，人間関係の緊密さから「マフィア」の異名までとった。しかし，それがよい結果につながるとは限らない。政策決定では，多様な考え方や情報が検討されたほうが適切な結論を出せる場合も少なくないからである。例えば，G. W.ブッシュ政権では，外交・安全保障関連の高官の考えが似通っていたことが，2001年の同時多発テロの後，イラクが大量破壊兵器を準備しているという誤った情報を排除できず，同国への武力行使につながった一因と考えられている。

　高官の人選が重要なのは，任命後の統制が難しいからでもある。独立行政機関の場合は罷免が困難だし，執行機関の高官にしても，すでにそれぞれの道で成功した人々なので，更迭されても生活に困るわけではない。むしろ，こうした官職は激務の割に民間に比べ薄給なので，高官は数年務めると辞職することも多い。また人事には，人選と連邦議会上院での審査の手間がかかる。大統領は，自分に従わない高官を更迭すると脅せば従わせられるわけではなく，この点でも「説得する力」は弱いといえる。

　なお，大統領が常に行政機関の人事を進めようとするとは限らない。仕事をさせたくない行政機関や役職に，あえて人事を行わないことで政策の執行を停滞させることもあるとみられている。トランプ政権で行政官の政治任用人事が滞った背景には，人選が進まなかっただけでなく，環境保護庁など敵対する官庁への妨害の意図もあったのではないかと推測されている。

┃ 大統領による行政機関の統制手段 ┃

　大統領は，めざす政策方針を実現するために，あの手この手で行政機関を統制しようとする。最も目立つのが各種の命令で，法律の執行にあたり，どのように解釈すべきかを示す文書である。大統領の意向を具体的かつ体系的に示し，異なる機関の間で一貫した形で政策が執行されるようにするねらいがある。こ

れらは大統領令や大統領覚書など，多数の形式があるが，大統領がそれらをどう使い分けているかはわからないことが多く，研究課題として残されている。

　大統領による命令には近年，実質的に新たな政策を作るようなものが増えている。立法権は連邦議会に属する以上，大統領の命令は法律の枠内に収まらなければならないものの，その範囲は必ずしも明らかではなく，違法だと批判が出て訴訟になることもある。また，命令といっても実際は一方的なものではなく，普通は執行する行政機関との調整を経て出される。

　例えば，トランプ大統領は2017年の就任から間もなく，ムスリム（イスラーム教徒）が多数派を占める7カ国からの入国を禁止する大統領令を発した。ところが，国務省や国土安全保障省などの関係省庁と事前調整を行わなかったこともあって，現場は混乱し，方針に反対する諸州などから訴えられた。その結果，裁判所に差し止められた後に，判決で多くの部分が無効にされている。

　大統領は，行政機関に指示を出すだけでなく，その政策執行を監視している。1980年代以降，大統領府内の行政管理予算局（OMB）に設置された情報・規制問題室（OIRA）は，行政機関が規制のために作る規則の草案を，大統領の方針に反していないかも含めて点検している。ただし，独立規制委員会は対象外で，こうした点からも，独立行政機関が執行機関と異なる，より自律的な位置づけを与えられていることがわかる。

　また，人事権を用いた行政機関への介入は，高官を任命して終わりではない。すでにみたように，キャリア公務員が大統領の意向に従わない場合もある。日本と同様に身分保障があるため罷免はできないが，異動させることはできるので，大統領は邪魔なキャリア公務員を他のポストに異動させ，その後釜に政治任用者を据えることがある。ただし，こうしたキャリア公務員は専門知識をもち，部局で重要な役割を果たしていた場合が多いため，この人事によって部局の方針が大統領寄りに変わったとしても，その能力が犠牲になることは避けがたい。

　自然災害などに対応する連邦緊急事態管理庁（FEMA）は，G. W. ブッシュ政権に入って経験の浅い長官を任命されたうえ，2003年に独立行政機関から新設の国土安全保障省の部局へと格下げされた。その過程で，経験を積んだ庁内のキャリア公務員の多くが異動となり，こうした組織再編のため，2005年

夏にメキシコ湾岸を襲ったハリケーン・カトリーナへの対応に大きな支障が出たとみられている（ルイス 2009）。

3 連邦議会・司法府による行政機関の統制

執行を意識した立法

　連邦議会にとって，法の執行役である行政機関を統制する最も強力な手段は立法である。その際，鍵となるのが，法律の条文を通じて行政機関にどの程度の裁量を与えるかである。

　現代では各政策分野が高度に専門化しており，連邦議会の調査・分析能力が充実していても，日々政策執行の現場にいる行政官にはかなわない。そのため，条文を細かく書き込んで行政機関の手を縛るよりも，その能力を信頼して裁量を与えるのが基本姿勢になっている。条文を通じて行政機関に細かく指示を出すのは，議会にとって手間だから，大雑把な立法で済むならそのほうが好都合である。例えば，農務省は市販されるチーズの穴の大きさについても規則を作っているが，連邦議会がそこまで立法で決めるのは現実的ではないだろう。

　とはいえ，連邦議会は常に行政機関に大きな裁量を与えるわけではない。行政機関が議会側と異なる政策的立場をもつ場合，議会側の意思に反する形で法を執行するおそれがある。連邦議会も，この点を考慮して立法を行うと考えられている。執行に当たる行政機関の政策的立場が議会側と大きく異なるときは，規定をより細かく置いて裁量の余地を減らし，議会に不利な行動をしにくいようにするのである（Epstein and O'Halloran 1999）。

　行政機関の統制にあたって，議会は大統領との関係も意識する。大統領は行政機関に大きな影響力をもつため，連邦議会は大統領と政策的立場が大きく異なる場合も，行政機関の裁量を制約するように立法するとみられる。新たな行政機関を設置する場合も，分割政府のときは統一政府のときに比べて執行機関ではなく，独立行政機関が選ばれることが多い。

　ただし，二大政党のイデオロギー的分極化によって立法が困難になるにつれ，

大統領や行政機関が議会側の意図に反する形で大きな裁量を発揮したとしても，立法で対抗するのは難しくなっている。2014年，共和党が多数を占める連邦議会下院は，下院を原告に大統領や行政機関の越権行為に対して訴訟を起こせると決議し，実際にオバマケア（オバマ大統領が推進した医療保険改革）の執行について訴訟が起こされた。こうした前代未聞の措置は，今日における立法の困難さを物語っている。

　しかし，連邦議会は別の形で行政機関を統制できる法律を作れる。それが予算法案の策定で，財源がなければ行政機関は活動しようがない。大統領は予算教書を提出できるものの，議会側はそれをいくらでも修正して独自の予算法案を作れる。そのため，議会側は意向に沿わない行政機関を予算の削減をちらつかせて脅すこともある。歴史的には，予算が盛り込まれなかったことで実質的に廃止に追い込まれた機関まであるから，これは絶大な影響力をもちうる。

▌連邦議会による行政機関の監視

　連邦議会による，行政の統制手法としてはさらに，関連の政策を管轄する委員会による調査を挙げられる。2012年には，リビアのベンガジにあるアメリカ領事館がテロ攻撃に遭い，大使を含む多数の死者が出て，国務省の上層部が事前の関連情報を適切に取り上げなかったのが原因ではないかといわれた。このときは，連邦議会下院に設置された特別委員会が調査を行い，ヒラリー・クリントン国務長官をはじめ高官が喚問されて聴聞を受けた。

　公開の場で，時にテレビ中継付きで議員たちに根掘り葉掘り問い質され，批判される公聴会は，行政官が最も恐れることの一つで，不正などへの抑止の意味ももつ。ただし，こうした調査は，行政活動の良し悪しを判断するためだけに行われるとは限らない。この例でも，当時，下院で多数派を占めていた共和党による，クリントン長官への個人攻撃も多かれ少なかれ意図されていたとみられている。

　この例では，大規模な事件が発生し大きく報道されたため，議会側がそれに気づくのは難しくなかった。しかし，行政機関が議会の意に反して行動したり，不正を働いたりしているのを察知するのは必ずしも容易ではない。そのための監視役として，連邦議会には行政活動検査院（GAO：旧会計検査院）が設けら

れており，政府の活動全般に目を光らせている。

　また各分野の利益団体など，行政機関の活動に影響される諸主体は，行政機関から不利益を被ると，連邦議会議員に相談をもちかける。こうした政府外のアクターを通じた行政機関の監視は，アメリカのように政府の開放性が高い場合にとくに有効といえる。アメリカで，世界でもかなり早く，1966 年に情報公開法である情報の自由法（FOIA）が制定されているのは，それに対応したものといえる。人々の「知る権利」を保障することは，政府外のアクターによる「火災報知器型」の監視をしやすくすることにもなる。

　ただし，連邦議会が常に行政機関による執行のあり方を気にかけるとは限らない。再選を重視して行動する議員にとっては，功績になるのは有権者に評価されるような立法をしたかどうかであって，その後の執行がうまくいったかどうかは必ずしも重要でない。とくに，重要であっても対処の難しい問題の場合は，議員たちは功績を得るために派手な立法を行い，執行を行政に丸投げすることもありうる。仮に政策目標が達成されなくても，行政機関に失敗の責任を転嫁できるかもしれないからである（Arnold 1990）。

▌行政機関への委任と司法▐

　現代では，連邦議会から行政機関への立法権の委任も広範に行われている。その背景にある行政機関の専門性に対する信頼は，ニューディール期以降，裁判所にも共有されてきている。

　例えば，行政機関が裁量的に規則を作ったり処分を下したりする際に行う法解釈について，1984 年のシェヴロン判決では，ある法律の条文に関して連邦議会の制定意図が明確でない場合に，行政機関の行った解釈が合理的である限り，裁判所はそれを尊重すべきとされた。1997 年のアワー判決ではさらに，ある行政機関による規制政策の内容が曖昧でも，その機関の解釈が合理的なら裁判所は受け入れるべきだとされている。

　とはいえ，司法は行政機関の判断を無条件で受け入れるわけではない。日本で行政機関を訴えた原告が勝つ確率は，実質的に数 % にすぎず，それもあって訴訟自体が少ない。それに対して，アメリカの連邦レベルでは，行政訴訟が頻繁に提起され，原告の勝率は今日でも 2 割を超えるとされる。それには，大

きく２つの理由があると考えられる。

第１は，すでにみた行政機関の論争性からくる。全体に，保守派は行政機関の裁量を限定的に解釈するだけでなく，行政機関の政策決定にいたる手続きが適正かどうかも厳格にとらえる傾向が強い。アメリカでは1946年に行政手続法が制定され，行政機関による規則制定や審判の手続きが規律されている。これは，当時の保守派法曹が主導権を発揮して制定されたもので，民主的正当性をもたない行政機関の抑制を重視する保守派の意思が表れている。

第２に，裁判官のイデオロギーの多様性が挙げられる。第二次世界大戦後，ほとんどの時期に自民党が政権を握ってきた日本では，裁判官と行政機関の間で政策的立場に大きな乖離（かいり）が生じにくい。それに対して，アメリカではしばしば政権交代が起こり，とくに二大政党のイデオロギー的分極化の進んだ今日では，保守とリベラルで行政機関への見方が異なることもあって，裁判官と行政機関の間で意見対立が生じやすい。シェヴロン判決以降でも，裁判官のイデオロギー的傾向によって，行政機関の決定への態度に，明確な違いのあることがわかっている（Miles and Sunstein 2008）。

行政機関の活動に対する司法審査を多く担当し，合衆国最高裁に次ぐ重要性をもつとされるのが，ワシントンDC巡回区の連邦控訴審裁判所である。同裁判所は，行政機関の本部の集まる首都に置かれているため，重要な行政訴訟を多く扱う。近年，最高裁の裁判官の多くがこの裁判所から選ばれていることは，人選を行う大統領にとっての行政訴訟の重要性を物語る。

このように，司法は行政機関を監督しつつ，総じて広範な裁量を認めてきた。しかし，前章でみたように，2020年に最高裁における保守派の優位がはっきりしたことで，行政裁量により抑制的な立場をとるのではないかという期待から，行政機関の役割をめぐる訴訟が増える可能性もある。現実問題として，行政機関がなくなることは考えにくいものの，行政機関をどう活用すべきかの議論は今後も続きそうである。

EXERCISE ●演習問題

① アメリカの行政機関は，なぜ大統領だけに統制されないのだろうか。

② 大統領は，行政機関の政治任用人事にあたり何を意識しているのだろうか。
③ 連邦議会は，どのように行政機関を統制しようとするだろうか。

さらに学びたい人のために┃   **Bookguide** ●

岡山裕「権力分立——なぜ大統領は『行政権』を持たないか」久保文明・中山
俊宏・山岸敬和・梅川健編『アメリカ政治の地殻変動——分極化の行方』東
京大学出版会，2021 年。

    行政機関が大統領だけに従うわけではないところが，アメリカの権力分立
制度の重要な特徴であることを，歴史的，理論的に解説している。

デイヴィッド・E. ルイス／稲継裕昭監訳『大統領任命の政治学——政治任用
の実態と行政への影響』ミネルヴァ書房，2009 年。

    大統領がどのように政治任用者の人事権を活用して，行政機関を統制しよ
うとするかを包括的に分析した，この分野の代表的研究。

Th・J. ロウィ／村松岐夫監訳『自由主義の終焉——現代政府の問題性』木鐸
社，1981 年。

    行政国家化の進んだ現代アメリカで，連邦議会の委員会や有力な利益団体
と結び付いて既得権益を握る「利益集団自由主義」が生み出されていること
を喝破した古典的研究。

第 11 章

連邦制と地方自治

⋔ニュージャージー州スポーツ賭博法をめぐる合衆国最高裁の審理の傍聴に訪れたクリス・クリスティ同州元知事（2017 年 12 月 4 日，ワシントン DC。写真提供：AFP＝時事）。

INTRODUCTION

　2012 年，ニュージャージー州はカジノ等でのスポーツ賭博を認める立法を行った。これは，一部の州を除きスポーツ賭博全般を禁じる 1992 年制定の連邦法に挑戦するもので，それをきっかけに提起された訴訟の末，2018 年に連邦政府による規制は違憲とされた。連邦制の下で，連邦と州の分業ははっきりしていると思うかもしれないが，実際には連邦と州の相互作用で変化してきた。本章では，その力学に加えて，州内の地方自治についても解説する。

1 変化する連邦制

アメリカの連邦制の特徴

　本書ではここまで，連邦レベルの政治に力点を置いて解説してきた。しかし，アメリカは連邦制をとっており，連邦政府以外の政府やそれらをめぐる政治が無視できない重要性をもつ。

　連邦制に対する一般的な認識は，連邦の構成単位（アメリカでは州）の政府が大きな権限をもつ，というものではないだろうか。連邦制の定義は定まっていないが，次の2つの特徴をあわせもつかどうかに着目することが多い。第1は政治的代表のあり方で，市民が中央政府と構成単位の政府の両方に直接代表を選出することである。市民が構成単位の政府だけに代表を選出している場合は，国家連合とみることが多い。第2は政府間の分業で，中央政府と構成単位の間で管轄する分野が異なり，両者が対等なことである。構成単位が中央政府に服従する度合いが大きくなるにつれて，単一国家に近くなる。

　同じ連邦制国家でも，連邦と州の間の権限配分はさまざまである。序章でみたように，合衆国憲法では，連邦政府に対外関係や州をまたぐ経済活動（州際通商）の規制といった，重要だが限られた一連の権限のみが与えられている。さらに合衆国憲法第10修正条項で，こうして列挙されたもの以外の権限は州に留保されている。他方で，連邦法は最高法規として州法に優越する。合衆国最高裁は州レベルの訴訟についても最終審になりうることもあって，連邦制の作動の仕方は連邦政府の方針に大きく左右される。

　なお，連邦制とは，連邦と諸州の間の関係のみを指す。それに，アメリカの文脈では連邦政府を「中央政府」と呼ぶことはあっても，州政府を「地方政府」と呼ぶことはない。地方政府は，州に対して市など下位の政府のことだからである。州政府の下には，カウンティ（郡）や市といった州内の行政単位を統治する政府が存在する。それらの権限や役割も多様であるが，州政府によって設置・認可され，州政府に服従するのは同じで，連邦と州の関係とは異なる。

他方，民事法や刑事法といった，市民の日常生活にかかわる事項の多くは州レベルで規律されている。合衆国憲法は一国の憲法典としてはかなり短いが，多くの州の憲法典ははるかに長く，詳細な規定をもつ。また18世紀末以来，27回修正されただけの合衆国憲法と違って，州憲法は全州合わせてこれまでに1万回以上修正されており，全面的な書き換えもされてきた。こうした経緯から，州憲法には時代の要請に合わせて新たな諸権利が書き込まれたものもあるなど，内容も多様である。例えば，すべての州憲法が公教育に関する規定をもつ（2022年12月時点）(Brown 2022)。

また本書では紙幅の都合上扱えないが，首都のワシントンDCやグアム，プエルトリコといった，州以外の地域は，一定の自治権を与えられているものの，連邦政府の管轄下にある。

連邦の役割の歴史的拡大

連邦と州の関係は，歴史的に大きく変化してきた。19世紀後半まで，連邦政府は連邦全体にかかわる限られた事項だけを担い，州との分業関係も明らかだと考えられていた。この伝統的な連邦制は，「二元的連邦制」と呼ばれる。しかし実際にはそう単純でなく，また時期が下るにつれて連邦政府の役割は大きく拡大し，州政府との重なりも顕著になってきた。

それは，社会の変化によって連邦政府がもともと管轄する分野の政策的比重が増大したことが大きい。憲法上，州際通商を規制できるのは連邦政府だけである。19世紀後半には，鉄道や電信・電話に代表される科学技術の普及もあって，人々の活動が州境を越えるのが当然になった。そのため，交通機関や通信，各種の商取引など，従来は州政府に管轄されていた分野で連邦の関与の必要性が増していった。

これ以降，連邦政府は活動の範囲を拡大していき，大恐慌対策を行ったニューディール期が連邦制のとらえ方についても転機となった。以後，農業や製造業を含む，ほぼあらゆる経済活動が州際通商にかかわるとみなされるようになり，連邦政府の介入に憲法上の制約はほとんどなくなっている。他方で，各州は連邦法に反しない限りで管轄権を保持しており，連邦と州の活動は多くの領域で重複するようになっている。例えば，連邦政府は自動車の排ガス規制を行

っているが，環境保護に力を入れるカリフォルニア州などは，連邦よりも厳格な規制を敷いている。

連邦政府の役割が拡大したといっても，市場との関係だけなら大したことはないと思うかもしれない。しかし，今日の連邦政府の活動領域は，経済規制という言葉でイメージされるよりもはるかに幅広い。例えば，連邦政府は人種差別をなくすために社会に介入している。そこには，ホテルやレストランといった公共性の高い施設や公共交通機関での差別の是正が含まれ，これは州際通商規制権限に基づいている。同じことが，環境保護や人工妊娠中絶などの規制についてもいえる。人々の生活のありとあらゆる側面が商取引とかかわる以上，連邦政府の権限も社会の隅々にまで及びうるのである。

アメリカは今日でも連邦制を維持しているものの，連邦と州の間で管轄の重複が増え，しかも連邦法が優越することから，かつてより単一国家に近づいているともいえよう。ある調査で，各州が独自の憲法典をもつことを知らない人が半数近くに上ったというのは，この変化が国民の意識にも反映しているということかもしれない。

現代の連邦制

ただし，憲法上は可能であっても，連邦が介入を控えるべきと考えられている政策領域は少なくない。例えば初等中等教育は，子どもの教育は保護者をはじめとする地域の人々で決めるべきという考えから，第3節でみるように，地方政府の一種である学校区に任されてきた。それでも，連邦政府が手を出せないわけではない。こうした領域について，連邦が人々にある行動を強制することには反発が出るものの，特定の方針をとるよう促すことはできる。

教育政策を例にとると，1950年代以降，連邦政府はアメリカの初等中等教育の水準を向上させようと，さまざまな形で関与してきた。それは主に，資源配分を通じて州および地方政府に連邦の方針に従うのが得だと思わせることによってなされた。1965年の初等中等教育法では，冷戦を戦ううえで重要とされた，外国語や理数系の科目を充実させるような教育改革を進める州に助成金が与えられた。オバマ政権でも，教師の自主性を重んじつつ子どもたちの達成度を上げられるような改革案を募り，優秀な案を出した州にその実施資金を提

供する「頂点への競争」という政策が 2009 年から実施された。

　助成と引き換えに，州・地方政府を連邦政府の意向に従わせる分配政策は，権限の限られた連邦が目的を達するための常套手段である。今日，州はどこも財政が苦しく，しかもほとんどの州で政府が財政赤字の防止を法的に義務づけられている。そのため，連邦への財政的な依存が進んでいる。連邦から州への財政移転では，州がほぼ自由に使い途を決められる「ブロック・グラント」の割合も大きいが，使途の限定される助成でも，受けられれば，その分の州の財源を他の目的に回せる。近年は，平均すると州政府の歳入の約 3 分の 1 が連邦からの移転支出で賄われており，その割合が最も大きな州の一つであるワイオミング州などでは 5 割を超えている。

　今日，連邦が策定した政策を州に執行させることもめずらしくない。代表的なものに，公的医療保険がある。州が執行にかかわる場合は，一定の裁量が与えられるのが普通である。低所得者向けのメディケイドの場合には，州が独自予算を使って保険の内容を充実させれば，それに応じて連邦から助成が追加される。このように，州が積極的に関与するよう動機づけられているのである。また，オバマケア（オバマ政権期の医療保険改革）の下で，無保険者が個人で医療保険を買えるインターネット上の取引所「エクスチェンジ」が設置されている。これも，各州による設置が基本である。

　現代は連邦と州の管轄分野が大きく重なり，一方の活動は他方に大きく影響する。こうした連邦制は，「協調的連邦制」と呼ばれる。大きな政策資源をもつ連邦政府の動向は，州にとってきわめて重要である。そのため，各州は自州選出の連邦議会議員を通じて連邦政府に働きかけるばかりでなく，ワシントンDC に事務所を構えて連邦政府の動きを把握し，ロビイングを行う。また，連邦政府は州政府だけでなく，地方政府と協力して政策を執行することもある。地方政府や地域住民と協議して，大都市のスラムの再開発にあたるといった場合がそれに当たる。

▍連邦と州の対立と調整 ▍

　連邦と州の関係が緊密であれば，両者が対立することも出てくる。地域によって人々の考え方が大きく異なるのに対して，大統領や連邦議会は全国から選

出されている。そのため，連邦政府はイデオロギー的にみて相対的に中道寄りとなり，右（保守）寄りあるいは左（リベラル）寄りの州と対立しやすくなる。

　現代で最も重要な事例の一つに，黒人の市民的権利の保障がある。1954 年のブラウン対教育委員会事件判決では，最高裁が公立学校での人種別学を違憲としたが，これには南部の諸州が強く抵抗した。アーカンソー州リトルロック市で，1957 年に白人限定の高校に入学しようとした黒人の生徒を，州知事が州兵を用いて阻止しようとしたのに対して，市長の要請に基づいてアイゼンハワー大統領の派遣した連邦軍が警護にあたった。連邦議会は，南部の抵抗を押し切る形で，以後 1960 年代にかけて市民的権利や投票権を保障する立法を行っていった。そこには，州政府による差別を監視・統制する条項も含まれている。

　連邦の干渉に反対する州による対抗策として，近年目立つのが訴訟である。とくに 1990 年代からは，対立する政党の側が主導した連邦の政策に対して，複数の州が協力して訴訟で合法性を争うことが増えている。そこでは党派性が顕著であり，例えばオバマ政権期には，医療保険改革法や非正規移民の扱いに関する大統領の命令に対して，多数の州から訴訟が提起され，それらは共和党優位の州に主導されていた。

　また州は，連邦の政策に直接，間接に挑戦するような立法を行う場合もある。例えば，2020 年以降，最高裁の人的構成が明らかな保守派優位に変わったのを受けて，共和党優位の州では 1973 年のロウ対ウェイド事件判決に違反するような人工妊娠中絶規制法が相次いで成立した。これが，2022 年に同判決がドブス対ジャクソン事件判決によって覆されるきっかけとなった。

　それに連邦法では，マリファナの所持や使用は刑事罰の対象である。他方で，半数近い州が医療目的のマリファナの使用を認めるようになっており，娯楽目的の使用を認める州も増えている。連邦司法省は事態を静観してきたが，バイデン政権は 2022 年 10 月に，マリファナの所持で処罰された者に恩赦を与えるなど，政策の見直しに転換した。

　以上からは，連邦と州の関係が州によってさまざまなことがわかる。時に連邦政府と州政府が争う今日の連邦制は，「敵対的連邦制」といわれることもある。こうした事態が生じるのは，州ごとに政治や社会経済的状況が多様だから

である。そこで，次に各州の動きを，他の州との関係を意識して検討しよう。

 「民主主義の実験室」としての州

州政府の制度的特徴

　連邦レベルの政治を軸に据える本書では，州・地方レベルに割ける紙幅は限られるが，以下ではそれぞれの特徴を制度面に力点を置いて検討しよう。各州の政府は，州議会，知事，そして司法府という，連邦レベルと同様の三権で構成される。ただし，それぞれの組織構成や公職者の任期や権限などはきわめて多様であり，連邦レベルの理解がそのまま通用するとは限らない。以下では，連邦政府との重要な違いを中心にみてみよう。

　まず立法府は，一院制をとるネブラスカ州を除き，どの州でも二院制をとるものの，州によって議会の仕事ぶりに大きな違いがある。開会期間一つをとっても，連邦と同様にほぼ通年で開会している州もある一方，隔年にしか活動しない州もある。議員の位置づけも，議会の開会中のみ給与が支払われる州や，日当が出るだけで給与のない州も存在する。そこには，議員が職業としてみられているか，市民による奉仕の延長ととらえられているかの違いがある。それは，10以上の州で議員の任期に制限が設けられている点にも表れている。

　執行権を担う知事は，多くの州で任期が4年で，州兵（National Guard）の最高司令官でもあるというように，大統領との共通点が多い。他方，権限の面では，連邦レベルで大統領が法案全体の拒否権しかもたないのに対して，9割近い州では知事が歳出法案について特定の部分だけ拒否できるなど，なんらかの項目別の拒否権を与えられており，この点で有利といえる。

　他方，連邦レベルでは大統領と副大統領が実質的にペアで選出されるのに対して，副知事や選挙実務など州政府の運営を担当する州務長官などの高官を，知事とは別個の選挙で選ぶ州が多い。そのため，これらの役職が知事の対立政党によって占められると，執行府を束ねることが難しい場合も出てくる。

　州政府の三権のうち，制度の多様性が最も大きいのは司法府であろう。多く

の州では連邦と同様の3層構造だが，2層の州もあり，また特定分野の事件を扱う裁判所の種類も州によって異なる。裁判官の任期も実質的な終身から数年の任期制までさまざまで，約半数の州では能力ベースで裁判官人事を行う専門の審査委員会による人選を経て任命される。約20州では選挙で選出され，その中でも，候補者が政党所属を明らかにしてよい州と，それが禁じられている州があり，後者がやや多い。連邦に類似した，知事が自由に人選して指名・任命できる州はわずかである。

　また，州および地方政府に独自のものとして，いわゆる直接民主主義的な諸制度がある。それらは，一定数の有権者の署名を集めて申請することで発動するが，公職者の扱いにかかわる制度と立法にかかわる制度に大別される。現職の公職者を罷免するのに用いられるのがリコールで，申請がなされると住民投票が実施され，多数決で罷免か留任かが決まる。他方，立法にかかわるものは，新たな法案（州によっては憲法修正案も）を提示し，住民投票でその成否を問うイニシアティヴと，住民投票で既存の法律を廃止しようとするレファレンダムに分かれ，州・地方ごとにさらに細かな違いがある。

　直接民主主義的な制度の多くは，20世紀初頭の革新主義時代に多くの州で導入され，今日，大半の州がなんらかの制度をもつ。ただし，積極的に活用している州は多くない。重要な例外の一つがカリフォルニア州で，2003年には知事へのリコールが成立し，同時に行われた補選で人気俳優のアーノルド・シュワルツェネッガーが勝利した。これは，アメリカにおける州知事のリコールとしては史上2つ目の成功例である。

州の政策の多様性と相互調整

　前項の例からもわかるように，50州は置かれた状況も住民の考え方も大きく異なり，同じ問題でも政策的対応はさまざまとなる。20世紀前半に最高裁裁判官を務めたルイス・ブランダイスが，州を「民主主義の実験室」と呼んだことはよく知られている。そのため，州によって人々がもつ権利も違ってくる。合衆国憲法の規定（第4編第2条）により，国民はどの州内でもその州民のもつ権利を享受できる。逆に，ある州で認められている権利が他の州でも保障されるとは限らない。

例えば，2015年の最高裁判決で同性婚が全米で認められる前は，同性婚の制度をもつ州で結婚した同性カップルがこの制度をもたない州に移住した場合に，婚姻関係が法的に認められる保証はなかった。それが，全国で同性婚を認めさせようとする訴訟が起こされる一因ともなった。また州によって，どんな銃をどのような形で所有・携行してよいかについてのルールもさまざまである。

　アメリカでは，多くの分野で州が国家並みの権限をもつため，州の間で政策が大きく異なりうる。しかし，州によって扱いが違うのでは困る場合もある。そこで，ルールが共通していることの利点の大きい分野では，さまざまに調整がなされる。

　その代表例として，自動車運転免許の扱いを挙げられる。免許の取得要件は州によって異なるものの，居住する州の免許があれば原則的に他の州でも運転が認められる。ただし，どの分野でも同様に扱われるわけではない。同じ免許でも，法曹免許は司法試験に合格した州内での業務についてのみ有効で，別の地域で営業したければ，その州の司法試験に合格しなければならない。他方，医師免許は州が全国規模の非営利団体（NPO）と協力して管理しており，全国で有効である。

　それ以外に，州の間で法律の内容を共通化しようとする試みもなされてきた。そこで重要なのが，モデル法案の作成である。例えば，商取引をめぐるルールが州ごとに大きく異なっていては経済活動に支障が出る。各州の州知事に任命された委員からなる統一州法委員会は，民間の法曹団体とも協力して，統一が望ましいと考えられる分野の法律案を起草し，各州に採択を働きかけてきた。1950年代に発表され，今日，全国でいずれかの版が採用されている統一商事法典は，その最もよく知られた成果である。

▌政策の伝播▐

　州同士が積極的に協力する場合以外でも，州間で政策が似ていくことがある。州は互いの動向を注視しており，ある州で試みられた政策が成功したとみられると，他の州や連邦に採用されることもある。これは，「政策の伝播」と呼ばれる。歴史的によく知られた例に，20世紀初頭の革新主義時代に，ウィスコンシン州で試みられた予備選挙の導入など，一連の政治制度改革の広まりがあ

CHART 図 11.1 同性婚をめぐる状況

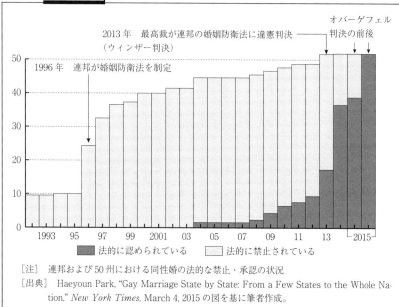

2013 年　最高裁が連邦の婚姻防衛法に違憲判決
（ウィンザー判決）

オバーゲフェル
判決の前後

1996 年　連邦が婚姻防衛法を制定

　法的に認められている　　　法的に禁止されている

［注］　連邦および 50 州における同性婚の法的な禁止・承認の状況
［出典］　Haeyoun Park, "Gay Marriage State by State: From a Few States to the Whole Nation," *New York Times*, March 4, 2015 の図を基に筆者作成。

る。また 2010 年のオバマケアは，2006 年にマサチューセッツ州で導入された皆健康保険制度も参考にしている（Mooney 2021）。

　現代における政策の伝播の極端な例として，同性婚にかかわるものがある。ハワイ州最高裁は 1993 年に，州が同性婚を認めないことの妥当性を吟味するよう促す判決を出した。これをきっかけに，**図 11.1** にあるように，立法や憲法修正の形で結婚を一組の男女間のものと定義する「婚姻防衛法」を制定する州が相次ぎ，2000 年には約 8 割に達した。1996 年には連邦でも，たとえ州が同性婚を導入しても，連邦政府としてはそれに基づく婚姻を認知しないとする婚姻防衛法が制定されている。しかし，2004 年のマサチューセッツを皮切りに，同性婚を認める州が増えた。13 年には連邦の婚姻防衛法に違憲判決が出され，さらに 15 年のオバーゲフェル事件判決によって全国で同性婚が認められた。

　政策の伝播については，それを媒介するアクターもいる。例えば，所有する土地や乗り物などの中であれば，侵入者への自衛目的の攻撃を広く認める「正当防衛法」は，2005 年にフロリダ州で立法化されてから数年のうちに複数の

州に広がった。その背景には，銃規制に反対する全米ライフル協会（NRA）の働きかけがあったとされる。また近年は，保守系のアメリカ立法交流会議（ALEC）という団体が，さまざまな政策分野について保守的な内容をもつモデル法案を共有する仲立ちをして注目を集めている。

▌州間の競争 ▌

とはいえ，州同士は常にこのように協力したり互いを模倣したりするわけではなく，多くの場合は競争関係にある。連邦と同じく，各州の公職者も多分に州内の景気の良し悪しで評価されるから，経済を活性化させるために人や企業を誘致するうえで他州と競合している。また，連邦からの移転支出が期待できるといっても，各州は財政的に独立しているので，州の経営に必要な財源を確保し歳出を抑制するためにも，他州と張り合うことになる。

州は権限が大きいといっても，独自の中央銀行制度をもたず，通貨も発行できないなど，連邦政府よりも経済政策の選択肢が限定される。それでも，規制や税制といった政策的工夫を通じて，企業や人々の流入を期待できる。例えば，半数以上の州は経済効果への期待から，州内で映画やテレビドラマなどの撮影を行うプロダクションになんらかの税制上の優遇措置をとっている。

州によって置かれた状況はいろいろであるが，規模が小さく目立つ産業のない州はとくに工夫をこらすことになる。大西洋岸中部のデラウェア州は，人口・面積のいずれも小規模だが，法人の設置と運営の自由度がきわめて高い会社法をもち，国内の大手企業の半数以上が本社を置くことで知られる。日本を含め，海外からアメリカに進出する際も，同州を拠点とする場合が多い。また，図11.2からわかるように，ネヴァダ州など複数の州には法人税も個人所得税もない。

その一方で，他州の動向を意に介さずに規制や税制が決まる場合もある。メイン州は厳格な食品の表示義務制度をもつが，それは同州のきわめてリベラルな土地柄からである。また，カリフォルニア州は厳しい環境保護規制をもつが，それは3500万人を超える人口をもち経済的にも発展した同州が，単独でも関連産業に影響を及ぼしうるからでもある。2022年には，2035年以降のガソリン車の新車販売禁止を決めており，追随する州も多く出てきている。

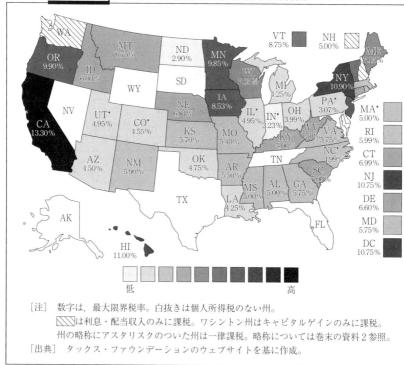

CHART 図11.2 所得税制の状況（2022年1月現在）

[注] 数字は，最大限界税率。白抜きは個人所得税のない州。
　　　は利息・配当収入のみに課税。ワシントン州はキャピタルゲインのみに課税。
　　　州の略称にアスタリスクのついた州は一律課税。略称については巻末の資料2参照。
[出典] タックス・ファウンデーションのウェブサイトを基に作成。

　以上の多くは経済発展と税収を期待した政策的措置であるが，逆に歳出の抑制を狙う場合も考えられる。その際に焦点となるのが，福祉や医療といった分野である。これらは州にとって財政負担が大きく，その内容が他州，とくに隣接した州よりも充実していると，それを目当てに人々が移住してくるために，さらに州の負担が増える可能性があると考えられている。

　人々がより望ましい政策的環境の地域に移動することは，一種の政治的意思表示とみて「足を使った投票」と呼ばれる。歳出を増やしかねない人々の流入を危惧する州は，周りの州よりも福祉などの水準を下げる動機をもつので，理論的には諸州が争うように政策の切り下げを行う「底辺への競争」が生じうる。そこでは，先に述べた規制緩和や減税といった措置が企業や人を引き寄せるのとは逆のことが起きることになる。しかし，実際にそれが生じているのかも含め，未解明の部分が多い（Volden 2002）。

州レベルの二大政党政治

　州による政策的違いは，政府を掌握している政党にも影響される。アメリカでは州レベルも民主・共和の二大政党制で，第三党の候補が勝利することは稀^{まれ}である（→第**2**章）。20世紀末以降，二大政党は全国規模で拮抗^{きっこう}しているものの，大半の州では一方の政党が明らかな優位にある。各州でも二大政党のイデオロギー的分極化は進んでおり，政党間のイデオロギー距離でみると，連邦議会よりも分極化の程度が大きな州議会のほうが多い（Shor and McCarty 2011）。分割政府が頻繁に生じることも，連邦レベルと共通する。

　さらに，州議会は総じて連邦議会よりも多数決主義的な制度をとっている。そのため，連邦政府の「決められない政治」に対して，多数党の側のイデオロギーがはっきり出た政策が作られやすい。民主党優位の州では，環境保護や消費者保護が推進され，福祉などの社会政策が充実し，非正規移民や性的マイノリティの権利保護が図られる傾向が強い。それに対して，共和党優位の州ではその反対の政策がとられる。銃規制が緩和され，人工妊娠中絶の規制が強められ，労働組合が弱められるといった具合である。

　多数党がどちらであるかによって，選挙のあり方も違ってくる。連邦・州の両レベルの選挙について，有権者の投票資格・方式の大部分が各州で決められている。そこで注目されるのが，投票のコストへの影響である。それは，有権者登録の手続的煩雑^{はんざつ}さ，投票所の数や配置などの要素から考えられる。そして，投票コストの大きい制度ほど社会経済的地位の低い人々，そして彼らにより支持される民主党に不利だと考えられている。今世紀に入って，共和党優位の州を中心に，投票時に運転免許証など，公的身分証明書を提示させる投票者ID法が相次いで成立し，物議を醸している（→第**3**章）。

　また，州議会議員および連邦下院議員の選挙区は，州議会によって決められる。区割りの仕方は選挙結果に絶大な影響を及ぼしうるため，州の多数党が地域的なまとまりを無視して自党に有利な区割りを行うジェリマンダリングが問題視されてきた。これも，共和党優位の州でより顕著とされる。「自然」な区割りを実現するために，4割程の州は超党派の専門家委員会に区割りを委任する制度をとっている（2022年12月時点）。近年，アメリカで民主主義が後退す

る危機にあるとされるのは，こうした選挙制度の変革に拠るところも大きい。

　もっとも，選挙制度は必ず多数党本位に改変されるわけではない。近年，地方レベルから順位付投票制という，単記移譲式投票制度の一種の導入が進み，現在，アラスカ州とメイン州が連邦・州の両レベルの選挙で採用している（2022年12月時点）。これは，有権者が投票時に2位以下の候補者に順位をつけられ，得票第1位の候補者が既定の得票率に達しなかった場合に，いずれかの候補者がそれを超えるまで，最下位の候補者に投じられた票がその次点の記載に基づいて振り分けられていくというものである。この制度の下では，候補者には他候補の支持者にも高い順位をつけてもらおうとする動機が生まれるので，イデオロギーや党派による分断の緩和につながると期待されている。

　地方自治と州内政治

地方自治制度の特徴

　選挙制度改変の例からもわかるように，アメリカでは地方自治が積極的に行われ，制度面でも州レベルに輪をかけて多様である。州も連邦もアメリカ革命を契機に生まれた制度であるが，独立13州の地方政府の中には，革命のはるか以前から存在するものもあり，地方自治制度は地域ごとの伝統を色濃く反映する。

　州内の行政区は大きく3種類に分けられ，互いに地理的に重なっている。第1はカウンティで，ほとんどの州では州内の全地域がいずれかのカウンティに属する点で，最も基礎的な行政単位である。ただし，カウンティの役割は州の出先機関としてゴミの収集など，基本的な行政サービスの提供が中心で，自治機能の強さは州によって異なる。第2はミュニシパリティと呼ばれる自治体で，地域住民の申請を受けて州の認可を受けて設立される。課税や条例の制定といった権限を州から与えられ，独自に選出される政府によって，認可時に定めた憲章（charter）に則って統治される。第3は各種の特別区で，公立の初等中等教育を運営する学校区をはじめ，特定分野のサービスを提供する。

このうちミュニシパリティは全国に2万近く存在するが，人口規模も1000人未満から数十万人までさまざまで，与えられる権限も多様である。最も代表的な形態は市や村であるが，例えば北東部ではより小規模なタウンシップが，住民による直接民主政的な運営で広く知られてきた。また，特別区の中でも学校区は課税権をもち，学校のカリキュラムばかりでなく，施設の管理や教職員の人事など学校経営全体を取り扱う。アメリカでは，大多数の子供が高校まで公立学校に通うので，学校の質は人々が居住地を選ぶ決め手の一つでもあり，地域の不動産価格にも影響する。

　現代の地方政治の特徴として，政党政治の縛りの弱さを挙げられる。多くの自治体では，選挙の候補者が政党所属を公表できない。これは，主に市民に行政サービスを提供するという地方自治の役割が，政党政治となじまないという考え方による。もっとも，実際には地方政治家も多くが政党に所属しており，たいていは有権者もそれを把握して投票している。

　ミュニシパリティにしても特別区にしても，運営には専門知識が必要と考えられている。日本の地方自治体では，首長と議会がそれぞれ選挙で選ばれるが，アメリカの市政府には，選挙で市長と市議会を選ぶというパターン以外も多い。その中でも，最も多い市支配人（シティ・マネージャー）制は，市長を置かず，市議会が都市経営の専門家を市支配人に任命して政府を運営させるものである。また，少数の市執行委員（シティ・コミッショナー）が選挙で選ばれて市議会を構成し，各執行委員が特定の政策分野の執行を担当するという，いわば立法権と執行権が融合した場合もある。

　なお，地方自治が盛んといっても，州によって方針は異なる。州政府が自治体の自主性に任せて原則として干渉しない，「ホーム・ルール」と呼ばれる立場を採用している州は，実は少数派である。それ以外の州では，法律や憲章などを通じて明文化された範囲でしか自治権が認められない。この考え方は，それを定式化した裁判官の名から「ディロンの法則」と呼ばれる。

▌ 州内の格差をめぐって ▐

　異なる州の間に競争が存在するように，州内でも地域間に利害対立が生じる。とくに，同じ州内でも大都市と農村地域では，政策的需要や住民の考え方の点

で大きな違いがある。

　例えば，カリフォルニアとニューヨークは，いずれも海岸部の都市部がリベラルなのに対して，内陸部は保守的である。こうした州の全体を選挙区とする州知事や連邦上院議員は，両地域の間でどう立ち回るのかに苦慮することになる。また今日，連邦の非正規移民取り締まりに協力しない「聖域都市」と呼ばれるリベラルな自治体が多数存在するが，州全体が保守的な場合は，州政府や他の地域と軋轢（あつれき）が生じることになる（「聖域州」もある）。

　それに，どの州でも深刻なのが，貧困地区を抱える都市部と郊外・地方の間の摩擦である。20 世紀半ば以降，多くの大都市で貧困層の多い中心部の住環境を嫌う中間層の郊外への移住が目立つようになった。都市中心部の環境は悪化し，失業，麻薬売買などの犯罪や学校の荒廃などに特徴づけられる，最貧困層（アンダークラスと呼ばれる）の住むゲットーと呼ばれる地区のあり方が問題視されるようになった。これらの大都市では，住民の所得が低いため，税収は少ないのに福祉などの行政コストがより多くかかるという問題がある。

　この状況に対応するには，州内の所得再分配が不可欠となる。ところが，郊外や地方の住民は，納めた税金が他地域の貧困層のために用いられることに反発しがちである。都市部と郊外・地方では，都市部にマイノリティがより多いなど，しばしば住民の人種やエスニシティの構成や優位な党派が異なるため，他者意識が反対に拍車をかけることになる。大都市部は多くの場合，ミュニシパリティを構成しているが，財政状況が悪化し，州政府からの支援も政治的に限界を迎えると，2013 年のミシガン州デトロイト市のように，財政破綻（はたん）するところも出てくる。

　ここでは，先にみた「底辺への競争」に似た事態が生じているが，実際に大都市が裕福な人々の流入を期待して再分配政策を手控えるようになっていることを示した研究もある（Jimenez 2014）。また，大都市部への再分配への反発から，富裕層が集まって新たに独自のミュニシパリティを形成する例が登場して，話題を呼んでいる。ミュニシパリティになれば，住民が州に納めた税の一定程度が行政サービスのための財源として交付され，支払った税をより多く自分たちで使えるからである。今日の社会的・党派的分断が，州内の地域間対立にまで及んでいることをよく示していよう。

① 歴史的に，連邦政府の果たす役割はどのように拡大してきたのだろうか。

② ある州の政策形成は，他の州の存在から，どのような影響を受けているのだろうか。

③ 各州内では，異なる地域や自治体の間で，どのような摩擦や対立が生じうるだろうか。

さらに学びたい人のために　　　　　　　　　　　　　　　　Bookguide ●

梅川葉菜『アメリカ大統領と政策革新──連邦制と三権分立制の間で』東京大学出版会，2018 年。

　　近年の大統領が，目標を共有する州知事と連携し，連邦の政策を執行する州に大きな裁量を与えるウェイバー制度を活用して政策目的を達しようとすることを示した研究。

久保文明・21 世紀政策研究所編『50 州が動かすアメリカ政治』勁草書房，2021 年。

　　現代の連邦制がどう作動しているかを，各分野の専門家が多角的に解説した論集。

山岸敬和『アメリカ医療制度の政治史──20 世紀の経験とオバマケア』名古屋大学出版会，2014 年。

　　医療保険制度をめぐる政治の通史だが，20 世紀を通じて連邦政府がどのようにこの分野に参入し，州政府と協力・対立するようになったのかを明らかにしており，連邦制の作動の仕方も学べる。

内政と外交の政策形成過程

🎧コロラド州の高校で開かれた対話集会で，医療保険に関する演説を行うオバマ大統領（2009 年 8 月 15 日，グランド・ジャンクション市。写真提供：AFP＝時事）。

INTRODUCTION

　2010 年 3 月，包括的な医療保険改革法が成立した。アメリカは先進国で唯一，皆医療保険が実現しておらず，無保険者の多さや医療費の高騰が超党派で問題視されてきた。クリントン政権も，改革をめざしたものの挫折している。上の「オバマケア」は，クリントン政権の改革案も参考にしているが，なぜ類似した内容の立法があるときは失敗し，あるときは成功するのだろうか。本章では，内政・外交の政策形成過程について検討する。

1 多様な主体のかかわる政策過程

政府の開放性と多様な政策形成過程

　本書ではここまで，社会の諸主体（アクター）や連邦政府の諸機関について，それぞれの行動・作動の仕方を検討してきた。そこで本論の締め括りとして，アメリカの政治が全体としてどう動くのかを，政策の作られ方に着目してみてみよう。

　政策は政府内外の多くの主体が競争し妥協する中で作られるが，どんな政策でも同じというわけではない。アメリカでは政府内で権力が分散しており，政府の開放性が高いこともあって，社会の多様な主体がさまざまなルートで政府に影響力を行使する。政策分野によって，異なる勢力の対立の構図や程度，鍵となる政府機関も違ってくる。こうした政策分野ごとの特徴の違いによって，政策形成過程も多様なものになると考えられる。

　このことは，日米の違いを考えてもわかる。立法についていえば，日本では国会で審議され成立するのは政府提出法案が大半である。それらは，担当の官庁で起草され，与党の事前審査を経たもので，審議過程ではほとんど実質的な修正がなされない。それに対して，アメリカでは議員個人が法案を出せるし，元になるアイディアもしばしば利益団体やシンクタンクなどの政府外の主体からもたらされる。また，法案は審議を通じて修正が加えられていくのが普通で，議員たちは地元の有権者や献金元の利益団体を意識して行動する（→第7章）。

　日本でも陳情や審議会といった形で，利益団体や専門家らの意見がある程度取り込まれうるし，アメリカでも政権の後押しを受けた法案のほうが議会で審議が進みやすいという面はある。しかし，アメリカの立法過程が政府外の主体により開かれており，政党規律も弱いことで政策形成過程が多様になっているのは間違いないといえよう。

　ここで政府に影響力を行使しようとする主体は，さまざまな利害を代表するだけでなく，政府に働きかける際に用いる資源も多様である。アメリカでは，

会員制組織の形をとる利益団体が少なくない（→第4章）．それらは財界の団体のように豊富な資金力をもっていなくても，会員規模が大きければ動員できる有権者の数も多いから，再選をめざす政治家は彼らに対して聞く耳をもつと考えられる．また，新しい政策アイディアやデータという情報を持ち込んで，政治家やそのスタッフを説得できれば，進んでその政策を推進してくれる可能性もある（→第7章）．

政策形成過程の実際

　では，政策はどのように作られるのだろうか．まず政策的に対処されるべき問題・課題が認識され，次にそれに対する政策案が検討され，その政策案について最後に議会などで政治的な決定がなされる，という順番で展開する，と思うかもしれない．たしかに，予期せぬ外交上の危機や自然災害といった事態への対処については，そういう場合もあるかもしれない．しかし多くの場合，政策形成はこのように順序立てて展開するわけでないとみられる．

　この点を，学界で広く支持されているジョン・キングダンのモデルでみてみよう（キングダン 2017）．彼は，先に述べた政策課題の認識，政策案の形成，そして政治的決定が，それぞれ異なる「流れ」をもつととらえる．世の中は，政策的対処が必要とされるような問題であふれている．特定の政策課題に注目が集まるような出来事も日々生じており，これは「問題の流れ」と呼ばれる．銃規制なら銃の乱射事件，金融規制なら経済危機，という具合である．

　次に，さまざまな政策課題については，官庁や大学，シンクタンクなどで関連分野の専門家が日々さまざまな政策案を検討しており，これが「政策案の流れ」である．最後に，政治状況は日々変化しており，議会での議席分布や党派対立の状況などによって，ある政策案の通りやすさは変わっていく．これが，「政治の流れ」である．

　ここでのポイントは，問題，政策案，そして政治の3つの「流れ」が互いに独立していることにある．そのため，どんなに優れた政策案が存在しても，その必要性が認識されなければ，また認識されたとしても政権や議会の支持が得られなければ，政策に結実することはない．つまり，政策は，先に述べた3つの流れが「合流」して初めて成立の可能性が出てくる（これを「政策の窓が開

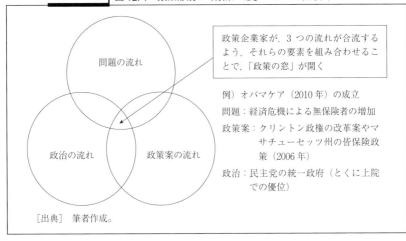

CHART 図12.1 政策形成の「政策の窓」モデルの概念図

問題の流れ

政策企業家が，3つの流れが合流するよう，それらの要素を組み合わせることで，「政策の窓」が開く

例）オバマケア（2010年）の成立
問題：経済危機による無保険者の増加
政策案：クリントン政権の改革案やマサチューセッツ州の皆保険政策（2006年）
政治：民主党の統一政府（とくに上院での優位）

政治の流れ　　政策案の流れ

［出典］　筆者作成。

く」という）。政策形成で重要なのは，この3つの流れの様子を見定め，時の政治状況下で成立しうる，人々が関心をもつ政策課題を解決できそうな政策案を提案することにある。

　政策形成には，この3つの流れを見極めて政策を推進する主体が主導的な役割を果たす。この主体は，政策企業家と呼ばれる（図12.1）。アメリカでは政党政治家だけでなく，第4章でみたイシュー（争点）・ネットワークの存在からもわかるように，政府の内外に政策的影響力をもちうる主体が散らばっている。その分，政策企業家も多く，さまざまなスタイルで活動しており，それが政策形成過程に多様性をもたらしているといえる。このモデルは一般的なもので，多かれ少なかれ他の国にも当てはまる。しかし，政策形成が多様な形をとるアメリカの場合をイメージするのに，とりわけ適したものといえよう。

長期的な重要争点の変化

　以上からわかるように，政策はそう簡単に作られるものではない。ありとあらゆる政策課題がひしめき合う中では，大統領に取り上げられたり，関連する重大事件が生じたりといったことがなければ，ある争点が人々の関心を集めることも難しい。

　しかし，そうした中で継続的に注目される争点もある。例えば，連邦レベル

の選挙であれば，環境保護，人工妊娠中絶，銃規制といった問題は今日，注目すべき出来事がなくても常に候補者の立場が取り沙汰される「定番」の争点になっている。これらの争点を特別なものにしているのが，政党との関係である。先に挙げた3つの争点は，いずれも今日，二大政党の間で立場の違いがはっきりしており，それを両党の政治家がアピールするという特徴をもっている。その結果，こうした争点は政策形成過程にも乗りやすい。

　政党間の対立軸を構成する争点は，常に同じではない。例えば，先の3争点にしても，20世紀半ばまでは政党間で対立しておらず，選挙で注目されることもほとんどなかった。それが1970年代以降，二大政党のイデオロギー的分極化の過程で両党の政治家の関心を集め，徐々に政党ごとにまとまった立場をとるようになっていった。このように，政党政治家の態度変化によって，ある争点が政党間で対立する争点になっていくことは，「争点の進化」と呼ばれている（Carmines and Stimson 1989）。

　こうした変化が生じるには，対象となる争点に政治家や市民が強く反応する必要があるので，広く道徳にかかわる争点のほうが「進化」しやすいとされる。現代でいえば，ニューディール期に経済の立て直しのために連邦政府がいかなる役割を果たすべきかをめぐって，二大政党が対立するようになった後，1960年代以降，人種間関係や女性の権利といった争点が「進化」して対立軸を構成するようになったと考えられている。また銃規制については，銃産業にかかわる経済的な争点としての性格も強いが，近年，保守派は銃をもつことを個人のアイデンティティの問題としてとらえる傾向を強めている。

　政党間の対立軸の変化について，政党政治家は決して「受け身」ではない。例えば，人種をめぐる政党間の対立にしても，共和党が差別的な南部の白人を引き込むことで生じている。政党指導者は自党が全国的な多数派を形成できるよう，状況に応じて支持連合の組み替えを行ってきている。すなわち，「争点の進化」はある争点が二大政党間の対立に組みこまれていくメカニズムと考えられる（Karol 2009）。

多元主義の夢と現実

　こうして国内外に向けてとられる政策は，誰のためのものになっているのだ

ろうか。アメリカでは政治過程がすべての人に開かれており（→第4章），さまざまな利害をもつ主体が，共通のルールの下で対等の立場から政治的に競争することで，公正で国民全体にとっても望ましい政策に到達できるとみる多元主義の考え方が一つの理想ととらえられてきた。多元主義的な政治では，政治的に勝ち続けたり負け続けたりする主体は出てきにくく，皆がそれなりに政策的恩恵にあずかれると期待される。

　では，実際のアメリカ政治は多元主義的なのだろうか。この点をめぐって，20世紀半ばに論争が生じたが，結局は否定的な見解が支配的になり，この見方は今日でも受け入れられている。それについては，関連する3つの理由を指摘できる。第1に，「持てる者」のほうが政府に働きかけるための資源を多くもつ。政治家に献金するにしても，ロビイストを雇うにしても，カネがものをいうのは間違いない。また，社会経済的地位の高い主体のほうが，投票その他の政治参加にも熱心だから，その分，政治家に重視されやすい。

　第2に，既得権益の影響力が挙げられる。特定の業界利益が，その分野を管轄する行政機関や連邦議会内の委員会と深く結び付いて政府からの恩恵を独占し続ける「鉄の三角形」の存在が指摘されてきた（→第4章）。とくに連邦の政治制度には，連邦議会における各種の特別多数ルールに象徴されるように，「現状維持バイアス」が強く，既得権益が地位を維持するのも比較的容易とみられる。1970年代からの規制緩和は，そうした状況への批判からも進められた。

　第3に挙げられるのが，人種や性などに基づく差別の存在である。差別されてきた集団は政府にアクセスする手段が限られ，そのための資源も往々にして欠いてきた。南部の黒人は20世紀半ばまで実質的に投票権を剝奪されていたし，女性の地位が向上したとされる今日でも，男女の賃金格差は残っている。また，依然として政治家の多くが裕福な白人男性で，政治家が交流をもつのも多くがそうした人々であるために，彼らの利害が政策的に推進されやすいことも指摘されている。

　政策形成が総じて「持てる者」の有利に進むこと自体は，アメリカに限らず世界的にみられることである。ただし，次節でみるように，アメリカでもある時期以降，再分配政策が実現し定着した。このように，「持たざる者」の利益

となる政策が一切実現しないわけでもない。どのような条件の下で，どのような政治が展開し，政策が生み出されるのかを明らかにするには，各種の制度や主体の働き方に関する正確な理解が不可欠である。

 ## 2 政策による政策過程の違い

▌政策過程からみた政策の分類 ▐

　ここまで，政策がどのように提起され成立するのかを一般的な形で検討した。しかし，アメリカの政策形成過程の特徴は多様性にあり，政策の種類によって形成過程のあり方も異なる。そのため，さまざまな分類が考案されてきたが，本節では最も広く受け入れられているものの一つである，ロウィによる分類をみてみよう（Lowi 1964）。

　ロウィは，ある政策が，その対象となる主体に直接働きかけるのか，それを取り巻く環境に働きかけるのか，そして対象となる主体に便益を与えるのか，義務を与えるのか，という2つの基準から，政策を**表12.1**に示される分配，規制，再分配の3種類に分類し，それぞれが異なる政策過程を経るという。

　まず分配政策は，政府が対象となる主体に直接便益を与えるものである。これは，政府の手持ちの資源を文字通り分配するものを指す。政府が後押しする産業の事業者に助成金を与える，といった場合が，典型である。そこではしばしば，資源の配分を求める主体が，それを管轄する連邦議会の委員会や行政機関に対して働きかけを行うことで政策過程が始まる。その後，関係者で折り合いがつけば，議会内で委員会同士はあまり互いの縄張りを荒らさないので，すんなり成立するとみられる。放っておくと財政が赤字体質になるのは，さまざまな分野で分配政策が作られやすいのも一因とされる。

　ただし，分配政策は農業団体が連邦議会や農務省に働きかけるといった，「下から」の要望に基づいて実施されるだけではない。例えば，1960年代からは女性や非白人といった従来差別されてきた人々を，就職や就学時に優遇する積極的差別是正措置（アファーマティヴ・アクション）がとられてきた。その際，

		対象へのアプローチの方法	
		直接働きかける	環境に働きかける
働きかけの内容	便益を与える	分配政策	再分配政策
	義務を与える	規制政策	（構成政策）

［注］　構成政策は，後に加えられた分類で，選挙制度など，政治全体の
　　　枠組みを定めるような政策とされるが，他の3類型ほど浸透してい
　　　ない。
［出典］　Lowi 1964 などを基に作成。

民間の企業や学校にこうした措置を強制するのでなく，連邦政府と取り引きし
たり，その助成を受けたりするための条件とすることで，参加を動機づけてい
ることになる。

　次に規制政策は，対象となる主体に義務を与えるものである。自動車の排ガ
スに含まれる有害物質の量の上限を定める，といった例が挙げられる。ロウィ
によれば，規制政策の形成過程は，連邦議会の委員会や行政機関が中心となる
点で分配政策と似ている。しかし，規制政策の場合は規制させたい主体とそれ
に反対する主体の両方がかかわるので，両者の間で激しい対立が生じ，より多
くの主体の関心を集めて幅広く議論されるという。例えば，1960年代からの
連邦レベルのタバコ規制では，タバコが健康に悪影響を及ぼすかなども含め，
医学専門家なども巻き込んで社会的な議論となった。

　最後に，ある対象に対してその環境に働きかけることで便益を与える再分配
政策は，社会のある層から別の層へと資源を移動するものを指す。累進課税や
低所得層への生活保護などが，それに当たる。多かれ少なかれ社会のほとんど
の主体に影響が及ぶので，上記2つの類型と異なり，政策形成時には国民的な
論議を呼び，イデオロギーや党派対立の性格を帯びるとされる。また連邦議会
が立法する場合には，アジェンダ形成役として大統領が重要な役割を果たすと
される。クリントン政権が失敗し，オバマ政権が実現にこぎ着けた包括的な医
療保険改革（オバマケア）は，その好例といえよう。

政策類型とアメリカの国家機構の発展

ロウィの政策類型については，政策対象の「環境に働きかける」ことが何を指すかが曖昧だといった疑問も出された。政策実施によるコストと政策からの便益がそれぞれ少数の主体に集中しているか，社会全体に拡散しているかで区分する，といった有力な代替案も提示されている（Wilson 1973）。それでも，ロウィの類型が引き続き参照されるのは，導出された分類が直感的に理解できるのに加え，アメリカの国家機構の発展過程を説明するのに好都合だからである。

合衆国憲法で連邦政府に与えられた権限は，重要だが限られたものであった。そこで，社会に関与したい場合に役に立ったのが分配政策である。連邦政府がその意図に合わせて行動するさまざまな主体に手持ちの資源を分け与えても，憲法上，問題は生じない。19世紀までは，運河や鉄道，電信といったインフラストラクチャー（社会基盤）整備に従事する企業への助成の一環で，工事の行われる地域の公有地を分け与えるといったことが盛んになされた。独自のインフラ整備を進めようとする州・地方政府も，分配政策の重要な対象である（→第11章）。

それに対して，連邦政府が本格的に規制政策に参入するのは，もっと後になる。それは，憲法上，連邦政府の規制対象が州際通商に限定されていたためで，19世紀半ばまで，連邦政府の規制政策は河川を航行する蒸気船の安全規制などに限られていた。しかしその後，人々の活動の全国化によって連邦政府の規制の対象は，鉄道などの交通機関から独占禁止，証券取引などに広がっていった。資源を配れば完結する分配政策と違い，規制政策では人々の活動を継続的に監視し，取り締まる必要がある。そのため，20世紀にかけて独立規制委員会をはじめ行政機関が設置されていき，官僚機構が拡大していった（→第10章）。

そして，連邦政府による再分配政策は，規制政策の発展よりもさらに遅れて，1929年からの大恐慌への対策を機に本格化した。1935年の社会保障法には，老齢・障がい者年金や要扶養児童のいる貧困家庭への扶助が盛り込まれ，今日の福祉国家政策の基礎となった。その後，1965年には高齢者や低所得者向け

の公的医療保険（高齢者向けがメディケア，低所得者向けがメディケイドと呼ばれる）も導入されている。再分配政策は規制政策よりも多くの主体を相手に，受給資格の審査や実際の給付などを継続的に行う必要上，国家機構をさらに肥大させることになった。

　なお，アメリカは先進国の中で唯一，国民皆医療保険制度をもたないなど，福祉国家の発展が遅れてきたとされる。それには，人々の自己責任が重んじられてきたという文化論的な説明がなされがちである。しかし，世論調査でみても，アメリカ人は決して所得の再分配や福祉国家に否定的ではない。実は，政府による社会支出に，民間の保険を買った場合の税控除といった租税支出を加えると，国民一人あたりの社会支出は日本よりアメリカのほうが多い。公的医療保険の発達の遅れについても，民間の医療保険が早期に浸透したといった，他の要因が指摘されている。

　こうして，歴史を通じて連邦政府の実施する政策は変化していった。そこで注意すべきは，その過程で連邦政府がそれまで用いていた政策をやめたわけではなく，レパートリー（選択肢）が増えていったことである。1970年代以降，連邦政府による関与拡大や政府規模の増大には強い批判が出ているが，規制や再分配を一定程度担うことには合意があるといってよい。とくに，環境・消費者保護といったいわゆる社会的リスク規制は，1970年代以降大きく発展している。

 ## 対外政策の特徴

大統領の主導する対外政策

　本節ではここまで，内政を念頭にその諸類型を検討してきた。しかし，ある国の政策について最も重要で基本的と考えられている分類は，国内政策と国外に向けた対外政策であろう。では，国内政策と対外政策はどのように異なるのだろうか。

　対外政策については，その策定から実施までについて大統領が主導権を握る

度合いが大きい。対外関係，とくに安全保障に関しては，国家を代表する即応可能な主体が重要となる。大統領は対外交渉を任され，軍の最高司令官でもあるうえに，国家元首としても位置づけられている。今日では，対外関係を扱う国務省や国防総省だけでなく，大統領直属の国家安全保障会議（NSC）が政策の策定に重要な役割を果たす。各政権の外交上の基本戦略が，大統領の名を冠した「ドクトリン」として注目されるのは，そのためである。

　とくに今日，国家間の合意の多くが，連邦議会上院による批准を要する条約ではなく，政権同士が合意すればよい行政協定の形式をとる。また，宣戦布告の権限は連邦議会がもつが，アメリカがこれまでに宣戦布告を行って戦った戦争は5つだけで，第二次世界大戦が最後である。湾岸戦争など，他の戦争については議会で承認の決議がなされてきた。

　大統領は，経済面でも対外関係で大きな役割を果たす。憲法上，関税率の決定権は連邦議会に属するが，大統領は今日，法律で大きな権限を与えられている。一般に，自由貿易のほうがある国の経済全体には望ましいと考えられている。しかし，連邦議会の議員たちは自らの選挙区の利害を重視して行動しがちになる結果，保護貿易に走りやすい。とくに，1930年に成立した，きわめて保護主義的なスムート・ホーリー関税法で世界恐慌が悪化したという教訓から，その後，多くの権限が大統領に委譲されてきた。それは，唯一全国から選出される大統領であれば，国全体の利害を考えて行動するはずだという期待に基づいている。

　実際に大統領は，冷戦下で西側陣営の結びつきを強化するねらいもあって，自由貿易を推進するように行動してきた。20世紀後半に，日本に自動車などの工業製品の輸出を抑制させ，牛肉などのアメリカの一次産品の輸入拡大を求めたというように，保護主義的な側面もあったものの，自由貿易を実質化するという形で正当化された。この点について，トランプ大統領の政策は異例であった。すなわち，トランプは，「アメリカ第一主義」を掲げて正面から保護主義的な主張を打ち出して，北米自由貿易協定（NAFTA）などの多国間の貿易協定の再交渉を進め，中国やヨーロッパ諸国などに関税引き上げなど通商上の制裁を科したのである。

　また対外政策については，国内のどの主体もアメリカという国の利益を重視

するので，内政上の争点に比べて党派対立の程度が弱いとされる。とくに安全保障については，連続性のほうが目立つ。冷戦期には，保守かリベラルかにかかわらず自由民主主義を重視して社会主義陣営と対抗しようとする，「冷戦コンセンサス」があった。今日でも，二大政党の間では共和党のほうが武力行使に積極的だとされるが，民主党内でもイラク戦争への賛成が少なくなかったなど，タカ派がいないわけではない。戦争やテロといった安全保障上の危機に際しては，大統領を中心に党派を超えて結集することが重要と考えられ，それは支持率の上昇にも表れる（→第8章）。

対外政策をめぐる国内政治

このように，国内政策と対外政策の間には無視できない違いがある。大統領は，在外公館や諜報機関をはじめ対外関係について有力な情報源をもっており，他の政府機関や世論はその判断を信頼する傾向にあるため，対外政策については説得が効きやすいといわれる。内政ではさまざまな制約を抱える大統領が，対外関係では主導権を握れるという非対称性に着目して，アメリカには内政と外交で大きく性格の異なる「2つの大統領制」があるといわれたことさえある（Wildavsky 1966）。

しかし，内政と外交が完全に別物かといえば，そうではない。例えば，国家安全保障は対外政策の一部ととらえられがちであるが，これは元々出所が国内外のいずれであるかを問わず，国家の生存に対する脅威に対処することを指す。とくに2001年の同時多発テロ以降，「国土安全保障省」の新設に象徴されるように，国内からの脅威が注目を集めるようになった。外国人のみならずアメリカ人についても，潜在的な脅威の対象とされるようになり，差別意識や宗教的信念などを動機とする「国内テロ」が問題視されている。

国外向けの政策に話を限っても，外交交渉については，大統領を含む政権の担当者が行うことがほとんどであるが，政策の決定には立法を要する場合も多いなど，議会や各種の利益団体が関与しうる。これを体系的に分析しているのが，ヘレン・ミルナーとダスティン・ティングリーの研究である（Milner and Tingley 2015）。

表12.2にあるように，彼らは対外政策のさまざまな分野を，その政策が国

		イデオロギー対立の度合い	
		小	大
国内の資源配分への影響	小	・武力行使 ・軍事援助 ・制裁	―
	大	・移民	・経済援助 ・貿易 ・国内向け軍事支出

［注］　ある対外政策をめぐるイデオロギー対立の度合いや国内の資源配分への影響が大きいほど，大統領の政策的な自律性は低下する。

［出典］　Milner and Tingley 2015, p. 70, Table 2.2 を基に筆者作成。

内の資源配分に与える影響が大きいか否か，政策をめぐるイデオロギー対立が大きいか否かという 2 つの基準で分類する。そのうえで，いずれかまたは両方が大きければ，国内の利害当事者が政策決定に関与しようとし，そのために必要な情報を連邦議会に提供するようになるため，政権の方針への抵抗が強まりやすくなるという。

　例えば海外への経済援助は，援助の内容に関連する産業が後押しのために働きかけるのに対して，保守派は政府による余計な介入だとして反対しがちとなる。また同じ軍事政策でも，軍事基地の設置などのように国内が対象となる政策では，利害当事者が関与する動機づけを強くもつ。それに対して，対外的な武力行使や軍事援助といった場合は，国内の特定の利害やイデオロギーに関係しにくく，また政権が情報面で優位に立ちやすい。そのため，大統領が自律的に政策を遂行しやすくなると考えられる。

　この研究からは，ひとくちに対外政策といっても，分野によって国内の諸主体からの影響に違いがあり，その政策過程に多様性があることがわかる。同じ目的を達成するのに複数の選択肢がある場合，大統領は制約を受けにくい政策を選びがちになり，結果として対外関係が「軍事化」しやすくなることも指摘されている。また利益団体は，ここで強調されている立法だけでなく，政治任用人事を通じて執行府に人材を送り込むことでも政策的影響力を行使できる。

戦争の政策過程への影響

アメリカの対外関係において，戦争と軍はきわめて大きな重要性をもつ。21世紀に入ってからのアメリカは，2001年の同時多発テロをきっかけとした戦争を戦い続け，完全な撤兵には2021年までかかった。軍の最高司令官でもある大統領は，独自の判断で武力行使を命令できる。とはいえ，戦争は国内外に甚大な影響を及ぼすため，大統領が国内状況を無視できるわけではない。とくに，アメリカにとってほぼ唯一の負け戦といえるベトナム戦争は，その後に2つの大きな影響を残すことになった。

第1に，戦争，とくに犠牲が大きく撤収の難しい地上軍の派遣に強い抵抗を示すようになったことである。これは，ベトナム戦争において，アメリカが莫大な人的・経済的コストを費したうえに，激しい反戦運動を経験したからであり，「ベトナム症候群」と呼ばれている。例えば，G. H. W. ブッシュ政権は，1990年にイラクに占領されたクウェートを多国籍軍による湾岸戦争で解放した後，イラクに地上軍を送らずに撤収した。また，1980年代からのソマリア内戦について，アメリカは1992年から多国籍軍の主軸となった。しかし，翌年，首都モガディシュでの戦闘で多数のアメリカ兵が殺害され，その遺体が引き回されたのが，撤退決定のきっかけの一つになったとされる。

第2に，1973年に大統領による武力行使を制限する立法が，大統領拒否権を乗り越えて成立したことである。これは，ベトナム戦争の激化に際して，リンドン・ジョンソン政権が議会を欺いていたのが発覚し，次のニクソン政権でも議会を軽んじる傾向が強まったのを受けて，成立したものである。この「戦争権限決議」は，武力行使の開始後48時間以内の報告を大統領に義務づけ，60日以上継続する場合には連邦議会の承認が必要とされた。ただし，承認を得なかった場合も大統領に制裁が課せられたことはなく，事実上，大統領に60日間（さらに撤収のための30日間）にわたり自由に武力行使する権限を与えた格好になっている。

21世紀に入り，アフガニスタンとイラクには，いわば長年の禁を破って地上軍を送ったことになる。そこでは，戦争を通じた「体制変更」によってイラクの民主化が進んで敵対的でなくなるという見立てもあったとされる。しかし，

結局は泥沼化し、ベトナムの再来となった。また人的犠牲を忌避する姿勢は、長引く戦争への厭戦気分と相俟って、無人機（ドローン）や巡航ミサイルのような精密誘導兵器の積極的な活用につながっている。オバマは、「ドローン大統領」との異名をとるほどであった。

しかし、アメリカが武力行使に消極的になったことが広く知られるようになるにつれ、他国への「脅し」が効きにくくなるという問題が生じている。例えば2011年からのシリア内戦に際して、オバマ政権がシリアのアサド政権による化学兵器の使用を「一線を越える行動」として牽制したものの、あっさりと使用され、結局手を打てなかった。トランプ政権は2017年4月に、同じくシリアで化学兵器が使用されたのを受けてミサイル攻撃を行ったものの、その後も一貫した政策的姿勢がとられたとはいえない。

リベラルな国際秩序の危機とアメリカ

ここまで述べてきたことからもわかるように、今日のアメリカはかつてよりも対外的な軍事関与に及び腰になっており、これは対外関係全体にいえる。そこには、大きく2つの背景がある。

第1は、相対的な国力の低下である。第二次世界大戦直後、アメリカの国内総生産（GDP）は世界全体の約半分を占めるという圧倒的なものであった。その後、とくに高度経済成長後の1970年代から後退が目立つようになり、今日では25％程度になっている。この間、20世紀後半にはヨーロッパ諸国や日本といった国々の追い上げを受け、さらに今日では中国の台頭が著しく、GDPでも世界全体の2割近くに迫っている。

経済力が低下した一方、軍事費は引き続き裁量的な歳出に占める最大の項目で、冷戦期よりは減ったものの、依然として連邦政府の総予算の15％以上を占めており、大きな負担になっている。これは全世界の軍事支出の4割弱で、もちろん第1位である。大規模な軍を維持する必要だけでなく、ドローンやサイバー攻撃など、軍事技術の高度化がコストを押し上げている。こうした状況で、アメリカは経済、軍事の両面で対外的に関与を続ける余裕を失っている。

第2は、大義の不在である。コストがかかっても、必要性があればアメリカは対外的な関与を続けるかもしれない。冷戦期には、東側諸国に対抗するため

に世界規模で軍事的な関与を続け，また西側諸国に経済的な便宜を図ってきた。しかし，今日のアメリカにそこまで共有された大義はない。むしろ「テロとの戦争」の挫折によって，対外的な経済・軍事両面の負担を負うことに消極的にならざるをえなくなっている。

　こうした姿勢は，党派を問わない。民主党のオバマ政権は，「テロとの戦争」で失ったアメリカへの信頼回復を重視した。それでも，軍事的には先に述べたシリア内戦や，2014年のロシアによるクリミア併合に際して打つ手を欠いたり，経済面では政権がめざした環太平洋パートナーシップ（TPP）協定に左派を中心に党内からも批判が出たりといった事態となった。次のトランプ政権の「アメリカ第一主義」は，極端とはいえ，すでに生じていた変化の延長線上にあったといってよい。

　バイデン政権はさまざまにトランプを批判し，国際協調を重視する姿勢を示している。TPPに代わる多国間経済枠組みとして，2021年10月にインド太平洋経済枠組み（IPEF）を提案した。同年12月には約110カ国の指導者を招いて民主主義サミットを開催し，2022年2月からのロシアによるウクライナ侵攻に対しては，超党派の支持を背景に多大な軍事・経済支援を行っている。しかし，「ミドルクラス（中間層）のための外交」を掲げるなど，トランプ政権との連続性も指摘されている。ここで挙げた諸政策も，中国やロシアによる経済的，軍事的挑戦への対応という面が強い。

　近年，冷戦後，不完全ながらも維持されてきた「リベラルな国際秩序」が危機に瀕しているといわれる。その背景には，中国やロシアなどによる秩序への挑戦と，その中核を占めてきたアメリカのコミットメントの低下の両面があるといえよう。

EXERCISE ●演習問題

① 「政策企業家」とはどんな主体を指すのだろうか。具体的な政策を題材に，どの主体がどのようにその役割を演じたのかを，考えてみよう。

② ロウィによる政策の分類について，それにうまく当てはまらない政策や政策過程はあるだろうか。

??? ● CHAPTER **12** 内政と外交の政策形成過程

③　内政と外交では，政策形成過程のあり方はどの程度違うと考えられるだろうか。

さらに学びたい人のために　┃　　　　　　　　　　　　　　　　Bookguide ●

ジョン・キングダン／笠京子訳『アジェンダ・選択肢・公共政策——政策はど
のように決まるのか』勁草書房，2017 年。
　　政策形成が課題の発見から政策決定へと秩序だって進むのでなく，主導権
をとる主体が状況を見極めて政策実現の条件を整えていく面が強いことを示
した，古典的研究。

久保文明『現代アメリカ政治と公共利益——環境保護をめぐる政治過程』東京
大学出版会，1997 年。
　　代表的な公共利益である環境保護について，環境保護運動や環境保護庁と
いった政府内外の主体がイシュー・ネットワークを形成して政策形成がなさ
れる様子を分析している。

信田智人編『アメリカの外交政策——歴史・アクター・メカニズム』ミネルヴ
ァ書房，2010 年。
　　今日のアメリカ外交に関する組織・制度とその作動の仕方を歴史的背景と
ともに初学者にわかりやすく提示している。

CHAPTER

終章

分極化時代の政治過程

🎧 トランプ大統領の一般演説後に，その演説原稿を破るペロシ下院議長（2020年2月4日，ワシントンDC。撮影：Kevin Dietsch，写真提供：UPI／ニューズコム／共同通信イメージズ）。

INTRODUCTION

2021年1月6日，大統領選挙の結果に不満を抱いたトランプ支持者たちが暴徒化して連邦議会を襲撃・占拠した。この連邦議会襲撃事件についての公開公聴会が2022年夏に開かれた。ただ，各種世論調査では「公聴会は公正な試みだった」とみたのが民主党支持者では8割を超えたのに対し，共和党支持者は1割だった。同じものをみていても，まるで別のものについて語っているようだ。この分断は本章で取り上げるアメリカの分極化そのものである。

政策形成の舞台においての「分極化」現象が進み，共和党と民主党の政策的な立ち位置が分かれていく中，政策上の合意が難しくなっている。アメリカ政治は現在，かつて経験したことがないレベルに政党間の対立が激化し，イデオロギー対立が深刻化している。このイデオロギー的分極化という構造的変化は，アメリカ政治を大きく変えつつある。本章では，分極化の現状と，分極化とほぼ同時に起こったアメリカの政治過程のさまざまな変化を包括的に分析し，アメリカ政治の今後を展望する。

1　分極化の諸相

▌2020 年選挙からみる分断 ▌

　2020 年 11 月 3 日に行われた大統領選挙，議会選挙の結果からみえてきたことは，アメリカの中で保守派とリベラル派の分断が顕著になっているという点であろう。

　まず，大統領選挙についていえば，勝利した民主党候補のバイデンが獲得した一般投票の数は 8126 万票を超え，史上最多となった。共和党候補の現職トランプも 7421 万票を獲得し，2 期目をめざす現職大統領としては最多の数となった。それだけではない。トランプの得票数は，近年では圧倒的な人気を集めたといえる 2008 年大統領選挙で勝利したオバマの数字すら上回っている。

　コロナ禍で導入した州の数が一気に増加した郵便投票の影響もあって，推定 66.5％ というアメリカの大統領選挙としては衝撃的な高い投票率が，両者の得票数の多さの背景にある。この数字は 1900 年選挙以来，最も高い。

　しかし，得票数をみるだけでは，この激しい分断の意味がわかりにくい。そこで，次に，両者が獲得した選挙人の数に注目してみよう。獲得選挙人の数は，2016 年選挙と同じ「306 人対 232 人」であったが，2020 年選挙で勝ったのはトランプではなく，民主党のバイデンであった。

　2016 年大統領選挙にトランプが勝利した激戦州のうち，今回はアリゾナ，ジョージア，ウィスコンシン，ミシガン，ペンシルヴェニアの 5 州をバイデン

が奪った。それだけで選挙人は73人。つまり，両者の獲得選挙人の差である74のほぼすべてとなる（残り1はネブラスカ州の選挙人5のうち，1人。同州は勝者総取りでない）。

　勝者と敗者の雌雄（しゆう）を決した，この5州の差がきわめて僅差（きんさ）だった。具体的には（カッコ内は得票率の差），アリゾナ州（0.31％），ジョージア州（0.26％），ウィスコンシン州（0.63％），ミシガン州（2.78％），ペンシルヴェニア州（1.18％）はいずれの州も，コンマの戦いだった。大統領選挙の結果については「国民から大統領職の負託（マンデート：mandate）があるか」に注目される。選挙後，民主党支持者には高揚感があったものの，共和党支持者には圧倒的な喪失感があり，2020年選挙の結果は「全国民からのマンデート」からは程遠い。

　そもそも分断の深さは，選挙直前の世論調査の結果をみれば，明らかであった。ギャラップ社の調査によると，10月16日から27日までのトランプ大統領の支持率は46％であった。同社の調査では，トランプの支持率は就任以来一度も50％を超えることはなかった。ただし，共和党支持者に限れば95％，民主党支持者に限れば3％であり，その差は92ポイントにのぼった。コロナ禍やロックダウン（都市封鎖）による2020年の春から初夏にかけての急激な景気後退で，現職であるトランプへの風当たりが強くなったとみる見方もある。しかし，それでも共和党支持者はトランプを圧倒的に支持していただけでなく，支持の熱量も増えていった。この92ポイントという就任以来最大の差で11月3日の大統領選挙に突入していった。

　共和党支持者にとっては郵便投票という新しい制度に対する反発もあって，わずかな差が生んだ大きな変化を，トランプやその支持者はなかなか受け入れることができなかった。それが2021年1月6日，大統領選挙でのバイデンの当選を確認するための連邦議会の合同本会議に，トランプ支持者が乱入するという前代未聞の事態に至る。死傷者も出たこの事件が示しているのは，トランプが煽動（せんどう）した部分もあるが，自分が支持する候補者の勝利を信じ切り，その思いがかなわない場合には，暴力を使ってまでも選挙結果を変えようとするほど，分断が深刻であるという事実である。

　議会選挙についても民主党と共和党が真っ二つといえるような状況となっていた。上院は50対50で，全くの同数であった（正確には民主党48と無党派だが，

統一会派 2, 共和党 50）。同数になった場合は，上院の議長が票を投じることができる。その役職に就いている民主党のハリス副大統領分を含めて 51 対 50 となっており，上院はこれ以上ない僅差となっている。下院も民主党が多数派だが，共和党との差は 10 議席を割り込んでいる。これだけ両党が競っているのは，フロリダ州の 537 票差が大統領選挙の雌雄を決めた 2000 年選挙以来，20 年ぶりであった。コロナ禍の中，上下両院で民主党が躍進するという事前の予想は大きく外れ，共和党と民主党が議会の中でも僅差で拮抗しながら対峙するこれまでの状況は変わっていない。

▍イデオロギー的分極化 ▍

　このように「2 つのアメリカ化」現象が進み，国民世論が保守とリベラルという 2 つのイデオロギーで大きく分かれていく政治的分極化（political polarization）が進展している。政治的分極化とは，保守層とリベラル層の立ち位置が離れていくだけでない。それぞれの層内での結束（イデオロギー的な凝集性）が次第に強くなっているのも，この現象の特徴である。簡単にいえば，かつては真ん中に集まっていた世論が大きく離れていき，保守層はますます共和党支持になり，リベラル層は民主党支持で一枚岩的に結束していくということだ。

　政治的分極化現象は，ここ 50 年間で徐々に進み，ここ数年は，ちょうど左右の力で大きく二層に対称的に分かれた均衡状態に至っている。イデオロギー的分極化の現象は，1960 年代あたりから始まる。ちょうどこの時代に多文化主義的な考え方を受容する社会への変化が生まれてきた。多文化主義的な動きには，1960 年代なら市民的権利を求める運動に代表されるような人種融合的な政策，70 年代から 80 年代にかけての男女平等憲法修正条項（ERA）をめぐる女性運動，60 年代から現在まで続く女性の権利としての人工妊娠中絶擁護（プロチョイス）運動，あるいは，90 年以降の同性婚容認といったものが挙げられる。

　多様性を求める声は 1973 年の最高裁の「ロウ対ウェイド事件判決（ロウ判決）」のように，女性の権利や平等を後押しする最高裁の各種判決によって後押しされた。多文化主義的な考え方を受容する社会への変化は，当然のようにアメリカ社会全体に広がっていき，現在に至る。

しかし，このような各種の社会的リベラル路線を強く反映した争点に対し，国民の一定数は積極的に受け入れるものの，ちょうど反作用のように保守層は強く反発する。

　そして，次第に保守派（伝統主義者）とリベラル派（進歩主義者）の間における，価値観の衝突である「文化戦争（culture war）」が，国民世論を分断させていくようになる。人工妊娠中絶，同性婚，銃規制，移民，政教分離，地球温暖化などの「楔争点（wedge issues）」は，この文化戦争の戦いの中心に位置してしまう。

　さらに 1980 年代からは，第二次世界大戦前後のニューディール政策以降続いてきた所得再分配的な考えに基づく政府の強いリーダーシップによる福祉国家化（経済リベラル路線）についても，国民世論は大きく分かれていく。リベラル層は福祉国家化を強く支持しているものの，保守層は強く反発し，1980 年代のレーガン政権以降の「小さな政府」への志向を強めていく。

┃分極化に関するさまざまな変化

　このような世論の変化を背景に，政党支持についても大きな変化が生まれていく。

　1970 年代以前の南部は，南北戦争以前から続く民主党の地盤だったが，東部のリベラル派とは異なる保守的な「サザン・デモクラット」として知られていた。平等や多様性を求める声への反発が南部を中心に広がっていったが，キリスト教保守勢力（福音派）が多いこともあって，人工妊娠中絶を認めた 1973 年のロウ判決は南部に大きな衝撃を与え，女性解放運動を推し進めた民主党への反発が広がっていった。共和党側もこれを見逃さず，南部の福音派勢力に接近していく。こうして 1980 年代以降，キリスト教保守勢力と緊密な関係になった共和党が南部での支持を固めていく。

　1980 年代は，アメリカ政治が保守化に向けて大きく変化した時期であった。その後 30 年かけて分極化が進んだ結果，現在のような保守とリベラル（あるいは共和党と民主党）の間の対立が，息が詰まるような均衡状況に至っている。

　この分断は 2000 年に入って，一気に加速化した。それを媒介したのが，インターネットの爆発的普及に代表される政治情報の変化と，選挙の際のマーケ

ティング手法の高度化である。インターネット上の議論と選挙マーケティングの間には，共通点がある。それは「敵」と「味方」を明確に分けることである。インターネット上には自分たちにとって心地よい情報しか流れてこない「フィルターバブル」という状況が生じる。インターネット上では泡（バブル）の中に閉じ込められたように，自分がみたい情報しかみえなくなる。検索サイトが提供するアルゴリズムが，各ユーザーがみたくないような情報を遮断するのである。選挙マーケティングは，自分たちが「善」であり，相手が「悪」であるというわかりやすいメッセージを発信することがポイントとなる。選挙マーケティングに基づいた戦略・広報アドバイスを行う選挙関連ビジネス（選挙産業）が大いに発展したことが，分極化をさらに押し進めた。

ケーブルテレビの24時間放送のニュース専門局の登場や，インターネットの爆発的普及によって政治情報が連邦議会の議事堂から，より広範な政治空間へと引き出された。その過程で，二大政党の大統領候補者指名や大統領本選挙におけるより広範な政策議論がなされるようになった。また，利益団体も，各種研究が指摘するように，メディアを利用し，イデオロギー的アピールをする機会が増えていった。

┃ 感情的分極化 ┃

この章の扉の **INTRODUCTION** でも取り上げた通り，2021年1月16日，大統領選挙の結果に不満を抱いたトランプ支持者たちは，暴徒化して連邦議会を襲撃・占拠した。この連邦議会襲撃事件を調査するために作られた下院特別委員会が開いた連続の公聴会に対する各種世論調査の評価結果は民主党支持者と共和党支持者で大きく分かれていた。このように，分極化は物事の評価も感情的に変えてしまう。

死者5人と多数の負傷者を出した，この連邦議会襲撃事件の衝撃はあまりにも大きい。公聴会の各種証言によると，トランプは各州の選挙担当者だけでなく，選挙結果を確定する議事を担当するマイク・ペンス副大統領にも圧力をかけたという。さらに，トランプは議事堂への襲撃者が武装していることを黙認しただけでなく，議事堂に車で直接乗り込もうとしてシークレット・サービス（警護官）と揉み合いになったといった指摘もあった。未遂で終わったが，おそ

らく議会への襲撃者をトランプが自分自身で先導するためだったと考えられている。

　トランプが煽（あお）っているのは明らかなようにみえるが，それでも共和党支持者はこの公聴会の正当性を疑っている。世論調査でも，その分断は明確に示されている。各種調査によると「（この公聴会は）トランプを非難するための一方的な試み」と考えたのは，民主党支持者ではわずか数％であったが，共和党支持者では70％を超えていた。共和党支持者の多くにとっては，この一連の公聴会自体が「民主党のプロパガンダ」のようにみえた。そもそも彼らは「選挙は盗まれた」と思い，暴徒たちはアメリカという国を奪い返す「愛国的な有志」にみえているのである。

　共和党支持者なら民主党支持者の意見を，民主党支持者なら共和党支持者の意見を感情的に拒絶してしまう。自分がもつ愛着が強くなればなるほど，対立する党が行うことに対する反感が強くなる。この現象を「感情的分極化（affective polarization）」と呼ぶ。

　イデオロギー的分極化が進む中で，「感情的分極化」も広く進行しつつある。「キャンセルカルチャー（cancel culture）」をめぐる保守派の動きも，この一つである。「キャンセルカルチャー」とは，日本で広まっている意味とは少し異なり，公平性や多様性を求める動きを揶揄（やゆ）する保守派の捨て台詞（せりふ）である。2020年夏からの「ブラック・ライブズ・マター」運動が注目したのは，ワシントン，ジェファソンらアメリカの歴史上の人物たちも奴隷主であり，これまでの高い評価は間違いであったという再評価の必要性であった。リベラル派はこのことに強く同調するが，保守派は「これまでの文化を変えてしまうキャンセルカルチャーである」と強く反発している。

　分断したままの状況で拮抗することは，話し合いができないことを意味する。政策はなかなか動かず，人々の不満が高まる。この停滞の中で，「文化戦争」の戦場である女性の権利やマイノリティの権利，気候変動などは政治的争点として保守派に叩かれる。

政策エリートの分極化と政策上の影響

政策エリートの分極化

　これまで述べたような「世論の分極化」という国民側の変化は，議員や政党指導部のような「政策エリートの分極化」が先行し，それを国民の分極化が追うような形で進展してきた。わかりやすい例が，連邦議会下院選挙区割りが生み出した党派性の高い議員の増加である。州議会で多数派をとっている政党が10年ごとの国勢調査を基にした選挙区割り改定を担当するため，自分たちが勝てるように区割りをいじれば，それだけ選挙民は党派性を帯びるようになる。

　さらに，政策エリートの周辺を取り巻く環境も大きく変化した。1980年代以降の政策形成の舞台が大きく変わり，これまでの政党や利益団体という主要な政策形成アクターに，シンクタンクという専門家集団が加わったことも大きい。シンクタンクは，政策の発案者であり，それを基に自分たちの政策コミュニティでのプレゼンス（存在感）を高めていく「政策のアイディア・ブローカー」的な存在である。1970年代までのシンクタンクは，党派性が目立つことはなかった。しかし，1990年代以降，イデオロギー的アジェンダ（課題）の促進を目的とするシンクタンク（イデオロギー型シンクタンク）の勢いが目立つようになった（→第6章）。

　シンクタンクが政策のアイディアを生むとすれば，そのアイディアを効果的に広く伝えるのが，選挙関連ビジネスである。シンクタンクが生存競争を勝ち抜くためには，選挙ビジネスへの接近（との協力）が欠かせなくなっている。こうした環境変化も起こっている。近年のシンクタンクは，長期的な国益の観点から判断した政策ではなく，一般大衆にとって切実な問題関心を緻密なデータを頼りに探り当て（見出し），有権者の投票行動に結び付きやすい政策を立案している。近年のシンクタンクにはこうした，いわば大衆迎合型を志向せざるをえなくなった新たな一面がある。このようなシンクタンクの質的変化と選挙関連ビジネスの発展は相互に作用し合っている。

政党全国本部の資源獲得能力と戦略的活動の増大も，政策エリートの分極化の一因となっており，両党の対立激化に大きく影響している。1990年代に共和・民主両党の全国本部は選挙資金規制の枠外のソフトマネー献金で急激に組織が盤石となった。アメリカの政党は歴史的に分権的であったが，中央と各州政党組織との連携が可能となり，政党内での統一した戦略が図られるようになったのである。その中心にあるのが選挙での勝利であり，そのための政策運営が全米的に統一されながら進められていくようになった。

　政策エリートの分極化は，政策形成に大きな影響を与えている。かつては民主党と共和党との議会での立ち位置は現在よりもかなり中道に寄っていたため，主要な法案においての両党間の妥協も容易だった。アメリカの政党の最大の特徴は，議会での党としての規律が緩やかなことであり，そもそも党議拘束がない。そのため，1980年代くらいまでは，両党内が大きく2つに割れて，別の党の政策位置が近い議員らと協力して法案を通すことも，きわめて一般的であった（→第**2**章）。政党の議会内指導部（院内総務，院内幹事など。下院の多数派の場合下院議長も含む）の方針に抵抗する議員も少なくなかった。さらに，特定の法案に協力し合うために党を超えての票の貸し借り（ログローリング）も頻繁に行われた。しかし，次第に両党間の妥協は少なくなり，両党間の対立が激しくなる中，現在では党を超えた協力は主要法案ほど難しくなっている。

▎分割政府の問題と「全く動かない政治」▎

　さらに状況を複雑にしているのが，1970年代から常態化している分割政府（divided government）の問題である。分割政府とは大統領を擁する政党と議会の上下院のどちらか（あるいは両方）の多数党が異なる状況を示す。巻末の資料4は，議会の開始時の両党の構成であり，これをみると分割政府が常態化しているのがわかる。

　日本では，衆議院と参議院の多数派党が異なることを「ねじれ」現象と呼ぶ。アメリカでは，大統領と上下両院の三者のうち一つでも政党が異なれば，「ねじれ」てしまう。

　どちらかの政党が上下両院で多数派を占め，大統領もその政党の場合を，「統一政府（unified government）」という。しかし，分極化が進んだ1980年代

以降は分割政府が恒常化している。分割政府が恒常化した理由については，かつては政党離れの一環として，大統領と議会の政党を分けて投票し，どちらの政党も優位にならないように配慮するという分割投票（split-voting）が原因であるという説があった。しかし，任期が異なり，近年は分極化で両党が拮抗する中で，どちらの政党も圧倒的に優位になりにくいため，たまたま大統領と議会の多数派の政党が分かれてしまうという説が出てきている。

　このように分極化と民主・共和両党の支持者の拮抗で，現在はアメリカ政治がかつて経験したことがないレベルに政党間の対立が激化し，イデオロギー対立が深刻化している。

▎外交政策への影響 ▎

　政治的分極化は外交政策にも影響を与えている。それを象徴するのが，バイデン政権が掲げている「ミドルクラス（中間層）のための外交」というスローガンである。政治的分極化の中，このスローガンはアメリカの国民の声を反映した外交を行う姿勢を示したものである。

　バイデン政権は対外的には「アメリカは戻ってきた（America is Back）」「外交が戻ってきた（Diplomacy is Back）」というスローガンとともに，同盟国重視の外交への回帰を謳ってきた。そして，トランプ外交がアメリカの孤立を招いたとし，国際的な同盟関係を素早く回復させる必要性を訴えてきた。世界各地で民主主義を支え，パリ協定，世界保健機関（WHO）への復帰，ヨーロッパ諸国との関係改善，新型コロナウイルス緊急基金（COVAX ファシリティ）への加盟など，国際協調を進めてきた。他方，外交政策を国内的に説明する際のもう一つのスローガンとして，先に述べた「ミドルクラスのための外交」というスローガンを掲げていた。

　このスローガンは，外交において世論が重要であることを示している。世論を重要視すること自体は，トランプ政権においても同様であった。しかし，トランプ政権と異なるのは，トランプは支持層であった共和党支持者の声を重視していたが，バイデン政権では，とくに支持層の民主党支持者の見方が重要視されている。例えば，民主党支持者にとって気候変動問題への関心は大きいので，2021 年 11 月の COP26（国連気候変動枠組条約第 26 回締約国会議）では積極

的な対応がとられた。このように，世論重視は同じであるものの，個々の政策の内容については，トランプ政権との大きな変化がうかがえる。

3 現状打開のためのポピュリズム的な方針転換
Ⅲ▶ トランプとサンダース

　現在のアメリカ社会には，政治に対する強い不満が渦巻いている。その背景には，イデオロギー的分極化による妥協ができない政治の中，法案がまとまらない機能不全状態がある。

　他方で，政治参加からガバナンスのあり方まで，長期的には「イデオロギー的分極化」はアメリカの政治過程を変貌させつつある。「イデオロギー的分極化」は政党を中心に置きながらも，政党だけでなく，世論や政治報道など社会全体を巻き込む大きな変化であり，根は深い。

　政策がまとまらず，政治に対する不満が高まっていく中，現状を打開するためにポピュリズム的な極端な方針転換を打ち出す声が注目されるようになる。その代表的なものが，2016年，20年の大統領選挙の際のトランプとサンダースの主張である。

トランプの「アメリカ第一主義」

　2016年大統領選挙において，グローバル化の中での中間層の没落や，製造業などの斜陽産業の中での「怒れる白人たち」の不満の受け皿となったのが，「アメリカ第一主義」を唱えるトランプだった。「アメリカ第一主義」とは，自国の経済の建て直しを最優先し，国際社会への関与を徹底的に控えていこうとする一連の政策の総称として，世界的にも広く知られている。

　「アメリカ第一主義」に関連してトランプ大統領が掲げた主張および政策には，大きく分けて4つの特徴がある。1つ目は，それまでの国際協調的なアメリカの外交方針を大きく変えた点である。2017年1月の政権発足直後に，地球温暖化対策の国際枠組み「パリ協定」や環太平洋パートナーシップ（TPP）協定からの離脱を宣言した。また，トランプ政権は世界貿易機関（WTO）の運営が途上国寄りで改革が必要だと主張し，WTOからの脱退を何度もほのめ

かした。

　2つ目は，国内の雇用維持，経済復興である。アメリカの雇用を守り，「不公正な」貿易と戦うためにあらゆる法的手段を使うとし，外国からの製品に対して関税引き上げを行った点である。とくに中国による「経済侵略」に対しては，徹底的に対抗していく姿勢を明確に示した。2018年3月下旬，自国産業の保護を目的に鉄鋼・アルミニウム製品の輸入制限を開始し，中国や日本などを対象に鉄鋼，アルミの追加関税を発動し，6月から欧州連合（EU）やカナダ，メキシコも対象に加えた。これに対して，日本を除く多数の国が報復関税を発動するなど，世界的な貿易戦争が広がった。中国製品に対しては，その後も知的財産権侵害を理由とした制裁関税が数度にわたって課せられた。また，多くのアメリカ企業の雇用や工場を国内に引き戻し，製造業で何百万もの雇用を創出するために，政府によるアメリカ製品の購入やアメリカ国内に工場を戻した企業に対する税制優遇などを進めた。

　3つ目は，「世界の警察官」であるアメリカの責任からの解放をめざしたことである。日本や韓国など同盟国に対し「駐留米軍のすべての経費を支払うべきだ」と主張し，より多くの費用を同盟国に負担させようとした。さらに，シリア，アフガニスタンから撤退の方向性を探り，中東への軍事介入などを見直していった。

　4つ目は，一種の排外主義である。「メキシコ国境に壁を造る」「ムスリム（イスラーム教徒）の入国禁止」など，アメリカに入ってくる多様な人々を規制していく動きをトランプ政権は加速させた。

　このようなアメリカの大きな変化は，世界から驚きをもって受け止められた。とくに，貿易戦争も辞さない強硬姿勢に批判が集中した。その一方で，トランプ政権を自由貿易体制につなぎ留めることが，日本やEUにとっては重要課題となった。

　このようにトランプ政権の「アメリカ第一主義」政策は，国際社会には大きな波紋を呼んだが，国内的にはトランプへの保守派の強い支持を固める原動力にもなった。とくに移民や難民に職を奪われ，治安を脅かされていると感じる白人労働者層などの間で，この主張は広く支持された。その一方で，トランプ政権に否定的なリベラル派の間では，「アメリカ第一主義」政策は国際社会に

おいてもアメリカを孤立させ，国内においても人種間，階層間の亀裂を浮き彫りにするものである，という全く異なる見方が広がっていった。

ただし，「アメリカ第一主義」の名の下，トランプ政権が行った政策は単純ではなく，重層的だった。例えば，自由貿易をこれまで支持していた産業界にとって，トランプ政権の貿易戦争は保護主義にほかならないはずである。しかし，同時に行った大型減税や，次々に打ち出した規制緩和もあり，産業界からの不満が高まることはなかった。さらに安全保障政策では，「世界の警察官」からの解放をめざす一方で，「力による平和」を打ち出し，軍拡を進めた。そのため，アメリカの安全保障上の力の衰退は目立ってはいなかった。さらに，トランプ政権は WTO をはじめ，国際機関の運営上の問題点を明らかにした点を評価する声もある。

サンダースの左派ポピュリズム

他方，左派の声を代弁したのは，サンダース上院議員であった。2016 年大統領選挙ではヒラリー・クリントンに，20 年大統領選挙ではバイデンに民主党の予備選挙で敗れたが，それでもサンダースが訴えた主張は，多くの共感を呼んだ。

サンダースの主張を簡単にまとめると，「社会システムを再検討し，弱者にも公正な国家をめざすべき」ということになる。2020 年 4 月 19 日にニューヨークタイムズに寄せた論考をみてみよう (Sanderss 2020)。その冒頭には，「アメリカは，世界の歴史の中で最も豊かな国だ。しかし，富はきわめて不平等だ。4000 万人が貧困にあえぎ，保険に加入していないか，保険が十分でない人は8700 万人。ホームレスも 50 万人」という文章が出てくる。これは，2020 年の予備選挙の際に行ったサンダースの演説に出てくる数字である。コロナ禍と深刻な不況の中で，「貧困」「ホームレス」「無保険者」という言葉には，かつてない重い現実感がある。コロナへの感染の有無を調べるための費用，そして治療費の保険適用については，3 月半ばから 4 月にかけての一連の緊急対策で国が対応する予算を確保した。しかし，それでもサンダースが主張してきた「メディケア・フォー・オール（国が運営する国民皆保険）」が導入されていれば，もっと早く対応できたはずという声もある。さらに，最低賃金を時給 15 ドル

に上げるというサンダースの主張も一部の州が導入したが，これがもっと広がっていれば，富の偏在は改善されていた可能性がある。

　予備選挙から撤退した直後の2020年4月8日のニューヨークタイムズの論説（"Bernie Sanders Was Right"「サンダースは正しかった」）では，「1970年代にアメリカの医療制度の全面的な見直しを提唱したとき，サンダースは最初から正しかった。パンデミックが何百万人もの市民に死に至るまでのストレスを与えている今も，彼は正しいままだ」という。さらに「サンダースがアメリカの貧困層，病人，市民権を奪われた人々の悲惨な生活に執拗に焦点を当てたことは，おそらく現代の政治的な記憶の中で，この概念に対する最大の賛歌となっている」「嘘をついたこともない」と，この記事ではサンダースを高く評価している。

　サンダースの主張は，切実な危機認識に裏づけられている。移民としてアメリカに来て，大変な仕事を経ながら，子どもに自分よりも高い教育を受けさせ，数世代かかり，一つ一つ経済的な階段を上がっていくのが，これまでの「アメリカン・ドリーム」であった。しかし，教育費用が高くなることで，階層の可動性が低くなり，この「夢」が壊れていく。その「夢」を立て直す必要性をサンダースは主張した。若者にとって，サンダースは希望の象徴であり，熱烈な運動を生んでいった。

　サンダース支持運動は，2008年のオバマの選挙運動に近いものがある。ヒラリー・クリントンも，バイデンも熱烈な「運動」を起こすことはできなかった。方向性は大きく異なるが，トランプの2016年の選挙運動には白人ブルーカラー層の息苦しさに支持された部分もあり，支持者内で共感を呼ぶ「運動」であった。

　それでは，そもそもなぜサンダースは負けたのか。それは，サンダースの主張する教育費，医療保険，気候変動対策という，3つの大きな争点が民主党内の対立を強める結果にもなっていたからである。教育費をめぐっては，学費もすでに払い終わった層には，「今後余計な負担を」とみえてしまう。医療保険については，国民の保険の保有率は9割程度であり，少し年齢が上の民主党支持者の大多数は，すでになんらかの保険に入っている。また，民主党の支持母体である労働組合の中には，対応が充実した保険プランを企業から勝ち取って

いるケースも少なくない。気候変動対策では，製造業が集中する，いわゆるラストベルトの各州では，サンダースが環境政策を叫べば叫ぶほど，冷めてしまう。

いずれにしろ，サンダースの2度の大統領選挙への挑戦は終わり，その意志や各種政策は，2016年にはサンダースの支援運動に尽力した，リベラル派のアレクサンドリア・オカシオ=コルテス下院議員らが受け継いでいくのだろう。

分極化の今後

根本的な分極化の解消の糸口は，現時点ではなかなかみえない。長い時間をかけて分極化してきたため，分極化の解消にもそれだけ時間がかかる可能性がある。しかし，今後，大きな変化を引き起こす可能性があると考えられるのが，人口動態の変化というアメリカの社会そのものの変容が与える影響であろう。

アメリカは人口動態の変化が激しい。1980年代の人口は2億4000万人程度であったが，今では3億3000万人となり，先進国（OECD加盟国）の中で人口増加のペースは最も早い。その理由は絶え間ない移民の流入である。国勢調査局によれば，ラテン系（ヒスパニック系）やアジア系移民の急増で，アメリカの総人口の中で白人の人口が占める割合は，現在の7割程度から2050年には5割程度に下がると考えられている。その代わりに，ラテン系やアジア系のマイノリティの人口が増えるとみられている。

現在，増加しているラテン系移民やアジア系移民は，当面は低賃金労働を行う層になるとみられているため，所得再分配的な政策を選ぶ傾向が強い。そのため，所得再分配的な政策に積極的な民主党の支持層が増えていくという見方もある。アメリカの歴史を振り返ると，有権者の多くは共和・民主の2つの選択肢で常に揺れており，本当に民主党支持者が増えているかは，今後数回の選挙を経てみないとはっきりはしない。しかし，共和党側も，より移民に寛容な政策を打ち出していかなければ，時代に追いつけなくなってしまう可能性が高くなっている。

このようにみると，共和党がじり貧のようにも感じるが，共和党側も移民からの支持を集めていくように動くとみるのは当然であろう。そうなれば，打ち出す政策そのものも，より民主党側に近くなる可能性もある。さらに，先にア

メリカに住んだ移民がその後の移民よりも保守化することもありうる。また，民主党支持者が都市などに集中している傾向はなかなか変わらないほか，共和党側による選挙制度の変更（→第**3**章）なども進んでいる。

　人口動態の変化の中で，各種の社会的政治的争点について新たなコンセンサスが生まれるかどうか。今後のアメリカ社会の動きを注視したい。

EXERCISE ●演習問題

① 議会と大統領との関係（「分割政府」「統一政府」など）に着目して，イデオロギー的分極化が政治過程にもたらす影響をまとめてみよう。
② イデオロギー的分極化と感情的分極化の関連を身近な例を挙げて考えてみよう。
③ アメリカのここ 50 年の歴史を振り返りながら，イデオロギー的分極化の原因を再検討してみよう。

さらに学びたい人のために　　　　　　　　　　　　　　　Bookguide ●

久保文明・中山俊宏・山岸敬和・梅川健編『アメリカ政治の地殻変動――分極化の行方』東京大学出版会，2021 年。
　　制度やアクター，政治的インフラストラクチャー，政策に焦点を当てて，さまざまな観点から政治的分極化の現状と今後を検討している。

前嶋和弘『キャンセルカルチャー――アメリカ，貶めあう社会』小学館，2022 年。
　　「キャンセルカルチャー」という言葉の定義から入り，分極化の時代において，多様性を推し進める動きに対する強い反作用が生まれている状況を分析している。分極化の諸相を述べつつ，今後も展望している。

和泉真澄・坂下史子・土屋和代・三牧聖子・吉原真里『私たちが声を上げるとき――アメリカを変えた 10 の問い』集英社新書，2022 年。
　　アメリカ現代史の中で，平等や多様性を強く訴えたローザ・パークス，ルース・ベイダー・ギンズバーグら女性の言動に注目し，その信念をわかりやすくまとめた一冊。

引用・参考文献

◆ 序 章　現代政治の歴史的淵源

ウッド，ゴードン・S./中野勝郎訳 2016『アメリカ独立革命』岩波書店。

岡山裕 2005『アメリカ二大政党制の確立――再建期における戦後体制の形成と共和党』東京大学出版会。

貴堂嘉之 2019『南北戦争の時代――19世紀』岩波新書。

久保文明編 2021『トランプ政権の分析――分極化と政策的収斂の間で』日本評論社。

中野耕太郎 2019『20世紀アメリカの夢――世紀転換期から1970年代』岩波新書。

古矢旬 2020『グローバル時代のアメリカ――冷戦時代から21世紀』岩波新書。

和田光弘 2019『植民地から建国へ――19世紀初頭まで』岩波新書。

◆ 第1章　アメリカ人の世界観・政治観

飯山雅史 2008『アメリカの宗教右派』中公新書ラクレ。

中山俊宏 2013『アメリカン・イデオロギー――保守主義運動と政治的分断』勁草書房。

西山隆行 2016『移民大国アメリカ』ちくま新書。

Dawson, Michael C. 1994, *Behind the Mule: Race and Class in African-American Politics*, Princeton University Press.

Dolan, Julie, Melissa M. Deckman, and Michele L. Swers 2015, *Women and Politics: Paths to Power and Political Influence*, 3rd ed., Rowman & Littlefield.

◆ 第2章　政　　党

岡山裕 2005『アメリカ二大政党制の確立――再建期における戦後体制の形成と共和党』東京大学出版会。

岡山裕 2020『アメリカの政党政治――建国から250年の軌跡』中公新書。

前嶋和弘 2021「アメリカ地方政治を支えるもの――政治システム，政党，政治的インフラ」久保文明・21世紀政策研究所編『50州が動かすアメリカ政治』勁草書房。

Aldrich, John H. 1995, *Why Parties?: The Origin and Transformation of Political Parties in America*, University of Chicago Press.

Ladd, Everett Carll 1991, "Like waiting for Godot: the Uselessness of "Realignment" for Understanding Change in Contemporary American Politics," Byron E. Shafer ed., *The End of Realignment?: Interpreting American Electoral Eras*, University of Wisconsin Press.

Mann, Thomas and Norman Ornstein 2012, *It's Even Worse Than It Looks: How the American Constitutional System Collided With the New Politics of Extremism*, Basic Books.

Skowronek, Stephen 1997, *The Politics Presidents Make: Leadership from John Adams to Bill Clinton*, rev. ed. Belknap Press of Harvard University Press.

Sundquist, James L. 1973, *Dynamics of the Party System: Alignment and Realignment of Political Parties in the United States*, The Brookings Institution.

◆ 第3章　選　　挙

清原聖子・前嶋和弘編 2013『ネット選挙が変える政治と社会――日米韓に見る新たな「公共圏」の姿』慶應義塾大学出版会。

吉野孝・前嶋和弘編 2020『危機のアメリカ「選挙デモクラシー」——社会経済変化からトランプ現象へ』東信堂。

渡辺将人 2015『現代アメリカ選挙の変貌——アウトリーチ・政党・デモクラシー』名古屋大学出版会。

Achen. Christopher H., and Larry M. Bartels 2017, *Democracy for Realists: Why Elections Do Not Produce Responsive Government*, Princeton University Press.

Fenno, Richard F. 1973, *Congressmen in Committees*, Little, Brown.

Polsby, Nelson, Aaron Wildavsky, Steven E., Schier, and David A., Hopkins 2019, *Presidential Elections: Strategies and Structures of American Politics*, Rowman & Littlefield.

◆ 第4章　利益団体と社会運動

オルソン，マンサー／依田博・森脇俊雅訳 2006『集合行為論——公共財と集団理論』ミネルヴァ書房。

トクヴィル／松本礼二訳 2005『アメリカのデモクラシー』第1巻，岩波文庫。

西山隆行 2021『〈犯罪大国アメリカ〉のいま——分断する社会と銃・薬物・移民』弘文堂。

パットナム，ロバート・D.／柴内康文訳 2006『孤独なボウリング——米国コミュニティの崩壊と再生』柏書房。

前嶋和弘 2010「非政府アクター（利益団体，シンクタンク，マスメディア，世論）」信田智人編『アメリカの外交政策——歴史・アクター・メカニズム』ミネルヴァ書房。

ロウィ，Th. D.／村松岐夫訳 2004『自由主義の終焉——現代政府の問題性』木鐸社。

Baumgartner, Frank R., Jeffrey M. Berry, Marie Hojnacki, David C. Kimball, and Beth L. Leech 2009, *Lobbying and Policy Change: Who Wins, Who Loses, and Why*, University of Chicago Press.

Heclo, Hugh 1977, *Government of Strangers: Executive Politics in Washington*, Brookings Institution.

Schlesinger, Arthur M. 1944, "Biography of a Nation of Joiners," *The American Historical Review*, 50(1): 1–25.

Truman, David B. 1971, *The Governmental Process: Political Interests and Opinion*, 2nd ed., Alfred A. Knopf.

Wright, John R. 1996, *Interest Groups and Congress: Lobbying, Contributions, and Influence*, Allyn and Bacon.

◆ 第5章　メディアと世論

サンスティーン，キャス／石川幸憲訳 2003『インターネットは民主主義の敵か』毎日新聞社。

ノエル=ノイマン，E.／池田謙一・安野智子訳 2013『沈黙の螺旋理論——世論形成過程の社会心理学〔改訂復刻版〕』北大路書房。

ハーバーマス，ユルゲン／細谷貞雄・山田正行訳 1994『公共性の構造転換——市民社会の一カテゴリーについての探究〔第2版〕』未來社。

前嶋和弘 2011『アメリカ政治とメディア——「政治のインフラ」から「政治の主役」に変貌するメディア』北樹出版。

前嶋和弘・山脇岳志・津山恵子編 2019『現代アメリカ政治とメディア』東洋経済新報社。

渡辺将人 2020『メディアが動かすアメリカ——民主政治とジャーナリズム』ちくま新書。

Blumler, Jay and Michael Gurevitch 1995, *The Crisis of Public Communication*, Routledge.

Campbell, Angus, Philip E. Converse, Warren E. Miller, and Donald E. Stokes 1960, *The American Voter*, University of Chicago Press.

Iyengar, Shanto, and Donald R. Kinder 2010, *News That Matters: Television and American Opinion*,

Updated ed., University of Chicago Press.

Kernell, Samuel H. 2007, *Going Public: New Strategies of Presidential Leadership*, 4th ed., CQ Press.

Ladd, Jonathan M. 2012, *Why Americans Hate the Media and How It Matters*, Princeton University Press.

Lenz, Gabriel S. 2012, *Follow the Leader?: How Voters Respond to Politicians' Policies and Performance*, University of Chicago Press.

Rozell, Mark J., and Jeremy D. Mayer 2008, *Media Power, Media Politics*, 2nd ed., Rowman & Littlefield.

◆ 第6章　政治的インフラストラクチャー

久保文明編 2011『アメリカ政治を支えるもの——政治的インフラストラクチャーの研究』日本国際問題研究所。

久保文明・東京財団現代アメリカプロジェクト編 2012『ティーパーティ運動の研究——アメリカ保守主義の変容』NTT 出版。

宮田智之 2017『アメリカ政治とシンクタンク——政治運動としての政策研究機関』東京大学出版会。

Skocpol, Theda, and Vanessa Williamson 2016, *The Tea Party and the Remaking of Republican Conservatism*, Oxford University Press.

Smith, James A. 1990, *The Idea Brokers: Think Tanks and the Rise of the New Political Elites*, Free Press.

◆ 第7章　連邦議会

メイヒュー，デイヴィッド／岡山裕訳 2013『アメリカ連邦議会——選挙とのつながりで』勁草書房。

Aldrich, John H., and David W. Rohde 2000, "The Republican Revolution and the House Appropriations Committee," *Journal of Politics*, 62(1): 1–33.

Congressional Quarterly 1976, *Congressional Quarterly's Guide to Congress*, 2nd ed., CQ Press.

Cox, Gary W., and Mathew D. McCubbins 2005, *Setting the Agenda: Responsible Party Government in the U. S. House of Representatives*, Cambridge University Press.

——, 2007, *Legislative Leviathan: Party Government in the House*, 2nd ed., Cambridge University Press.

Esterling, Kevin M. 2004, *The Political Economy of Expertise: Information and Efficiency in American National Politics*, University of Michigan Press.

Fenno J., Richard F. 1973, *Congressmen in Committees*, Little, Brown.

Krehbiel, Keith 1991, *Information and Legislative Organization*, University of Michgan Press.

—— 1998, *Pivotal Politics: A Theory of U.S. Lawmaking*, University of Chicago Press.

Poole, Keith T., and Howard Rosenthal 2017, *Ideology and Congress: A Political Economic History of Roll Call Voting* 2nd ed., Routledge.

Sinclair, Barbara, 2016, *Unorthodox Lawmaking: New Legislative Processes in the U. S. Congress*, 5th ed., CQ Press.

◆ 第8章　大　統　領

Beckmann, Matthew N. 2010, *Pushing the Agenda: Presidential Leadership in U. S. Lawmaking, 1953–2004*, Cambridge University Press.

Cameron, Charles M. 2000, *Veto Bargaining: Presidents and the Politics of Negative Power*, Cambridge University Press.

Canes-Wrone, Brandice 2005, *Who Leads Whom?: Presidents, Policy, and the Public*, University of Chicago Press.

Cohen, Jeffrey E. 2009, *Going Local: Presidential Leadership in the Post-Broadcast Age*, Cambridge University Press.

Edwards, George C., III 2016, *Predicting the Presidency: The Potential of Persuasive Leadership*, Princeton University Press.

Neustadt, Richard E. 1990, *Presidential Power and the Modern Presidents: The Politics of Leadership from Roosevelt to Reagan*, Free Press.

Schlesinger, Arthur M., Jr. 1973, *The Imperial Presidency*, Houghton Mifflin.

Shugart, Matthew Soberg, and John M. Carey 1992, *Presidents and Assemblies: Constitutional Design and Electoral Dynamics*, Cambridge University Press.

Skowronek, Stephen 1997, *The Politics Presidents Make: Leadership from John Adams to Bill Clinton*, rev. ed., Belknap Press of Harvard University Press.

◆ 第9章 司 法 府

岡山裕 2016「憲法修正なき憲法の変化の政治的意義——ニューディール期アメリカの『憲法革命』を題材に」駒村圭吾・待鳥聡史編『「憲法改正」の比較政治学』弘文堂。

フット，ダニエル・H./溜箭将之訳 2007『名もない顔もない司法——日本の裁判は変わるのか』NTT出版。

Breyer, Stephen 2021, *The Authority of the Court and the Peril of Politics*, Harvard University Press.

Dahl, Robert A. 1957, "Decision-Making in a Democracy: The Supreme Court as a National Policy-Maker," *Journal of Public Policy*, 6: 279–295.

Epstein, Lee, and Jeffrey Allan Segal 2005, *Advice And Consent: The Politics of Appointing Federal Judges*, Oxford University Press.

Rosenberg, Gerald N. 2008, *The Hollow Hope: Can Courts Bring About Social Change?*, 2nd ed., University of Chicago Press.

Teles, Steven M. 2010, *The Rise of the Conservative Legal Movement: The Battle for Control of the Law*, Princeton University Press.

◆ 第10章 官僚機構

ルイス，デイヴィッド・E./稲継裕昭・浅尾久美子訳 2009『大統領任命の政治学——政治任用の実態と行政への影響』ミネルヴァ書房。

Arnold, R. Douglas 1990, *Logic of Congressional Action*, Yale University Press.

Calabresi, Steven G. and Christopher S. Yoo 2008, *The Unitary Executive: Presidential Power from Washington to Bush*, Yale University Press.

Cook, Brian J. 2021, *The Fourth Branch: Reconstructing the Administrative State for the Commercial Republic*, University Press of Kansas.

Epstein, David, and Sharyn O'Halloran 1999, *Delegating Powers Delegating Powers: A Transaction Cost Politics Approach to Policy Making under Separate Powers*, Cambridge University Press.

Heclo, Hugh 1977, *Government of Strangers: Executive Politics in Washington*, Brookings Institution.

Miles, Thomas J., and Cass R. Sunstein 2008, "The Real World of Arbitrariness Review," *University of Chicago Law Review*, 75(2): 761–814.

Neustadt, Richard E., 1990, *Presidential Power and the Modern Presidents: The Politics of Leadership from Roosevelt to Reagan*, Free Press.

Okayama, Hiroshi 2019, *Judicializing the Administrative State: The Rise of the Independent Regulatory Commissions in the United States*, Routledge.

◆ 第11章 連邦制と地方自治

Brown, Adam R. 2022, *The Dead Hands' Grip: How Long Constitutions Bind States*, Oxford University Press.

Dinan, John 2020, "The Institutionalization of State Resistance to Federal Directives in the 21st Century," *The Forum*, 18(1): 3–23.

Jimenez, Benedict S. 2014, "Separate, Unequal, and Ignored? Interjurisdictional Competition and the Budgetary Choices of Poor and Affluent Municipalities," *Public Administration Review*, 74(2): 246–257.

Mooney, Christopher Z. 2021, *The Study of US State Policy Diffusion: What Hath Walker Wrought?*, Cambridge University Press.

Peterson, Paul E. 1981, *City Limits*, University of Chicago Press.

Shor, B., and N. McCarty 2011 "The Ideological Mapping of American Legislatures," *American Political Science Review*, 105(3): 530–551.

Volden, Craig 2002, "The Politics of Competitive Federalism: A Race to the Bottom in Welfare Benefits?" *American Journal of Political Science*, 46(2): 352–363.

◆ 第12章 政策形成過程

キングダン，ジョン／笠京子訳 2017『アジェンダ・選択肢・公共政策——政策はどのように決まるのか』勁草書房。

Carmines, Edward G., and James A. Stimson 1989, *Issue Evolution: Race and the Transformation of American Politics*, Princeton University Press.

Karol, David 2009, *Party Position Change in American Politics: Coalition Management*, Cambridge University Press.

Lowi, Theodore J., 1964, "American Business, Public Policy, Case Studies, and Political Theory," *World Politics*, 16(4): 677–715.

Milner, Helen V., and Dustin Tingley 2015, *Sailing the Water's Edge: The Domestic Politics of American Foreign Policy*, Princeton University Press.

Wildavsky, Aaron. 1966, "The Two Presidencies," Trans-Action/Society, 4: 7–14.

Wilson, J. Q. 1973, *Political Organizations*, Princeton University Press.

◆ 終章 分極化時代の政治過程

和泉真澄・坂下史子・土屋和代・三牧聖子・吉原真里 2022『私たちが声を上げるとき——アメリカを変えた10の問い』集英社新書。

久保文明・中山俊宏・山岸敬和・梅川健編 2021『アメリカ政治の地殻変動——分極化の行方』東京大学出版会。

前嶋和弘, 2022『キャンセルカルチャー——アメリカ，貶め合う社会』小学館。

McCarty, Nolan 2019, *Polarization: What Everyone Needs to Know*, Oxford University Press.

McCarthy, Nolan, Keith T. Poole and Howard Rosenthal, 2008, *Polarized America: The Dance of Ideology and Unequal Riches*, MIT Press.

Sanders, Bernie 2020, "The Foundations of American Society Are Failing Us," *New York Times*, April 19, 2020（https://www.nytimes.com/2020/04/19/opinion/coronavirus-inequality-bernie-sanders.html?searchResultPosition=5）.

"Bernie Sanders Was Right," *New York Times*, April 8, 2020（https://www.nytimes.com/2020/04/08/opinion/bernie-sanders-campaign.html）.

資料1　アメリカの地域区分

資料2　州名とその略称

州　　名	英　　語	略称	州　　名	英　　語	略称
アーカンソー	Arkansas	AR	デラウェア	Delaware	DE
アイオワ	Iowa	IA	ニュージャージー	New Jersey	NJ
アイダホ	Idaho	ID	ニューハンプシャー	New Hampshire	NH
アラスカ	Alaska	AK	ニューメキシコ	New Mexico	NM
アラバマ	Alabama	AL	ニューヨーク	New York	NY
アリゾナ	Arizona	AZ	ネヴァダ	Nevada	NV
イリノイ	Illinois	IL	ネブラスカ	Nebraska	NE
インディアナ	Indiana	IN	ノースカロライナ	North Carolina	NC
ヴァージニア	Virginia	VA	ノースダコタ	North Dakota	ND
ヴァーモント	Vermont	VT	ハワイ	Hawaii	HI
ウィスコンシン	Wisconsin	WI	フロリダ	Florida	FL
ウェストヴァージニア	West Virginia	WV	ペンシルヴェニア	Pennsylvania	PA
オクラホマ	Oklahoma	OK	マサチューセッツ	Massachusetts	MA
オハイオ	Ohio	OH	ミシガン	Michigan	MI
オレゴン	Oregon	OR	ミシシッピ	Mississippi	MS
カリフォルニア	California	CA	ミズーリ	Missouri	MO
カンザス	Kansas	KS	ミネソタ	Minnesota	MN
ケンタッキー	Kentucky	KY	メイン	Maine	ME
コネチカット	Connecticut	CT	メリーランド	Maryland	MD
コロラド	Colorado	CO	モンタナ	Montana	MT
サウスカロライナ	South Carolina	SC	ユタ	Utah	UT
サウスダコタ	South Dakota	SD	ルイジアナ	Louisiana	LA
ジョージア	Georgia	GA	ロードアイランド	Rhode Island	RI
テキサス	Texas	TX	ワイオミング	Wyoming	WY
テネシー	Tennessee	TN	ワシントン	Washington	WA

資料3 政党別の支持者および無党派層の割合（1939-2022年）

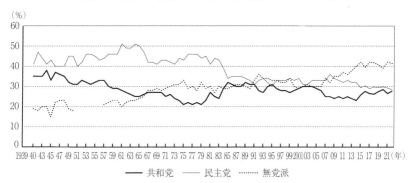

──── 共和党　──── 民主党　……… 無党派

［注］　なお，アメリカでは政党支持についての調査で一体感を感じる政党を尋ねるのが普通で，
　　　　近年では無党派層もそのほとんどが一方の政党に親近感は感じ，支持者とほぼ同様に行動し
　　　　ていることがわかっている。
［出典］　1939-2014年（1941年は欠損）については，"Trends in Party Identification, 1939-2014,"
　　　　Pew Research Center，2015-22年についてはギャラップ社の月次調査の年間平均（2022年
　　　　は10月まで）のデータを用いて筆者作成。

資料4 連邦議会の政党別議席分布および大統領の所属政党 (1901-2023年)

就任年	議会期	上院			下院			大統領	
		共和党	民主党	その他	共和党	民主党	その他	政党	氏名
1901	57	56	32	2	200	151	6	共和党	マッキンリー
03	58	57	33	0	207	176	3	共和党	ローズヴェルト (1901-)
05	59	58	32	0	251	135	0	共和党	ローズヴェルト
07	60	61	31	0	223	167	1		
09	61	60	32	0	219	172	0	共和党	タフト
11	62	52	44	0	162	230	2		
13	63	44	51	1	134	291	10	民主党	ウィルソン
15	64	40	56	0	196	230	9		
17	65	42	54	0	215	214	6	民主党	ウィルソン
19	66	49	47	0	240	192	2		
21	67	59	37	0	302	131	2	共和党	ハーディング
23	68	53	42	1	225	207	3	共和党	クーリッジ (1923-)
25	69	54	41	1	247	183	5	共和党	クーリッジ
27	70	48	46	1	238	194	3		
29	71	56	39	1	270	164	1	共和党	フーヴァー
31	72	48	47	1	218	216	1		
33	73	36	59	1	117	313	5	民主党	F. D. ローズヴェルト
35	74	25	69	2	103	322	10		
37	75	16	76	4	88	334	13	民主党	F. D. ローズヴェルト
39	76	23	69	4	169	262	4		
41	77	28	66	2	162	267	6	民主党	F. D. ローズヴェルト
43	78	38	57	1	209	222	4		
45	79	38	57	1	189	244	2	民主党	F. D. ローズヴェルト トルーマン (1945-)
47	80	51	45	0	246	188	1	民主党	トルーマン
49	81	42	54	0	171	263	1	民主党	トルーマン
51	82	47	49	0	199	235	1		
53	83	48	47	1	221	213	1	共和党	アイゼンハワー
55	84	47	48	1	203	232	0		
57	85	47	49	0	203	232	0	共和党	アイゼンハワー
59	86	35	65	0	153	282	1		
61	87	36	64	0	173	264	0	民主党	ケネディ
63	88	34	66	0	176	258	1	民主党	L. B. ジョンソン (1963-)
65	89	32	68	0	140	295	0	民主党	L. B. ジョンソン
67	90	36	64	0	187	248	0		
69	91	43	57	0	192	243	0	共和党	ニクソン
71	92	44	54	2	180	255	0		
73	93	42	56	2	192	243	0	共和党	ニクソン
75	94	37	61	2	144	291	0		フォード (1974-)

77	95	38	61	1	143	292	0	民主党	カーター
79	96	41	58	1	157	278	0		
81	97	53	46	1	192	243	0	共和党	レーガン
83	98	55	45	0	166	269	0		
85	99	53	47	0	181	254	0	共和党	レーガン
87	100	45	55	0	177	258	0		
89	101	45	55	0	175	260	0	共和党	G. H. W. ブッシュ
91	102	44	56	0	167	267	1		
93	103	43	57	0	176	258	1	民主党	クリントン
95	104	52	48	0	230	204	1		
97	105	55	45	0	226	207	2	民主党	クリントン
99	106	55	45	0	223	211	1		
2001	107	50	50	0	220	213	2	共和党	G. W. ブッシュ
03	108	51	48	1	229	205	1		
05	109	55	44	1	233	201	1	共和党	G. W. ブッシュ
07	110	49	49	2	202	233	0		
09	111	41	57	2	178	257	0	民主党	オバマ
11	112	47	51	2	242	193	0		
13	113	45	53	2	234	201	0	民主党	オバマ
15	114	54	44	2	247	188	0		
17	115	51	47	2	241	194	0	共和党	トランプ
19	116	53	45	2	199	235	0		
21	117	50	48	2	212	222	0	民主党	バイデン
23	118	49	48	3	222	213	0		

［注］ ▨ は多数派。
　　　　議席数は選挙・選出時のものであり，議会期中に変化する。第118議会でも，民主党の下院
　　　　議員1名が開会前に病死している。
　　　　その他は，無所属あるいは第三党の所属であるが，主要政党の会派に属する場合もある。
　　　　大統領の氏名の後の年号は，前任者の死亡あるいは辞任後に政権を引き継いだ年を表す。
［出典］ 筆者作成。上下両院の議席分布については，それぞれの議院ウェブサイトに依拠した。

資料5　関連年表

年	主な政治的出来事	時期区分	政党制
1775	4月，独立戦争（〜1783 年）。	革命期 (1764–89 年)	
76	7月，独立宣言（各植民地が主権国家に）。		
81	3月，連合規約成立（国家連合が発足）。		
83	9月，イギリスとの和平が成立。		
87	5月，憲法制定会議が始まる。		
89	3月，連邦政府発足。		
91	2月，憲法第1〜10 修正条項（権利章典）が批准成立。	初期共和国 (1789 年〜1810 年代)	第1次
1801	2月，ジェファソンが大統領に当選。		
03	2月，マーベリ対マディソン判決（司法審査権の確立）。		
12	6月，1812 年の戦争勃発（〜1815 年）。		
20	3月，「ミズーリの妥協」が成立。	好感情の時代 (1810–20 年代)	
28	11月，ジャクソンが大統領に当選（民主党の発足へ）。		第2次
39	12月，ホイッグ党が最初の全国党大会を開催。	ジャクソンの時代 (1830–50 年代)	
46	5月，米墨戦争始まる（〜1848 年）。		
54	5月，カンザス・ネブラスカ法成立（共和党の結成へ）。		
57	3月，ドレッド・スコット判決（黒人の市民権を否認）。		
61	2月，南部の7州でアメリカ連合国が発足（後に11 州へ）。4月，南北戦争勃発（〜1865 年）。	南北戦争	第3次
63	1月，奴隷解放宣言。		
67	3月，第1次再建法が成立（南部が再び連邦の占領下に）。	再建期 (1865–1877 年)	
69	5月，大陸横断鉄道開通。		
77	4月，連邦軍が南部から撤収。		
83	1月，ペンドルトン法成立（メリット・システムの導入）。	金メッキ時代 (1870 年代〜19 世紀末)	
87	2月，州際通商法成立（独立行政機関制度の発展へ）。		
90	7月，シャーマン反トラスト法成立（独占禁止規制の導入）。		
92	7月，人民党が最初の全国党大会を開催。		
96	5月，プレッシー対ファーガソン判決（人種隔離を容認）。		
98	4月，米西戦争勃発。7月，ハワイ併合。		
1913	12月，連邦準備法制定（連邦準備制度の成立）。	革新主義時代 (19 世紀末〜1910 年代)	第4次
17	4月，第1次世界大戦に参戦（〜1918 年）。		
20	8月，合衆国憲法第19 修正条項（女性参政権）成立。		
24	5月，移民法成立（原国籍割当制度の導入）。		
29	10月，大恐慌始まる。		第5次
30	6月，スムート＝ホーリー関税法制定。		
32	11月，F. D. ローズヴェルトが大統領に当選。		
33	3月，緊急銀行法成立。5月，緊急救済法，証券法，農業調整法成立。6月，グラス＝スティーガル法，全国産業復興法制定。	ニューディール期 (1933–38 年)	
35	5月，全国産業復興法に最高裁が違憲判決。7月，全国労働関係法制定。8月，社会保障法制定。		
37	2月，F. D. ローズヴェルト大統領が司法府の再編（「最高裁の詰め込み」）案を提示。		
39	4月，執行府再組織法が成立（大統領府の設置など）。		

41	**12月，第二次世界大戦に参戦（～1945年）。**	
44	6月，GI権利章典を制定（退役軍人の生活保障）。	
47	7月，国家安全保障法成立。	
50	6月，朝鮮戦争勃発（1953年に休戦協定）。	
51	9月，サンフランシスコ講和条約・日米安全保障条約調印。	市民的権利運動期
54	5月，ブラウン対教育委員会事件判決。	（1950～60年代）
57	9月，高校の人種統合めぐり連邦軍がリトルロック市に出動。	
63	10月，キューバ危機。11月，ケネディ大統領暗殺。	
64	**7月，市民的権利法成立。**	
65	4月，初等中等教育法成立。7月，メディケア，メディケイドが立法化。8月，投票権法成立。10月，移民および国籍法成立。	
70	12月，環境保護庁（EPA）設置。	
72	3月，連邦議会が平等権憲法修正（ERA）を発議。6月，ウォーターゲート事件。	
73	1月，ロウ対ウェイド事件判決。10月，第1次石油ショック発生。11月，戦争権限決議成立。	
74	8月，ニクソン大統領が辞任。10月，連邦選挙運動法改正。	
89	12月，マルタ会談で冷戦が実質的に終結。	
90	8月，イラク軍がクウェートに侵攻（湾岸戦争へ）。	第6次？
92	4月，ロサンゼルス人種暴動始まる。12月，北米自由貿易協定（NAFTA）調印。	
95	12月，予算関連法案の不成立で，連邦政府が部分閉鎖。	
96	8月，個人責任・労働機会法成立（福祉改革）。	
99	1月，クリントン大統領の弾劾裁判。	
2000	12月，ブッシュ対ゴア事件判決。	
01	9月，同時多発テロ事件発生，10月，アフガニスタン戦争の開始，愛国者法成立。	
02	11月，超党派選挙戦改革法（BCRA）成立，国土安全保障省設置。	
03	3月，イラク戦争の開始。	
05	8月，ハリケーン・カトリーナ発生。	
08	9月，リーマン・ブラザーズが経営破綻。10月，不良資産救済プログラム（TARP）法成立。	
09	2月，ティーパーティ運動の登場。	
10	3月，医療保険改革法成立。7月，ドッド・フランク金融改革および消費者保護法成立。	
11	9月，ウォール街占拠運動始まる。12月，米軍がイラクから撤退を完了。	
12	6月，若年不法移民の国外退去延期措置（DACA）発表。	
15	6月，オバーゲフェル事件判決（同性婚が全国で制度化）。	
20	1月，新型コロナウイルスの感染拡大，5月，ブラック・ライヴス・マター運動の再燃。	
21	1月，トランプ大統領支持の暴徒による連邦議会占拠事件。8月，米軍がアフガニスタンから撤収。	
22	6月，ドブス対ジャクソン事件判決。	

事項索引

人名索引

【有斐閣ストゥディア】

アメリカ政治
An Introduction to U.S. Politics

2023 年 4 月 20 日　初版第 1 刷発行

著　者	岡山裕・前嶋和弘
発行者	江草貞治
発行所	株式会社有斐閣
	〒101-0051 東京都千代田区神田神保町 2-17
	https://www.yuhikaku.co.jp/
装　丁	キタダデザイン
印　刷	株式会社理想社
製　本	牧製本印刷株式会社
装丁印刷	株式会社亨有堂印刷所